「維新革命」への道

「文明」を求めた十九世紀日本

苅部 直

新潮選書

「維新革命」への道

「文明」を求めた十九世紀日本

目次

凡例

一　史料の引用にあたっては読みやすくするために、底本の本文の漢字を平仮名に改め、片仮名を平仮名に直し、句読点を補った場合がある。また傍点については底本のものを取捨し、闕字・平出は原則として省いた。［　］内は引用者による補足である。

一　引用文のうち漢字は常用漢字体に改め、かなづかいは底本のままとした。ルビは現代かなづかいに統一し、大幅に増補している。ただし「國體」「藝」のように、底本とした刊本が常用漢字体に改めている字を、正字体に戻した場合がある。

一　人名については本名や号など複数の名前のうち、もっとも通用しているものを中心に選び、なるべく正字体で記した。

一　年号・元号のあとに並記した西暦年は、改元や暦法に伴うずれを考慮した記載ではなく、より長く重なる年を掲げただけである。

一　巻末に主要参考文献を掲げたが、複数の章で参考にしている文献については、もっとも関連の深い章のところに入れている。

「維新革命」への道

「文明」を求めた十九世紀日本

序章　「諸文明の衝突？」から四半世紀

さまざまな「文明」どうしの対立が指摘される現代。しかし多様な文化を貫ぬいて共通に善とされるような、普遍的な「文明」の要素もあるのではないか。――この問いは、十九世紀の日本列島住民もまた抱いていたものであった。過去と現在とを往還しながら考察を始めよう。

サミュエル・P・ハンチントンの論文「諸文明の衝突？」が掲載された *Foreign Affairs*（1993年夏号）

二〇一七年に「諸文明の衝突?」を読む

この本が語ろうとしているのは、十九世紀の日本における思想の歴史である。「開国」によって西洋諸国との国交と盛んな通商が始まったあと、日本列島に住んでいた人々は、自分たちが経験しつつある巨大な変化について、「文明」もしくは「文明開化」「開化」などと呼んだ。「文明」との遭遇。彼ら彼女らの経験を、そう名づけてもいいだろう。

そうした「文明」との出会いの過程は、すでに決まったコースをまっすぐに進むようなものではない。人々がさまざまな事件や問題に直面し、政治や経済から、人間の生き方、死生観、歴史観、宇宙観にわたるまで考察をめぐらした。そうした営みの跡が、思想史の史料には厖大に記されている。

そのなかには、その後の歴史とは異なる方向を示すような分かれ道も、たくさんあった。徳川時代の後半にあたる長い時代に、そうした分岐点を多く通過しながら、日本社会は「文明」との出会いへと、ゆっくりと進んでいたのである。その出会いには、まさしく未知との遭遇と呼べる部分ももちろんある。だがそれは同時に、以前から手元に棲んでいた青い鳥との出会い直しでもあった。この本が読者に示そうとするのは、そうした遭遇の過程の見取図である。その長い年数のうちどの時代にも、複数の分かれ道へむかう可能性が開いていた。そのことを意識しながら、よくある類の近代化の成功物語に尽きない叙述を試みたい。

「文明」という漢語とcivilization（英語で代表させるとして）という西洋語。この二つがまったく同じことがらを意味しているのか否かについては、のちにふれる。しかしいずれにせよ日本が「開国」したころには、日本でも西洋諸国でも、社会が野蛮な状態をぬけだし、「文明」もしくはcivilizationへと向上する経路は、全人類にとって一つしかないと考えられていた。

もちろん、civilizationという概念そのものは西洋産であり、ノルベルト・エリアスによれば十八世紀以来「ヨーロッパの自意識」を表わすものであった（『文明化の過程』原著第二版一九六九年、赤井慧爾ほか訳・上巻、法政大学出版局、改装版二〇一〇年、六八頁）。「文明化」の美名が植民地支配の正当化に用いられたゆえんでもある。だがここでは、十九世紀の日本人が、西洋諸国が「文明」の先進国であるとすんなり認めたことを重視しよう。現代では多くの批判にさらされている発想だが、西洋の自己賛美の概念であるcivilizationを、彼らは「文明」という在来の言葉でとらえ、それがよきものであることを疑わなかった。

だがその当時の西洋では、他方でcivilizationの語の異なる使い方も登場しはじめていた。普遍的な「文明化」のコースという意味をも含むcivilizationではなく、西洋文明・イスラーム文明・ヒンドゥー文明など、文化圏それぞれに独自のcivilizationが存在すると語り、civilizationsという複数形を使う用法も、十九世紀なかばからしだいに普及しつつあった。二十世紀になると、むしろ複数形の用語法が優位になり、さまざまなcivilizationのあいだの優劣は論じず、それぞれに対等の価値を認める文化多元主義の議論も登場する。歴史家、フェルナン・ブローデルは、一九六三年にフランスのリセ（高等学校）むけに書いた世界史教科書で、そういった概念史を説明している（『文明の文法』原著一九八七年、松本雅弘訳・第I巻、みすず書房、一九九五年、三五〜三六頁）。ブローデルがそう説いたあと、先進諸国の知識世界では、西洋中心主義に対する批判と、多様な文明についてそれぞれに価値があると認める傾向は、さらに強まっていると言えるだろう。

サミュエル・P・ハンチントン

こうした複数の文明どうしの対立が、今後の世界政治における紛争の主な要因になってゆくのではないか。アメリカの学界で大御所の地位にいた政治学者、サミュエル・P・ハンチントンが一九九三年六月に発表した論文「諸文明の衝突？」（*Foreign Affairs*, Summer 1993, 日本語訳は「文明の衝突」の題で『中央公論』同年八月号に掲載、のち『フォーリン・アフェアーズ傑作選1922-1999――アメリカとアジアの出会い』下巻、朝日新聞社、二〇〇一年に再録）で唱えた主張である。冷戦が終了した結果、自由民主主義が共産主義圏にも広まり、世界はアメリカによる覇権のもとで平和へと向かうだろう。そうした楽観に冷水を浴びせかける主張として、世界中から注目され、多くの批判を呼びおこした。

十九世紀から第一次世界大戦まで、世界における紛争は国民国家どうしの対立を内実としていたが、第二次世界大戦から冷戦期までは、イデオロギーによる超大国のあいだの対立が世界政治を規定した。こうした対立は西洋文明の内部の紛争であったが、冷戦終了後は、西洋文明とそのほかの非西洋文明との対立が戦争の要因となるだろう。とりわけ、儒学文明とイスラーム文明の諸国が、西洋文明への対抗を示していることが注意を要する。中国とパキスタンとの間、北朝鮮とシリア・イランとの間の武器輸出ルートが出現していることからわかるように、いずれ中国を中心にした諸国の「儒学・イスラーム・コネクション」が生まれ、アメリカが主導する西洋文明の諸国に対抗するようになる。それがハンチントンの予測であった。

ドイツの国際政治学者、ディーター・ゼンクハースによる『諸文明の内なる衝突』（一九九八年）、英国出身の歴史学者、ニーアル・ファーガソンによる『文明』（二〇一一年）といった批判の書が示すように、「諸文明の衝突？」が発表される前の時代に関する研究が教えるところでも、その発表後の歴史においても、世界の紛争のほとんどは、一つの文明の内側で起こっている。異なる文明のあいだの戦争はむしろ少ない。ハンチントンは一九九一年の湾岸戦争が、文明のあいだの戦争の始まりを告げたと説いている。そしておそらく、東欧圏におけるキリスト教徒とイスラーム教徒の対立と、中国の軍事上の擡頭を「過慮」――中江兆民が『三酔人経綸問答』（一八八七年）で用いた表現を借りれば――したのだろう。その反対に、先進諸国の内部でイスラーム急進主義によるテロ事件が頻発することや、ロシアがスラヴ文明の要素を強めながら領土拡大を進めることについては、警戒が及んでいなかった。現在から振り返ればそう思える。

しかしより根本的な問題は、ハンチントンがさまざまな文明を分類するさいの基準の曖昧さで

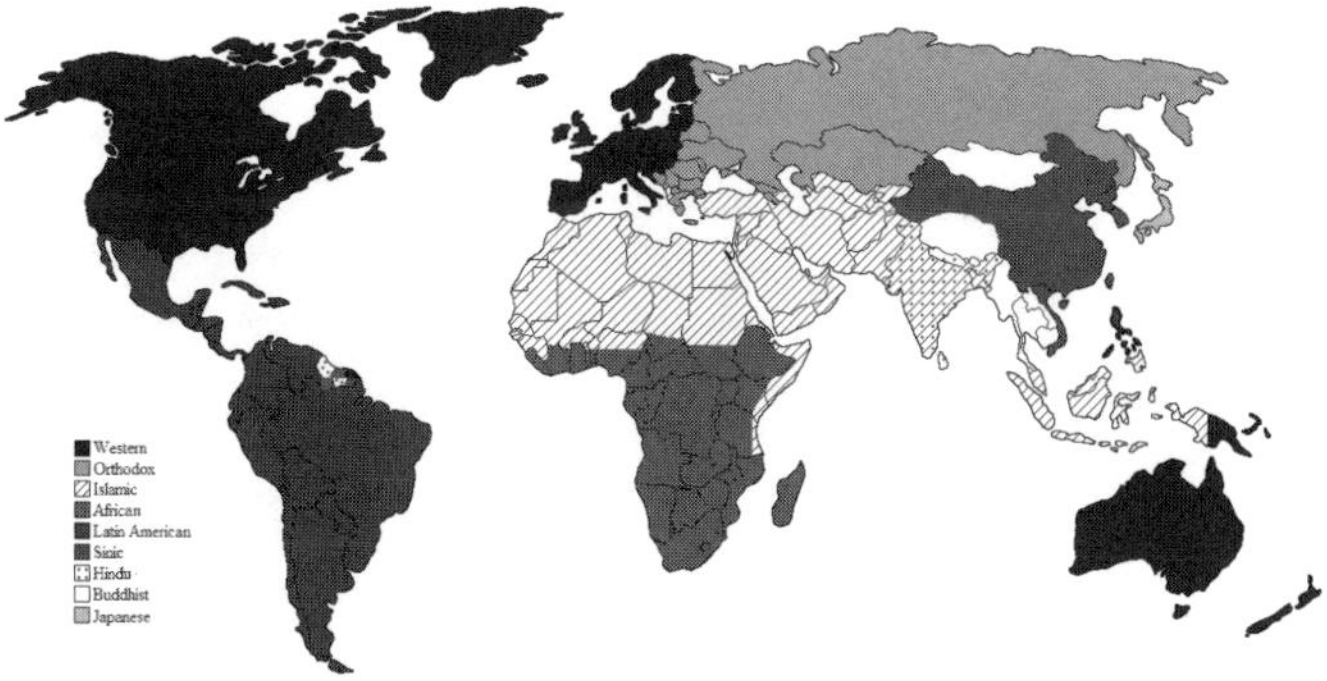

ハンチントンが提示した主要文明の世界分布図

ある。それぞれの文明は一つの言語・歴史・宗教・生活習慣などを共有することで一体性をなすと説いているが、今後の主要な対立関係の主体とされる「イスラーム文明」「儒学文明」「西洋文明」の三者に即して見れば、宗教――もしも儒学と、超越的な唯一神への信仰との両者を包括できるような「宗教」観をとるならば――が中核にあるものとして「文明」概念を設定していることは明らかであろう。この論法は宗教戦争の例を思い起こさせ、異なる文明のあいだの対立は避けられないとする悲観につながりやすい。

　文明概念の曖昧さは、論文の発表直後に山崎正和が『近代の擁護』（一九九四年）で指摘したことであった。この分類に従った意味での文明が世界における今後の対立の要因となるならば、むしろ教義の近いキリスト教とイスラーム教とが連携し、儒学に対抗する方が自然だろう。さらに山崎によれば、そうした高度な信仰の体系と信者の組織は、人が意識して作った人工物であるがゆえに、通常の文化圏をこえて広く伝播する。それは人間の身について離れがたい生活習慣とは性格が異なるから、異文化を受容してみずからを変形することで、調和へむかうのも不可能ではない。広い地域に普及しうるような宗教は、人間が意識してとりくむことを通じ、他宗教との共存へむかうよう改良される可能性を、すでにもっているはずである。

こうした批判をハンチントンも意識したのかもしれない。一九九六年に論文の内容を大幅に増補した著書『諸文明の衝突と世界秩序の再構築』（邦訳は鈴木主税訳『文明の衝突』集英社、一九九八年）を出版し、その最後の第五部において「諸文明の未来」を論じた。そのさい、アメリカと中国とが、それぞれ西洋文明の諸国と、儒学文明・イスラーム文明の諸国を従えて、世界戦争に突入するという物語を提示している。世界政治の将来に関する暗い見通しとして、刊行時にはやはり注目を集めた議論であった。

だがこのシナリオを示した意図は、中国やイスラーム諸国との軍事的対抗に備えようというものではない。物語では二〇一〇年（！）に、南シナ海の支配権をめぐって中国とヴェトナムとのあいだに軍事衝突が始まり、それに対してアメリカがヴェトナムの側に立って介入したことから、戦争が世界に拡大することになる。ハンチントンは、こうした最悪のなりゆきを防ぐため、各文明の「中核国家」（core state）が、ほかの文明圏の内部での国家・集団どうしの紛争に干渉しない「自制ルール」と、文明圏のあいだの境界をめぐって戦争が起きたときには、両側の文明の「中核国家」どうしが交渉してやめさせる「共同調停ルール」の二つを提示した。

ハンチントンによれば、西洋文明が人類に共通する普遍性をもつという思い込みは、もはや捨てなくてはいけない。世界がさまざまな文化からなっている現実を認めるなら、普遍的な正義を掲げて他文明の内部における紛争に介入することは控えるべきだ。――それぞれの文明の「中核国家」と言っても、事実上はアメリカのみを念頭に置いて語っていることが明白である。世界の警察官として軍隊を海外へ派遣し、紛争の解決にあたるようなことはもうやめよう。諸文明の衝突の危機を唱えた政治学者が最後に示したのは、その解決にアメリカが乗り出そうという勇ましい見解ではない。反対に合衆国の内にとじこもり、国外の紛争に介入するのを控えることであった。

世界における諸文明の共存を安定したものにするためには、よその地域の内部の紛争には介入しない、消極的な態度こそ望ましい。仮想の二〇一〇年のシミュレーションにおいては、アメリカは東アジアの紛争に手を出さず、もし非人道的な戦闘行為によって一般市民が大量に殺害されても、さらに中国がヴェトナムを制圧し、傀儡政権をうちたてたとしても、放置しているのが正解ということになる。「共同調停ルール」も、相手方の文明がイスラーム文明のように、「中核国家」の定まらないものであった場合は機能しないだろう。これが、本の表題に追加された「世界秩序の再構築」のための、ハンチントン流の手だてにほかならない。

これに対して、カナダ出身で、当時は英国でジャーナリストとして活躍していた政治思想史学者、マイケル・イグナティエフが書評を書き、きびしく批判した（"Fault Lines," *New York Times*, Dec.1, 1996）。その末尾に言う。「われわれ人類の共通の生存のため、諸文明のすべてが支持するのがよいような、人間の諸利益をいくつか挙げるのも、まだ可能なのではないか。そういう疑問を抱かせる。集団虐殺は集団虐殺であり、饑饉《ききん》は饑饉である。異なる文明の住人をこうした普遍的な脅威から救うために介入することを、諸文明がもはややめてしまった世界は、ハンチントンも安心して暮らせるものではないだろう」。

文明どうしのあいだにある価値観の違いを認めるにしても、人類が放置してはならない普遍的な悪はやはり存在する。それが出現したさいには、文化の違いをこえて積極的に介入し、封じこめる必要があるのではないか。イグナティエフはそう問いかけた。また、ハンチントンが世界の多文化性を認めよと言いながら、アメリカ国内については「非西洋的なアメリカなどアメリカらしくない」と、多文化主義の導入を拒否するダブル・スタンダードについても指摘している。

この現在において、「諸文明の衝突?」と著書で述べられたハンチントンの議論は、どのような意味をもっているか。経済と文化のグローバル化が、それに対する反発としての「原理主義」的な宗教勢力の擡頭や、伝統文化への回帰の運動を、非西洋の各地域で引き起こす。そうした洞察は、たしかに二十世紀末から現在までに至る世界の動向をとらえていたと言えるだろう。さらに、国際社会への関与を控えて合衆国内部の秩序維持に専念せよ。国内では多文化主義の横行を許さず、伝統的な西洋文化による統合を強化するべきだという主張。――約四半世紀ののち、ドナルド・トランプ大統領の誕生を見た目には、この部分の方が予言としては当たっていたように思えてくる。

「和魂洋才」の罠

冒頭で、「十九世紀」という言い方を選んで、「徳川時代後期・明治時代」と書かなかったのには理由がある。たしかに一八六八年の「瓦解」「御一新」と呼ばれた政権交代は、日本の歴史の全体から見ても大きな政治変動である。「文明」との遭遇が、それを根柢のところで準備し、またそれによって「文明」へとむかう速度が一段とあがったことはまちがいない。だが、一八六八年における断絶だけに目をむけてしまうと、それ以前から進んでいた、社会と思想の構造変化と言うべきものを見落とすことになる。徳川時代と明治時代を貫く十九世紀という範囲を定めたのは、そうした長い期間における変化を跡づけたいからである。

日本の「近代化」について、中学・高校の教科書などに見られる通常の理解は、その出発点を一八六八年に置いて、そこから「近代」に関する叙述をはじめ、それ以前の「近世」と区別する。そのように断絶を強調する場合には、日本の「近代化」を語るさいにまとわりつく紋切型の話法がしばしば伴うことになる。ハンチントンの「諸文明の衝突」論は、日本研究の著作ではないが、その紋切型を典型的に見せてくれる例にもなっている。

先にふれたようにハンチントンは、文明とは地球上に複数存在するものであり、大きな地域ごとに、それぞれの伝統に根ざした独自の文明が普及していると考える。そして二十世紀の世界に関しては、七つもしくは八つの文明があるという。その内訳は、西洋、儒学、日本、イスラーム、ヒンドゥー、スラヴ、ラテン・アメリカであり、もう一つ、アフリカも候補になりうると説く。冷戦後の世界秩序においては、この七つもしくは八つの文明を結集の軸として各国がグループに分かれ、グループどうしが対立しあうだろうとハンチントンは予測した。

イスラーム圏の内における激しい対立の現実や、ラテン・アメリカを一つの文明と見なしうるかどうかといった点だけについて見ても、この分割のしかた自体がさまざまな異論を呼ぶだろう。だがここで注目したいのは、日本文明を一つの文明に切りわけている点である。さらに非西洋のうちで日本が特異なのは、その近代化に対する態度だと説明する。ハンチントンは近代化を、工業化・都市化・教育水準の向上・社会の流動化といった指標で定義している。十九世紀のなかばから、非西洋の国々が西洋に追いついて近代化することをめざしたさい、多くの国は、トルコのムスタファ・ケマル・アタテュルクのように近代化のために西洋文化の受容に踏み切るか、あるいは当初のあいだ、近代化そのものを異なる文明の産物として拒否する態度をとった。

これに対してハンチントンの見立てでは、日本は西洋化をともなわずに近代化に成功した唯一の例なのである。つまりは同じグループに属する仲間の国をもたない、孤立した存在である。先にみた『諸文明の衝突と世界秩序の再構築』における米中衝突の物語のなかでは、やがてアメリカと西洋文明を裏切って中国の配下に入ってゆくと論じているから、その唯一性を賛美してそう言っているのではない。表面は西洋化しているように見えても、非西洋の本質を堅く保っている点に注目している。同じ本の第五章では、日本の近代化の歩みをこう説明する。

明治の王政復古（the Meiji Restoration）とともに、精力的な改革者集団が日本の権力を握った。彼らは西洋流の技術（techniques）・実務・制度を学んで、日本流の近代化の過程を始めた。しかし彼らのやり方は、伝統的な日本文化の主要な諸成分は保持しようとするものであり、そうした諸成分が多くの点で近代化に貢献したのである。また同じ諸成分のおかげで、一九三〇年代から四〇年代のころ、日本が伝統文化の諸要素を呼び起こし、説明し直し、増幅することによって、帝国主義的拡大に関し［国民の］支持をかきたて、正当化するのも可能になった。（訳文は引用者による）

ここに説明された日本流の近代化の特徴について、第三章では「和魂洋才」（添えられた英訳は“Japanese spirit, Western technique”）というローマ字表記の日本語で説明している。明治時代において日本の近代化が、西洋の学問を学んだ官僚たちによって進められた。彼らは技術や社会制度といった、実用に役立つ側面に関しては西洋の文物の輸入に努力したが、精神文化については教育勅語に代表されるように、伝統的な倫理を保持する姿勢をとった。後者の側面は、社会全般の西洋化を避け、一般の庶民の道徳生活を従来どおりに保つことで、近代化と秩序の安定とを両立させることに役だった。しかしそうした形で伝統的な「忠孝」の道徳が維持されたことが、昭和初期の危機の時代には「國體」や「日本精神」のスローガンを支え、国民の戦争動員と軍部による抑圧体制を正当化することにつながったのである。――先の引用を、かつて日本近代史研究において流布した見解を参考にして詳しく言い直せば、こんな風になるだろう。

こうした日本近代史の見取図は、すでに昭和初期からマルクス主義を立場とする知識人が唱えていたものであった。戦後にはこの歴史像が「戦後民主主義」の言説によっても踏襲され、知識人と一般庶民の両方に浸透していった。ハンチントンの記述も、そうした日本近代史像を学んだ、英語圏の日本研究者の著作を情報源にしているのだろう。現在、専門の研究者には、こうした日本の近代化をめぐる歴史像をそのまま繰り返して大風呂敷を広げるような人は、ほとんどいない。しかし、非専門家による歴史叙述や映像作品においては、いまだに目にすることの多い物語である。

本書がとりあげる問題に関するかぎり、こうした見取図には、俗耳に入りやすいがゆえに歴史の実態を見落とさせてしまう罠が、二つ備わっている。ここではそれを「和魂洋才」の罠、および「民衆不在」の罠と名づけよう。

「和魂洋才」の語について、小学館『日本国語大辞典』が挙げるもっとも古い用例は、森鷗外が明治四十四（一九一一）年に発表した戯曲「なのりそ」である。「日本の国家社会で有用の材となるには、和魂洋才でなくては行けません」。洋服を着て髭をたくわえた「法学博士」の男が、女性との見合いを前にして張り切って言うせりふであるから、この当時すでに、一つの紋切型として流布していた四字熟語なのだろう。技術や制度については西洋の文化を導入するが、モラルの根本に関しては日本古来のものを保ち続ける。そうした姿勢を、すでに明治初期から官僚や知識人が共有していたと理解することで、ハンチントンが示すような日本の近代化のイメージが生まれたのだろう。

たとえば福澤諭吉『文明論之概略』（一八七五年）の第二章「西洋の文明を目的とする事」にも、批判の対象として、「國體」や「政治」のしくみについては旧来の制度を守ったまま、衣服や道具や住居といった「外形の事物」は、西洋の文物から日本に適するようなものを選んでとりいれようとする主張が登場している。これなどは「和魂洋才」に近いと言える。

だが、福澤の書いたものも含む、『明六雑誌』におけるさまざまな論説を見るかぎり、明治初期の知識人においては、どの範囲まで西洋文化をとりいれるのか、その境界設定それ自体が論争の対象であった。西洋のアルファベットで日本語を表記すべきであるとか、西洋文化の基礎をなすキリスト教を普及せよといった主張すら、堂々と議論されている。技術や制度は西洋から学ぶべきだが、モラルの中核は日本の伝統を保とうという意見は、むしろそうした動向を批判する保守的な対抗言説から始まって、しだいに普及したのではないか。鷗外の「なのりそ」におけるせりふは、表面上は西洋流のマナーを身につけているが、心の内には大和魂を秘めているという自己主張である。そこには、日本がすでに西洋文化の摂取に成功したことに関する自負に加えて、その裏面で西洋かぶれをやましく感じ、それでも「和魂」は保っていると強弁してごまかすような気配もある。

福澤諭吉（中央）

しかもより問題なのは、もしも「魂」と「才」とを区別して選択的に受容する意識を、明治初期の知識人がもっていたとしても、ではなぜ彼らは「洋才」に憧れたのか。そのことが説明できない点である。あとの章でみるように、徳川末期から日本の知識人たちは、西洋の政治・社会のあり方に憧れを抱くようになっていた。しかしそれは、アジアと西洋とのあいだの文化の違いをのりこえ、西洋的な価値観に帰依したというわけではない。富国強兵をめざして西洋を模倣したというような、よくある理解では、「洋才」の導入が中国や朝鮮よりもはるかに円滑だったことを説明できないだろう。むしろすでに抱いていた価値観に基づいて評価したところ、理想により近い社会を、むしろ西洋諸国が実現していることに気づいた驚きが、そこにはこもっていたのである。

「民衆不在」の罠

第二の「民衆不在」の罠の方は、「文明開化」と一般庶民の意識との関係づけにかかわる。ハンチントンの理解では、明治国家のエリートたちが、西洋の「文明」の摂取を進めながら、一般庶民の統合には伝統的な忠孝のモラルを用いた。したがって「文明」の受容の努力に関しては、まったく民衆不在のまま進められたということになる。

こうした視点は、戦後のマルクス主義歴史学（いわゆる「戦後歴史学」）が明治の歴史を語るさいに強調したものであった。その代表的な業績というべき、遠山茂樹による『明治維新』（一九五一年）は、明治政府による電信・鉄道やガス燈の敷設、銀座の煉瓦街建設といった政策にふれて、こう語る。「文明開化の勝利は、畢竟絶対主義権力の勝利であった。お上の手による欧米文化の移植が、人民の貧しい現実生活とかけ離れたものであればある程、それはお上の権威の誇示として人民には受け取られたのであった」（第四章第四節「学制頒布・文明開化・殖産興業」）。「文明開化」は「絶対主義権力」である明治政府の官僚たちが上から押しつけたものであり、貧しい

「人民」にとっては、迷惑なものでしかなかったととらえている。エリートが近代化を主導したことを強調するハンチントンの「文明開化」観にも、こうした記述と通じるものがあるだろう。

しかし、明治初年の東京に生きた庶民たちの実状はどうだったか。もとは陸奥国（福島県）の二本松藩に仕えた儒者で、明治期には戯文家・ジャーナリストとして活躍した服部撫松《ぶしょう》は、『東京新繁昌記』第三編（一八七四年）のなかで、新橋・横浜間に開通した鉄道の、車内のようすをこう紹介している。鉄道には、速く移動して利益を増やそうとする商人たちのほか、通訳業者や医者、遊覧客などさまざまな人々が乗りこんでくる。

甲乗つて利有り、乙も亦た益有り。鉄道は乃ち利益の駅路にして、座頭《ざとう》［盲目のマッサージ師］の上京も亦た此の鉄道よりす。四民雑遝《ざっとう》、男女混淆、少年阿娘《あろう》［若い女性］を挟んで玉臂と摩するを喜び、只だ恨む紫袖の肌膚を隔つるを。下戸は酔客と接するを怖る、最も厭ふ酒暈《しゅうん》［酔っ払いの空気］の鼻孔を衝くを。［中略］一榻《いっとう》［長い腰掛］十名各〻其の趣を異にす。仰いで欠伸する者有り、俯して坐睡する者有り、新聞を閲する者有り、草烟［キセルの煙草］を吹く者有り、或は笑談し或は議論し、車内真に小旅館を為す。（塩田良平編『明治文学全集4　成島柳北・服部撫松・栗本鋤雲集』筑摩書房、一九六九年、一

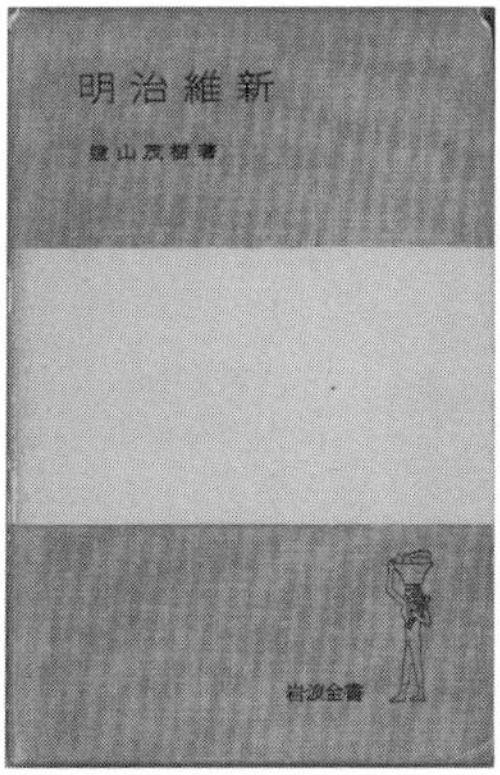

遠山茂樹『明治維新』

八〇頁）

これを読んで、明治初年の「人民」もまた、現代の勤労者と同じく満員の列車での通勤に苦しんでいたのだ、と哀れむ人はいないだろう。隣席の酔客を迷惑がる「下戸」はいたとしても、居眠りをし、談笑し、議論している乗客たちはいかにも楽しそうである。庶民たちは、急速に整えられつつあった施設や道具を楽しみ、それを利用することで「利益」を挙げようとして、「文明開化」の風潮に進んで巻きこまれていった。

もちろんよく指摘されるように、西洋流に合わせようとして、裸で外を歩く行為を禁じる法令が、不興を買ったような事例もあっただろう。だが大勢においては「文明開化」を楽しみ、欲望の発散の機会がさらに多くなるよう願ったのが、当時の庶民の実状だった。日本の全体について言えば、たしかに地方の農民や都市の貧民には「文明開化」の恩恵が及ばなかったかもしれないが、時代の概観としてその点だけを強調するのは公平さを欠くだろう。

「人民」の側に立つ歴史学を標榜しながら、庶民が「文明開化」を求め、楽しんだ実態にはふれようとしない。そうした遠山の姿勢には、ある屈折が潜んでいるように思われる。

『明治維新』刊行の七年前、大東亜戦争のさなかに、遠山は「水戸学の性格」と題する論文を、中村孝也《こうや》ほか『国民生活史研究　生活と思想』（小学館、一九四四年）に寄稿している。当時遠山は、マルクス主義に立脚する羽仁五郎の明治維新史研究に憧れながら、東京帝国大学の史料編纂所で、『大日本史料』の幕末外交史関係の巻の校訂に携わっていた。遠山が昭和十三（一九三八）

年に卒業した文学部国史学科は、当時、主任教授で、「日本精神」の体認が国史学の使命だと説く中世史学者、平泉澄《きよし》の影響下にあった。その空気に反発し、史料編纂所の中村孝也のもとに集まった若い歴史学者のグループ、「国民生活研究会」が著した論文集の一つが、この『生活と思想』である。

遠山もその一員として、水戸学に関する研究論文を寄稿した。そのテーマ選択には、国史学科の一年後輩である名越《なごや》時正、三年後輩の荒川久壽男《くすお》といった、平泉門下の水戸学研究者への対抗意識も働いていたかもしれない。この論文は、徳川末期の百姓のあいだでは、貧窮のなかで「封建制」を批判する意識がめばえ、それが対外危機をきっかけに「我が国民の独立意識、統一意識」へと成長しつつあったと指摘する。この場合の「封建制」は、マルクス主義歴史学によるフューダリズムの概念に基づいているが——ただし日本の場合、どの身分が「封建」的土地所有の主体にあたると遠山が考えていたかは不明である——、戦時下の著作であるから明示してはいない。

そして遠山は、そうした百姓の「反封建的」かつ「全国民的」な運動への志向が、開港後、対外貿易の始まりが引き起こした物価騰貴をきっかけに、文久三（一八六三）年における百姓一揆の頻発として表われたと評価する。しかし、會澤正志斎・藤田東湖といった「後期水戸学」の思想家も、水戸藩主、徳川斉昭も、また攘夷運動の主体となった下級武士たちも、そのような一連の動きを理解し、それに共鳴することはほとんどなかったと結論づけた。百姓の「反封建的」な意識は、支配身分である武士の尊王攘夷思想へと「歪曲」され、その背景として討幕運動をあと押しするのみにとどまってしまった。こうした幕末史の構図は、遠山の戦後の再デビュー作である論文「幕末政治過程における皇室」（『歴史評論』創刊号、一九四六年十月）から『明治維新』に至るまで、ほぼそのまま受け継がれている。

孝明天皇

　しかし「水戸学の性格」では、百姓の意識を正面からすくいとり、具体的な政治改革につなげようとした偉大な政治家が、ただ一人いたと指摘する。それは孝明天皇にほかならない。『孝明天皇紀』『岩倉公実記』によれば、天皇は開港後の物価騰貴に「細民」が苦しむのを見て、文久元（一八六一）年二月に、「御手許金黄金五十枚」を山城国の「窮民」の救済にあてようと考え、公儀の京都所司代に許可を求めた。所司代、酒井忠義が相手にしなかったので、実現を見ることはなかったが、遠山はこれを「維新史上最も劇的な事件」と賞賛する。もし救済が実行されれば、「国民」の要求に応えて「封建制」の身分秩序を上からの働きかけで破壊することにつながり、現実の大政奉還・王政復古よりも巨大な「事件」となったのではないか。そう考えていたのかもしれない。

　そして天皇の「仁慈限りなき御叡慮」を讃えて、「ここに一君万民の我が國體の精華は、幕藩封建制打倒の革新力として、従前の尊王攘夷思想に見られざる清新強力さを発揮し得る可能性を孕んでゐたのであつた」と評価した。この時に政治史の陰で働いた「皇恩の下、志士の活躍の地表の底に潜められた全国民の屈すべからざる健全進歩の精神」は、「東亜の盟主として百年戦争を闘ひ抜かんとする我々現代国民」にとっても、ふりかえる価値が大いにある。——論文はそう結ばれている。天皇とは反対に、公儀・大名・武士が「国民」の願いを顧みないことにたびたびふれるところは、昭和の総動員体制を指導する軍人たちをも連想させる。もちろん、孝明天皇の活動に関するこうした言及を、戦後の遠山が繰り返すことは、管見のかぎりなかった。

遠山はこの論文をみずからの論文集と著作集に再録していないが、『明治維新』の注で紹介しているから、隠すつもりはなかったのだろう。だが戦時の特殊な状況のもとで文久元年の歴史事実にふれて、「一君万民」の体制において上からの「仁慈」により、「国民」の平等化が達成されるという夢を見た。その経験に対する苦い反省を、戦後には抱えることになったのではないか。明治初期に政府と知識人が主導した「文明開化」を、庶民が歓迎したと書きたがらない姿勢も、そこから生まれているように思える。

遠山ののち現在に至るまで、「民衆」に共感する立場をとる近代史研究者のあいだでは、同じように「文明開化」における「民衆不在」を強調する傾向が強い。また、「文明開化」以前の牧歌的な古き日本に憧れるロマンティシズムや、幕末・維新期における薩摩・長州勢力の暴虐を強調する、「幕臣」びいき、「江戸っ子」びいきの歴史観が、人気を博することもよくある。これも明治期の近代化をめぐる評価については「民衆不在」の罠にはまっている点で、同工異曲だろう。だが、そうした歴史観が普及する出発点にあった遠山の屈折は、どれだけ理解されているのだろうか。

異なるものと共有されたもの

もう一度、マイケル・イグナティエフのハンチントンに対する批判に立ち戻ってみよう。異なる文明の内部で起きた紛争に対して、普遍的な正義の理念を振りかざして介入するようなことはもうやめよう。そうした『諸文明の衝突と世界秩序の再構築』の結論に対して、イグナティエフは、文明の違いをこえて共有すべき「人間の利益」のカタログを探求することを提唱する。もしも異文化圏において民族殺戮のような巨大な悪が出現した場合には、それを人類全体に対する脅威と見なして介入し、やめさせる義務があるのではないか。イグナティエフは当時すでに、冷戦の終了後に勃発した民族紛争の現場をいくつも訪れて書いたルポルタージュ、『血と帰属』(一九九三年、邦訳は『民族はなぜ殺し合うのか』幸田敦子訳、河出書房新社、一九九六年)を刊行し、そうした問題提起を行なっていた。この書評ののちには、『戦士の名誉』(一九九八年、邦訳は『仁義なき戦場』真野明裕訳、毎日新聞社、一九九九年)で国際秩序における人道的介入の意義を、積極的に認める立場を打ち出すことになる。

さまざまな文明の違いをこえて、共通に守るべき価値があるのではないか。実はハンチントンの著書の第五部「諸文明の未来」も、「〈文明〉という共有物(The Commonalities of Civilization)」という節を設けて、そのことを論じてはいた。そこでは、世界の諸文明のすべてが共通に尊重している価値はやはり存在すると説いて、そのセットを大文字で始まる単数形の“Civilization”と命名する。ここではそれを〈文明〉と表記して区別することにしよう（なお、鈴木主税による日本語訳では両者を区別していないので、意味が一貫しない訳文になっている。ベストセラーになったはずなのに、校正者も含め、誰も文句を言わなかったのだろうか）。

そして、諸文明の共存のための「自制ルール」「共同調停ルール」に次ぐ第三のルールとして、「共有物のルール」を提案した。世界の主要な文明の「政治的、宗教的（spiritual）、知的指導者たち」が理解し協力しあって、この〈文明〉を広めることで、諸文明のあいだの協力と世界平和が確保できる。つまりは、文化交流を通じて〈文明〉の価値を確認し、おたがいにそれを守ってゆく努力が、世界秩序の維持のため「中核国家」が積極的に行なうべき営みなのである。

マイケル・ウォルツァー

そこで〈文明〉の内容としてハンチントンが挙げるリストは、「高いレヴェルの道徳性、宗教、教育、藝術、哲学、テクノロジー、物質的な幸福」その他と、何とも漠然としている。しかもみずからの伝統文化と〈文明〉の両者を尊重している例として挙げるのが、人権や法の支配の原理を重視しないシンガポールの政治体制である。やはりイグナティエフからの批判を免れない議論であった。

しかし、共有物としての〈文明〉の存在を論じるさい、ハンチントンが手がかりとして言及する著作の一つは、政治哲学者、マイケル・ウォルツァーの著書『道徳の厚みと広がり』（一九九四年、邦訳は芦川晋・大川正彦訳、風行社、二〇〇四年）の第一章「道徳のミニマリズム」であった。ウォルツァーは一九六六年から十四年間、ハンチントンのハーヴァード大学政治学部での同僚だったが、当時、ヴェトナム戦争に関してはリンドン・ジョンソン政権の助言者だったハンチントンと反対の立場をとっていたことだろう。

「道徳のミニマリズム」でウォルツァーは、一九八九年、チェコスロヴァキアで共産党政権を退陣させた「ビロード革命」にさいして、プラハの街頭を埋めつくした市民のデモの映像を見た記憶から、議論を始める。チェコの文化はニューヨークで生まれ育ったウォルツァーにとってはまったくなじみのないものである。デモの市民が掲げるプラカードも異言語なので意味がわからない。ところが、彼らが法の支配の確立や、党エリートの特権の廃止といった、正義の要求を真剣に行なっていることは、たちまちに理解し、受け入れることができた。

ここからウォルツァーは、特定の文化のうちに根づいている道徳を「濃厚な」道徳と呼び、しかしそのうちには常に、ほかの文化とも共有できる「薄い」ミニマルな道徳が含まれていると説く。濃厚な道徳は、その社会のなかでさまざまな慣習とともに伝えられるものであり、外の人間が容易に身につけられるものではない。だが、残酷さを回避し、殺人や暴政を禁ずるといったミニマルな道徳は、どの文化においてもそれぞれの言語で表現されているだろう。プラハの市民の声を、アメリカ東海岸で暮らす政治哲学者がたちまちに理解できたのは、このミニマルな道徳を表わしていたためであった。

そうした普遍的な道徳の存在が、文化の違いをこえた批判と連帯の営みを通じ、さまざまな時代と場所でくりかえし確認されている。ウォルツァーはそう指摘した。ハンチントンは、このミニマルな道徳を現実のなかからていねいに拾いあげる努力を怠ったために、散漫な議論に陥ってしまった。『道徳の厚みと広がり』の第四章でウォルツァーが論じるのは、ハンチントンとは対照的に、国際政治におけるミニマルな道徳の実践としての人道的介入にほかならない。

濃厚な道徳とミニマルな道徳との関係は、概念を広げれば、「文明開化」の時代、新たに渡来した鉄道や建築に群がった群衆にも、あてはめて論じることができるだろう。彼らは、それが西洋という先進地域の産物だから崇拝したわけではない。徳川時代に生き、その慣習のなかで培われた価値観に基づいて、鉄道や西洋建築が優れたものだと評価したのである。ハンチントン流の言い方をすれば、日本文明の価値意識のなかにある〈文明〉の価値に即して、よきものであったからこそ、「文明開化」の新着品は歓迎され、日本社会に定着することになった。

同じことは、機械や道具や衣服だけでなく、思想についても言えるはずである。「和魂洋才」の罠を取り払って考えれば、近代西洋の思想は、そして「文明」は、それまでの日本列島住民にとってまったく理解不可能で神秘的だったわけではない。それを理解し、共感できる要素が、前近代の思想と文化のなかにあったからこそ、受容されたのである。

ハンチントンの論文・著書が公刊されてから四半世紀をへて、世界はますます不透明性と混乱に満ちてきたように思える。アメリカが西洋文明の「中核国家」としての地位にあることをヨーロッパ諸国も認め、協調するという前提がもはや怪しい。さらに異質な文化どうしの衝突は、異なる国家や地域のあいだで頻発するのみにとどまっていない。イスラーム急進主義者によるテロ事件や、移民・難民をめぐる紛争に表われているように、先進諸国の内部でも深刻な問題を引き起こしている。

しかしそれだからこそ、異質な文化どうしのあいだで共有できる〈文明〉、もしくはウォルツァーの言うミニマルな道徳とは何なのか、その問いを探求する必要が現代人には切実に求められていると言えるだろう。十九世紀の日本列島住民は、それを同時代の西洋文化のなかに見いだしたからこそ、その産物である政治制度やその根柢にある思想に憧れ、みずからの文化のうちに受容しようと試みた。そして、それを根づかせるための培養器のようなものが、日本の伝統文化のうちにたしかにあった。反対に近代西洋の思想や政治制度の側も、そうした異文化への移植の過程をへて、さまざまな文化の共存に開かれた柔軟なものへ成熟していったと見ることができるだろう。

もちろん、日本のその後の歴史のなかで、西洋諸国とまったく同じ形で人権思想や自由の思想が根づいたわけではない。また「文明」のための戦争という美名が日清戦争を正当化した歴史や、「文明」による裁きを自称した極東国際軍事裁判（東京裁判）の偽善ぶり。十九世紀以来、日本でもほかの地域でも「文明」の概念が負の側面を抱えていたことは、忘れるわけにいかないだろう。

だが、そうした諸点に関する反省も含めて、日本における「文明」との遭遇という歴史上の事件は、世界において異文化どうしの理解と共存を進めるために、意義ぶかいモデル・ケースになっている。十九世紀における「文明」の探求のあとをたどることは、同時にこの現代の世界を考える営みにもつながってゆくはずである。

第一章　「維新」と「革命」

黒船来航で、日本は「文明」と遭遇したのか。明治維新によって、日本の「近代」は始まったのか。そうではない。すでに江戸後期の社会のただなかで、日本近代は着実にその萌芽を迎えていたのだ——。

東洲勝月「米船渡来旧諸藩士固之図」

まだ「維新」がお好きですか？

この日本には、明治維新が大好きな人が多い。どちらかと言えば男性、しかも中高年にその傾向が目立つのだが、若い世代や女性にも幕末・維新の物語を好む人は少なくないから、国民規模の現象と言っても過言ではないだろう。ビジネス雑誌の見出しに「維新のリーダーに学ぶ」という文句が躍ったり、テレビドラマの大作の題材としても幕末史がしばしばとりあげられたりする。

とりわけ、経済が沈滞に陥って先ゆきが不透明な時期には、その状況を打破するためのシンボルとして、「維新」の歴史が呼びおこされる。二〇一二（平成二十四）年九月に発足した国政政党の名称「日本維新の会」は、その好例だろう。

実はこの「日本維新の会」の結党にさいしては、その名称の意味をめぐって、ちょっとした騒ぎが持ちあがった。この政党が当初、名前の英語訳をウェブサイトで"Japan Restoration Party"と公表したところ、Restorationという表現に関してインターネット上で議論になったのである。そのことを報じた新聞記事から引用してみよう。

「日本の国家イメージや国益に関わってくる問題だと真剣に心配してるよ」米テキサス州に住む友人の日本人政治学者から先日、記者にこんなメールが届いた。勤務先の大学で米国人の同僚たちからは、「日本では復古党が人気を集めてるんだって？」「ナショナリストの党で、何か昔のものを取り戻そうと言ってるみたいだね」などと質問されるという。

英和辞典を引いてみた。確かに「restoration（リストレーション）」は、「元へ戻すこと」や「復古、復旧」などの意味があり、日本維新の会の英語名を直訳すると、「日本復古党」などに読めてしまう。国内のブログやツイッターでも、「大日本帝国復活かあ……」「維新の会の実態を示す妙訳ではないか」などの書き込みやつぶやきが目立つ。（小河雅臣記者、朝日新聞大阪版、二〇一二年十月十三日朝刊社会面より。改行は改めた）

同じ記事に引用された、英国史の専門家、君塚直隆によるコメントも指摘していることであるが、もしもRestorationと最初を大文字にして書けば、英国の三王国戦争（ピューリタン革命）やフランス大革命のあとにそれぞれ君主政が復活した、「王政復古」を指す固有名詞になる。たしかに西洋の歴史についていちおう知っているが、日本の現代政治についてはまったく知らない外国人が見たら、復古党かと誤解するのが自然だろう。

この英語名を発案した政治家に小河記者が尋ねたところによれば、「知り合いの記者や大使館、領事館の関係者」に相談しながら英語名称を定めたという。おそらくは日本に長く住んで仕事をしている英語圏の外国人だろうし、そういう人たちはなまじ日本通なので、日本側の関係者と同じ連想が働いたのではないか。和英辞典ではたいていの場合、「明治維新」の訳語にthe Meiji Restorationという言葉をあてている。しかし日本の歴史を知らない外国人が、restorationと聞いて国家全体の近代化に向けた大改革を思い描くことは、たぶんない。その後、「日本維新の会」

が再編成をへて「維新の党」として出発したさいに、英語名称もJapan Innovation Partyに変わっている。関係者もさすがに、批判を気にしたのであろう。さらにその後継政党である「日本維新の会」(二〇一六年結成)のウェブサイトには、英語名称が記されていない。

「王政復古」の大令

なぜ「維新」が英語では「復古」になってしまうのか。これはもちろん、それまで二百数十年にわたって日本全国を統治していた徳川政権が崩壊し、新たな統一国家に代わった過程について、新政権の当局者たち自身が「幕府」の廃絶と「王政」の復活として説明したことに由来する。

慶應三年十月十四日(西暦では一八六七年十一月九日)、徳川政権最後の公方、徳川慶喜が京都の天皇に対して大政奉還を上表した。その上表文は、政治の実権を朝廷に返上し「朝権一途」の体制に改める方針を述べてはいるが、新たな体制においても天皇のもとで政権を担うのは有力大名による「公議」の会議体であることを同時に示しており、そうした諸大名のうちでの徳川氏の優位を保持しようとするものであった。

これに対して、すでに武力による倒幕の方針を固めていた薩摩藩と、宮中の公卿、岩倉具視らのグループは結束してクーデターを起こそうと画策する。すなわち十二月九日(一八六八年一月三日)、彼らは御所の諸門を薩摩藩などの兵力で警護し、岩倉が天皇に「王政復古」の勅諭案そのほかを上程する。続いて宮、堂上公家、諸大名、大名に仕える武士が一堂に会した小御所での会議をへて、「朝廷」の人事・制度の刷新と「幕府」それ自体の廃止が、まず皇族・公家に対して、十四日には全国の諸藩に対して伝えられたのであった。
天皇の名で発布されたその宣言文書が、「大令」(のち「王政復古の大号令」と呼ばれるようになる)である。その冒頭の部分を引用してみよう。

徳川内府［慶喜］、従前御委任の大政返上、将軍職辞退之両条、今般断然聞こし食《め》され候。そもそも癸丑［ペリー来航］以来、未曾有之国難、先帝頻年宸襟《しんきん》を悩まされ候御次第、衆庶之知る所に候。之に依り叡慮を決せられ、王政復古、国威挽回の御基《もとい》立てさせられ候間、自今摂関・幕府等廃絶、即今先づ仮に総裁・議定《ぎじょう》・参与之三職を置かれ、万機行はせらるべく、諸事神武創業之始に原《もと》づき、縉紳・武弁、堂上・地下《じげ》之別無く、至当之公議を竭《つく》し、天下と休戚を同じく遊ばさるべき叡慮に付き、おのおの勉励、旧来驕惰之汚習を洗ひ、尽忠報国之誠を以て奉公致すべく候事。(内閣官報局編『法令全書』)

慶喜が大政を返上して将軍の職を辞したいという申し出は、天皇様もとくと了解したところである。そもそもペリー来航以来の国難について、先の孝明天皇が長年、頭を悩ませてきたことは、人々みなが知っているだろう。そこでこのたび、天皇様は意を決して王政復古・国威挽回の基礎を断然と建てたのである。これ以降は摂関も幕府も廃止する……この前半は、現代語で言いなおせばそんな意味である。

ここで言う「王政復古」の英語訳が、やがてrestorationという表現に定着することになるのだが、新政府の公式見解として正式に訳語が指定されたのかどうかは、つまびらかにしない。しかし、同時代に来日して江戸の英国公使館に勤めていた外交官、フランシス・O・アダムズが、ベルリンの大使館に転任したのちロンドンで出版した日本史の概説書、『日本史』（一八七四年〜一八七五年）の第四篇第一章には、「大令」の趣旨を紹介するくだりで "a basis should be formed for a return to the ancient form of government by the Sovereign, and for the restoration of the national dignity" という表現が見える。

小御所会議（島田墨仙画「王政復古」、聖徳記念絵画館壁画）

「大令」の「王政復古、国威挽回の御基立てさせられ候間」という箇所と対比してみればわかるように、ここでrestorationはむしろ「国威挽回」の方の訳語として用いられている。アダムズの著書は、日本の開国後に初めて出た、西洋人による日本史概説であった。おそらくこのあたりから、慶應三年の政治変革を英語ではrestorationと呼ぶ用法が定着していったのだろう。十七世紀の英国史に関する知識からしても、君主がふたたび政権の中枢に復帰することをrestorationと呼ぶのがふさわしかったと思われる。

「明治革命」のまぼろし

しかし、明治三年十二月（一八七一年二月）にアメリカから来日した教育家・宗教家のウィリアム・エリオット・グリフィスによる日本通史の著書、『ミカドの帝国』（一八七六年）には、これと異なる表現も見える。

この『ミカドの帝国』の最終章は、アメリカの雑誌に寄稿した文章の再録で、徳川政権の崩壊と明治政府の成立の過程を論じたもの。そして章題は「近年の日本のさまざまな革命」（The Recent Revolutions in Japan）であった。この冒頭でグリフィスは、ミカド（天皇）の最高権力への復帰（restoration）を外国人たちが目撃したと述べたあとで、三重の政治革命（political revolution）が日本において進行していたとまとめ、対外政策の転換、社会改革の始まり、その改革を通じての西洋の文明（civilization）の理想の受容の三点を挙げている。ここに見られる認識を言いなおせば、「王政復古」はこの間の日本で進行していた「政治革命」の一部分にすぎないのである。

つまりこのとき日本で起きたのは、支配権力の頂点にいる存在が、徳川の公方から京都の天皇へ変わったという政権交代だけではない。それは同時に、「公儀」もしくは「幕府」、すなわち徳川政権が諸大名と皇室・公家を最終的に統制する、それまでの国家全体の体制を根本から改めるものであった。そしてグリフィスも言及するように、官制改革や異なる身分のあいだの結婚を許可することを通じて、世襲の身分に基づく支配が廃止され、西洋の文明の受容へと、大きく舵が切られた。こうした社会の急激な変化を言い表わすには、やはり「革命」と呼ぶしかなかったのだろう。

　実際に、この一八六八年における政治体制の変化は、日本国内では一般に徳川政権の「瓦解」と呼ばれ、世の中の「御一新」として歓迎されていた。王政復古の「大令」にも、経済の混乱に対する対策の実施を宣言する文脈で、「百事御一新之折柄」という表現が見える。世の中を根本から立て直そうとする動きとしての「御一新」もしくは「維新」。その含意を表わすのに、一番ぴったりくる英語の言葉は、やはりrevolutionであろう。グリフィスによる表現は、徳川から明治への体制転換にあたって、同時代の日本の人々が抱いた実感を反映するものでもあった。

　このrevolutionの語について、当時の日本ではすでに「革命」という訳語が用いられている。福澤諭吉が英文の書物の記述を翻訳・編集してしあげた著書、『西洋事情』外編（慶應四・一八六八年）の巻之二には「兵乱に由て俄に政府の革《あらた》まるを革命と云ひ」とあり、英国の名誉革命、フランス大革命、アメリカ独立革命の三者を例として挙げている。ここ

ウィリアム・エリオット・グリフィス

で福澤の記述は、いかにも徳川末期の情勢を憂慮するかのように、「革命の兵乱」が社会の混乱を拡大させていった結果、邪悪なリーダーによる専制支配を呼び起こしてしまうと警戒するものであった。

しかしいずれにせよ、王政復古の「大令」から鳥羽・伏見の戦い、戊辰戦争へと続く流れを表現するのに、「革命」の語が当時の人々にとってぴったりだったことはたしかだろう。実際にはそうならなかったにせよ、もし明治初年の政府が、みずからの改革運動を「革命」と表現していたら、「明治革命」といった名称が一般社会にもすんなりと受け入れられ、その後の歴史において定着したのではないか。あとで見るように明治二十年代から活躍し始めた若い世代の知識人たち、徳富蘇峰や竹越與三郎（三叉）などは、「維新革命」という呼称を好んで用い、さらなる第二の「革命」を唱えていたのである。

こうした事情を考えてみると、いまの日本で徹底した改革を唱える政治家や経営者が「維新」をシンボルにしたがるのは、中途半端ではないかという気になってくる。固有名詞としての明治維新を除けばほとんど目にすることがない「維新」などという言葉を用いるよりも、「維新」の当時の人々も使っており、現在も普通に口にされる「革命」をシンボルにした方が、より積極的な趣旨を言い表わせるのではないか。――しかし「日本維新の会」を「革命の会」に改名するのは、やはりためらわれるだろう。そのためらいは、明治の新政府をうちたてた人々が、「革命」でなく「維新」の呼称を選んださいにも、抱いていたものだったのである。

「神武創業之始」とはなにか

「復古」と「革命」の二つの側面。現在の政治体制を打ち倒し、昔あった形を復活させる改革が、結果としては、身分制の解体や中央集権化や西洋文化の輸入といった、新しい方向へと国の全体を導いてゆく。それは「復古」の文字面だけに着目するかぎり、矛盾のように思えるだろう。

しかしこの一八六八年の「革命」においては、「復古」であるからこそ新たな体制への変革ができるという論理が働いていた。実は、先に挙げた王政復古の「大令」それ自体が、その趣旨をはっきり示す文書でもあったのである。

「大令」には、先に見たように「諸事神武創業之始に原き」改革を進めるという文言がある。徳川氏が最高権力を握る政権を廃止して、天皇のもとに公家と大名からなる臣下たちが直属する形で、人々を統治する体制に改めること。その点は、「倒幕」を進めた勢力のなかでは、岩倉具視らの公家たちも、薩摩藩をはじめとする武士たちも、ともに共有する方針だったと言えるだろう。

だが、徳川政権が成立する前の状態に戻ると言っても、歴史のどの時点に戻ればいいというのか。戦国時代の衰退した「禁裡」のあり方にもどるというわけにもいかないし、後醍醐天皇の建武中興の制度に復帰するのにも無理がある。岩倉具視が慶應二年十月に書いたと推定されている国事意見書「極秘語」には、徳川慶喜から征夷大将軍の官位を返上させることについて「軍職御取返シ頼朝以前ニ復古ノ事」という記述が見えるが（『岩倉具視関係文書』第一巻）、源頼朝より前

岩倉具視

のあり方と表現したところで、その具体像は依然として曖昧なままである。

岩倉具視の正伝である『岩倉公実記』の中巻には、この「王政復古ノ大挙」について国学者の玉松操《みさお》（文化七・一八一〇年～明治五・一八七二年）に対し、慶應三年九月に意見を求めたと記されている。この『岩倉公実記』に関しては記述にしばしば疑いがもたれているし、玉松の関係史料ではさらに前年の夏のことと書かれているらしいのだが、とりあえずこの本の記述にしたがえば、玉松の答はこのようなものであった。

王政復古は務めて度量を宏くし規模を大にせんことを要す。故に官職制度を建定せんには、当《ま》さに神武帝の肇基《ちょうき》に原づき、寰宇《かんう》の統一を図り、万機の維新に従ふを以て規準と為すべし。

神武天皇がこの国を始めたときのあり方にならって、官職・制度を制定せよ。そういう意味であるが、神武天皇の在世の制度の詳しいあり方などはわかるはずもない。この言葉は実際には、新たに王朝を始めるのと同じように、制度を新しく定めよという意味を含んでいた。この「神武創業之始」という標語は、やがては王松の意図をこえて、西洋流の制度の新規導入をも正当化することになるだろう。体制を刷新し、国家を新たに作りなおすという意味での「革命」を、起動させる営みとしての「復古」なのである。

「其の命、維れ新たなり」

しかも、ここで同時に「万機の維新」という表現が見えることにも注目したい。徳川政権から明治政府への交代を表わすもう一つの言葉、「維新」もまたここに登場している。「維新」の語は、もともとは中国の儒学思想の古典、『詩経』の「大雅」の部に収められた詩「文王」に由来する。これは、周王朝の初代の王である武王の父、文王（姓名は姫昌。文王は没後に贈られた追号）のすぐれた徳を、その没後に讃えた一篇であり、そこに「周は旧邦なりと雖も、其の命、維《こ》れ新たなり」という語句が見える。

文王が属する姫氏の一族は、その祖父、古公亶父《ここうたんぽ》（のち大王と追号）以来、岐山の南の一帯である周原を支配しながら殷王朝に仕えており、文王は殷の紂王から西伯《せいはく》の位に任ぜられていた。姫氏は古公亶父から十二代さかのぼった始祖、后稷《こうしょく》から、千年以上も続く家系である。

儒学経典の説くところでは、殷の紂王は「酒池肉林」の表現のもととなった挿話でも知られるように、民の苦しみもかまわずに重い税をとりたて、王朝の財をみずからの娯楽に費やし、それ

周の文王

を諫めようとした臣下を残酷な刑に処してしまう暴君であった。文王はすぐれて徳の高い人物であり、のちに儒学においては理想的な人物として崇拝されるほどの政治家であったが、やはり紂王から憎まれ、幽閉の苦しみを味わうことになった。

やがて文王の没後にその息子、武王（姓名は姫発）が反乱を起こし、ほかの諸侯もそれに加わったことで、追いつめられた紂王が自殺し、殷王朝は亡びることになる。ここに代わって武王が中国全体の王（天子）となり、王位を子孫に伝えることとして周王朝を始めたのである。「周は旧邦なりと雖も、其の命、維れ新たなり」の語句は、周の地域を支配する姫氏それ自体は古くから続く家系であるが、文王の代に至って、みずから王になって民の救済にあたれという天からの命令を新たに与えられたという意味を示す。文王自身は王になることを選ばなかったものの、武王がその「命」を実行し王朝交代を実現させてゆく。それが、「維れ新たなり」すなわち「維新」の語の、もともとの含意である。

ここで「其の命、維れ新たなり（其命維新）」と語が続いているのは、統治者は天から命令を受け、天に代わって統治するものだという儒学の発想を前提にしている。全土の王のことを「天子」と呼びならわすのは、そうした考えをよく示す表現である。中国、さらに広く言えば東アジアの全域に広がった世界観においては、人間や動植物がいま生きているこの大自然の全体を指して「天」と呼ぶ。そして「天」が永遠に草木や動物や人間を生み、育み続ける活動を代行するのが「天子」の仕事だとされている。

すなわち君主は天から「命」をうけ「天子」として統治にあたる以上、人々に慈愛を施し、みなが安らかに暮らしていけるよう配慮しなくてはいけない。その仕事は単に治安を確保し人々の福利厚生に努めるだけにとどまらず、おたがいに調和して生きられる道徳的な存在に彼らが成長するよう、教育してゆく営みを含むことになる。したがって君主とそれに仕える臣下たちは、まずみずからが「徳」を十分に発揮する道徳的な人格となるように、絶えず努力しなくてはいけない。反対に言えば、そうした「徳」の高い人物でなければ、統治者の地位には本来ついてはいけないはずである。

こうして、いわゆる有徳君主思想が導き出されることになるが、儒学の伝統において特異なのは、この発想に基づいて王朝の交代をも説明しようと試みた点である。すなわち、暴虐な君主であった紂王に対し、もともとはその臣下であった武王が反乱を起こし、みずからが新しい王朝の創始者となる。このことを、「天下」の統治をゆだねる「天命」が旧王朝から離れ、徳の高い人物による新しい王家に改めて「天命」が降《くだ》ったと表現したのである。

なぜ「維新」が選ばれたか

この議論でゆけば、玉松操が「王政復古」を「維新」と表現したのも、もっともな選択とは言えるかもしれない。日本全国の事実上の支配者が誰かという側面に限ってみるならば、「王政復古」は、「天命」が江戸の「幕府」から離れて京都の「朝廷」に移った、一種の王朝交代だったのである。さらに、revolution の訳語に用いられた漢語「革命」は、もともと「命を革《あらた》める」という意味であり、「天命」が移ったことによる王朝の交代を指している。「維新」と「革命」とは、意味の上できわめて近い位置にあった。

しかし、徳川の「公方」から「帝」すなわち「禁裡様」への政権の交代は、王朝の変更ではありえない。それはあくまでも、徳川の「公方」がそれまで代々与えられていた征夷大将軍の官位を「禁裡様」に返上するという形で行なわれ、遠い過去から皇室が日本の唯一の王家として君臨してきた歴史のなかに位置づけられていたのである。それは王朝交代という意味での「革命」――いわゆる易姓革命――では、決してなかった。玉松操が「革命」でなく「維新」の表現を選び、明治政府の関係者がそれを踏襲したのも当然だったのかもしれない。

玉松は、京都の公家の出身で、三十歳までは醍醐寺で僧として活躍していた人物である。還俗したのちに大国隆正に師事し、和泉国や近江国坂本で国学の講釈を行なっていたが、他面で朱子学を学んでもいたという。先に引いた『詩経』「文王」の「周は旧邦なりと雖も、其の命、維れ新たなり」という語句は、そのまま（ただし「維」の字を意味が同じ「惟」に変更して）、朱子学で基本経典とされた『大学』にも引用されている。『大学』は、学問をする者がまず学ぶべき四書の一つに数えられ、しかも学問の順序と方法を述べた古典として、最初に読むものとされていた。

朱子学は『大学』を、孔子の高弟であった曾子（曾参）とその門人による著作と解している。

学問をする者は、まずみずからの徳性をみがき、その上で君主に仕える統治者となって世の人々をも感化し、道徳的に向上させることをめざすべきだ。そうした自己修養の目標として、「天命」が新たに降るのにふさわしい人間になるよう努力すること。『大学』が「文王」詩の語句を引用するのは、統治者として「民を新たにする」営み――朱子学の大成者、朱熹による解釈は、『大学』本文のこの部分にある「親」の字を「新」に読み替えている――を、学問修養の到達すべき目途として掲げた箇所である。

したがってここで「維新」の語は、王朝の交代というよりも、自分自身が向上し、新たな段階へ向かう動きに引きつけられてゆく。詩の主題になっている文王が、みずからは王にならなかったことを考えあわせれば、朱子学の場合、「維新」の語の持つ意味あいは、「革命」からいっそう遠ざかってゆく。王朝交代のニュアンスを最小限にしながら、しかし同時に根本的な改革を示す語彙として、「維新」の語は玉松だけでなく多くの新政府関係者にとって、便利だったのであろう。

明治天皇

しかも「維新」の語は、さらに別の含意とも結びつくことになる。やがて新政府は戊辰戦争で旧「幕府」側の軍勢の制圧に成功し、政府の所在地を江戸に改め「東京」

と改称する。そしてかつての江戸城を「宮城」に改称して居城とした明治天皇は、明治三（一八七〇）年の一月三日に「大教宣布の詔」を発した。

玉松のような国学者・神道家の新政府への影響力は、このころを頂点としてしだいに弱まってゆくものの、政府内の神祇官を中心にして、まだ強かった。その意向に沿って「宣教使」を各地方に派遣し、「大教」すなわち神道を国教として普及させようと述べた詔書であるが、そのなかには次のような文言が見える。

今や天運循環、百度維新、宜しく治教を明らかにし以て惟神《かむながら》之道を宣揚すべきなり。

（『明治天皇紀』による。原漢文を読み下した）

神道を意味する「惟神之道」の「惟神」は、音読みにすれば「いしん」である。国家の一大改革である「維新」が、その言葉を通じて「惟神」に通じているとするなら、天照大神の子孫である天皇が永遠に統治する王朝の連続を前提とした上で国制を改めるという、限界つきの「御一新」という印象は、さらに強まるだろう。やはり「維新」という表現は、言葉の上で「革命」との相性が悪いようである。

第二章　ロング・リヴォルーション

明治維新は「革命」と呼べるのか――。同時代に生まれた竹越與三郎にとっては、「革命」としか表現のしようがない大事件であった。

しかし、それは勤王派等の作為の結果ではなく、時代の大きな趨勢によってもたらされた歴史的変動であった。

橋本周延（楊洲）「帝国万歳憲法発布略図」

明治の「革命」史

慶應三年十二月（一八六八年一月）に起きた政権の交代は、「革命」と呼べるのかどうか。歴史の大きな変化を明確な言葉で意味づけるのは、同じ時代を生きている人にとっては難しい。自分をとりまく社会が変わりつつあるなかにいる人よりも、そのあとに登場した世代の方が、時代の全体を見渡すのには有利な地点に立っている。明治に元号が変わって二十年もすぎるようになると、若い世代がしだいに、慶應三年を起点とする、あるいはその前から始まっていた社会の変化を、明確な言葉で意味づけようとする試みを始めるのである。

その代表例が、王政復古の「大令」からほぼ四半世紀ののちに刊行された、竹越與三郎（三叉、慶應元・一八六五年〜昭和二十五・一九五〇年）による『新日本史』上巻・中巻（民友社、一八九一年〜一八九二年）である。当初は上中下の三巻として構想されていたが、下巻はついに刊行されず未完に終わった。だが、徳川末期から当時までの歴史の流れを記す通史の試みとしては、早い時期に属する作品として名高い。

竹越は、明治維新をみずからの見聞としては記憶していない、若い世代に属する論客である。やはり同じような世代の徳富蘇峰や山路愛山とともに、民友社に属し、『国民之友』や『国民新聞』に筆をふるい、政治論や歴史論を盛んに発表した。当時は大日本帝国憲法が制定され、帝国議会も開会を見て、明治国家が制度上の確立を迎えた時期にあたる。しかしそこで権力を握り、保守的な性格を露わにした藩閥勢力に対抗して、言論活動と選挙運動を通じて政党勢力（民党）を応援し、国政の改革を唱える。それが彼らの当時とった路線であった。

『新日本史』の題名が意味するところは、「新しい日本史」ではなく、「新日本の歴史」である。そのことは、中巻の末尾に載っている「下巻の目録」のなかに見える章題に、「新日本主動者の伝記評論」「新日本由来論」というタイトルが混じっていることからもわかる。つまり、一八六八年の政権交代すなわち「維新」によって、日本は「新日本」へと変貌をとげた。その変化の歴史を概観しようという試みが『新日本史』なのである。

この本の上巻は、一般的な言い方で呼ぶならば、政治史の通史の試みである。徳川時代の政治体制の概観に始まり、ペリーの来航をきっかけにして政治が大きく動き始める過程を「維新前記」として叙述している。そして後半の「維新後記」「外交の変遷」で、明治二十年代にまでわたる政治・外交の変遷を通観するのである。

ここで注目したいのは中巻、「社会、思想の変遷」と「宗教」の変化を取り扱う巻である。前者は五章にわかれ、長大な叙述になっているが、その第一章の題名は「維新革命に関する根本思想及び皇位性質の変遷」であり、第二章は「社会的革命、思想界の三分鼎足」。単純に言えば前者では政治領域の「革命」、後者では「社会」全体の「革命」を論じるということになるだろう。竹越にとって「維新」とは、政治と社会との両面にわたって、「革命」としか表現のしようがない事件であった。単に「変遷」と呼ぶだけでは変わりようの激しさを表現できない。その意味で、儒学思想の易姓革命のように狭い意味での王朝交代にとどまらず、社会や文化の領域をも含む大がかりな変動を呼ぶには、「革命」の語がやはり適切だったのであろう。
『新日本史』における「革命」の語の用法を細かく見れば、中巻のうち「社会、思想の変遷」の第一章で一八六八年の「革命」について「代朝革命」とも言い表わしている。この章には孟子が説いた易姓革命に関する議論や、「湯武放伐」――殷王朝初代の湯王と、周王朝初代の武王による、それぞれ前王朝の暴君に対する追放・討伐――への言及も見えるから、王朝交代の印象で、この「革命」をまずとらえていることがわかる。

竹越與三郎『新日本史』

他面で竹越は、あとで見るように、「勤王論」による政治運動がこの大変動の根本原因であると説く歴史家たちを批判する。政治変動としての「革命」は、その前後の時期を通じて長く続く「社会的革命」の過程によって支えられていた。徳川時代にすでにめばえていた「社会の潮流」があったからこそ、「代朝革命」ももたらされたのであり、そのために「新日本」を担う新政府も、発足当初はこの「社会的革命」をさらに進める改革を行なった。竹越はそのように歴史をとらえなおす。

しかし、「維新革命」から二十年以上をへたいま、新政府はこの「社会的革命」に逆行する動きを示し始めている。『新日本史』全体の序文として中巻の冒頭に掲げた文章、「新日本史に題す」に見えるのは、そうした動きへの批判と、この長期にわたる「革命」を、いわばダヴィドヴィッチ・トロツキーがロシア革命後のソヴェト政権の歴史に見たような〝裏切られた革命〟に終わらせてはならないとする決意にほかならない。引用は岩波文庫版による。

今や維新以来僅かに二十余年、滔々たる世上、維新の大目的を失忘して、邪径に走らんとす。之を朝にしては大臣、その政策を過ち、之を野にしては志士その見識を過ち、共に与に固息《ママ》偏安に陥る。是れ著者が慨然として筆を執り、維新以来世変の大綱を記述せんと企てたる所以也。
（下巻、一一～一二頁）

「維新の大目的」を忘れつつある政府と民間の識者たちに対して、「社会的革命」の内容と意義を改めて認識させること。それが、竹越が同時代の通史を叙述し「世変の大綱」を書き記そうとする目的である。

では、一八六八年の「維新」はいかなる意味で「革命」であったのか。「維新革命に関する根本思想及び皇位性質の変遷」を論じる前掲の章で竹越は、まず「維新革命の原因に関する俗論」を批判するところから、その説明を始めようとする。「俗論」とは、「勤王論」の思想が「維新」を導いたとする「古流なる歴史家」の説と、「外交の一挙」すなわちアメリカのペリー艦隊をはじめとする西洋諸国からの圧迫を原因とみなす、「或る一派の史家」による見解との二つを指している。

この二つの「俗論」は、二十一世紀初頭のいまでも、明治維新に関して世間一般が抱く像を強く規定していると言ってよいだろう。たとえば、高校日本史教科書のなかでもっとも採択数が多いとされる『詳説日本史B』(山川出版社)はかつて、近代・現代を簡単に概観する頁のなかで、「十九世紀中ごろ、欧米の圧力によって開国を余儀なくされた日本は、西欧列強を目標に近代的国家の形成につとめ」(二〇〇六年検定版)と記述していた。ただ同じ教科書の(本書執筆時で)最新の二〇一二年検定版には原因に関する言及がないから、そういう見かたは歴史学界・教育界では主流からはずれるようになっているのかもしれない。

竹越與三郎

だが、たとえばTPP問題に見えるように、自由な通商を求める外国からの圧力を「黒船」の到来にたとえる例はいまでもおなじみだろう。この場合、単に高圧的な態度で迫ってくるという意味にとどまらず、国内の変革を要求する存在として、「黒船」の比喩が働いているのである。この例などを考えれば、「欧米の圧力」を明治維新の原因に挙げる見解の支配力は、いまだに強い。

これに比べると「勤王論」が維新を導いたという見解の方は、現在、教科書や日本史研究者による著作で見かけることがほとんどない。そうした「勤王論」的もしくは「皇国史観」的な歴史解釈

が、昭和の戦前・戦中期に学界と教育界を支配したことに対する批判から、戦後の歴史学が出発したことがよく表われている例である。だが、幕末・維新ものの時代小説やテレビドラマについては、勤王派を歴史を動かした原動力とするようなイメージが、いまだに支配しているのではないだろうか。その点では、竹越の批判した「勤王論」的な維新史観が健在なのである。

しかし竹越に言わせれば、「勤王論」説も、「外交の一挙」説も、どちらも「革命」としての明治維新の本質を見落としている。そう指摘したあとで、一種の革命類型論を展開するところがおもしろい。英国に代表される「復古的の革命」、フランスを典型とする「理想的の革命」、日本が属する「乱世的の革命」の三類型に、竹越は「革命」を分類する。英国とフランスを代表例に含めているところに、すでに「革命」の語が中国古典の易姓革命の意味を離れ、一般的な概念に変わっていると見ることもできるだろう。

第一の「復古的の革命」は英国の革命を典型とする。ただ竹越の記述からすれば、十七世紀の三王国戦争・名誉革命だけでなく、その後の歴史における下院の優位の確立や選挙法改正など、政治制度の改革の進行をも含めてそう呼んでいるようである。

すなわち英国においては、「暗黒時代」においてすでにマグナ・カルタの例に見られるように、人民の「自由民権」の保障と「王権」の制限という原理が確立していた。十七世紀以降において英国の人民は、そうした中世社会の「前例」に回帰することを求める形をとりながら、実質的には身分の枠を取り払い、「武器を執るの自由、出版、言論、公会の自由、地方自治、警察権の自治」などを主張し、国家の制度として実現させた。そうした意味での「復古」なのである。

この観点からすれば、「勤王論」が明治維新の原因となったと説く論者がおそらく考える、「王政復古」としての明治維新などは、そもそも「革命」の名に値しないという結論になるだろう。それは、政権の中心が公方から天皇に戻ったというだけの「復古」であり、英国に見られた「自由民権」の伝統の復活とはまったく異なっている。そもそも英国型の革命をわざわざ「復古的」と名づけて明治維新とは別物としたこと自体、「王政復古」型の「維新」観に対する批判を含んでいると読むこともできる。

第二の類型は「理想的の革命」。アメリカ独立革命とフランス大革命がその例とされている。それは、英国のような過去の「自由民権」の伝統をもたず、歴史が「暴乱圧抑の暗黒」によって覆われている社会において起こった。そこに「将来を想像する仁人哲学家」——ジャン＝ジャック・ルソーやトマス・ペインが念頭にあるのだろう——が登場し、「政治的自由」の理想を熱烈に説いた。国民がその思想を広く受容して、現在の秩序を破壊し、「理想の美国」を建設しようとしたのが、「理想的の革命」である。

そして明治維新は、「復古的」とも「理想的」とも異なる、第三の類型に属する。フランスやアメリカと同様に「自由民権」の伝統を欠いた社会で起こったものではあるが、一定の「思想」がそれを指導したというわけでもない。それはただ、「乱世的革命《アナルキカルレボリウーション》」としか呼びようがないのである。

また不幸にして歴史及び既成の制度にも自由快楽の光明なくして、一に圧抑の惨状を以て充たされ国民の胸中にも理想なくして寸前暗夜のごとく、後《しり》えにも希望なく、前《さき》にも光明なきの国に於ける革命は、理想的にもあらず、復古的にもあらず、ただ現在の痛苦に堪えずして発する者にして、是れ之を名けて真正に漠々茫々の乱世的革命《アナルキカルレボリウーション》という……（下巻、二二一頁）

ここで「乱世的」すなわち「アナルキカル」という形容を用いているのは、ひたすら騒乱状態が続いたという意味ではない。竹越が論じているのは、明治維新の場合は次節で見るように「社会の潮流」が長い年数をかけてゆっくりと変化してゆき、やがて政権の交代をもたらしたという事態である。むしろ、特定の人々の作為や計画によるのではなく、時代の大きな趨勢が世を「革命」へと押しやったという意味で、それは無政府的な動きなのだというのだろう。

「封建制度」から「新日本」へ

徳川時代の社会は「封建制度」によってがんじがらめに統制されていた。そう竹越は『新日本史』で説いている。ここで「封建制度」の特徴として第一に挙げるのは、大名に各地方の支配を委ねる「地方分権の制」である。西洋のフューダリズムの概念の翻訳語ではなく、中国古典に見える、郡県制に対置された封建制のことを意味しているのである。

郡県制においては、君主が中央から派遣した官吏が地方を治めるのに対して、封建制においてはそれぞれの領地を諸侯に与え、その地位を世襲させる。この封建制・郡県制の二分法が、中国古典に由来する東アジアの伝統的な政体分類である。徳川時代の日本においても知識人たちは、その国家制度を「封建」としてとらえていた。古代中国での王と諸侯との関係になぞらえて、徳川時代の体制は、公方が全国の大名に土地の支配権を認める、すなわち「封建」する形として意味づけることができる。そして公方と大名の職も、また大名に仕える武士たちの職もすべて世襲で継承されるから、この「封建」の制度は世襲身分制と不可分であると意識するのが普通であった。

竹越が徳川時代、十八世紀以後の歴史に読み取ったのは、「封建制度」によってしっかりと結ばれていた社会秩序が、しだいに解体してゆく過程であった。この「封建制度」を支えていたのは「威力」、すなわち圧倒的な軍事力と権威である。徳川氏は諸大名に対して、身分の高い武士は低い武士に対して、全体としての武士は町人・百姓に対して、それぞれ「威力」を見せつけることを通じて、「社会の結合力」を当初は堅く保っていたのであった。

しかし、「五代将軍以後」すなわち十八世紀なかばからは、この「封建制度」による「結合力」がしだいに衰えていった。徳川の公方による安定した秩序のもとで平和な世が続いた結果として、武士たちは贅沢な生活に慣れて、しだいに奢侈に溺れ、借金を重ねてゆく。これに対して町人や百姓たちは財力をたくわえ、武士に対して金を貸すようになる。表向きは「封建制度」の身分秩序を堅く保ってはいても、その内実においては町人・百姓が武士の上に立ち、上下の力関係は逆転してゆくのである。

社会を保つ「威力」がこうして弛緩してゆくことは、被支配者層の思想のあり方にも影響を及ぼし、それを変えはじめる。ここで竹越が注目するのは、「町村都邑の庄屋名主」たちである。英国の三王国戦争の初期に国王に対して反乱を起こし、内乱拡大のきっかけを作った政治家、ジョン・ハンプデン（ハムデン）の名前を引きながら、徳川時代においても名主や庄屋といった百姓の代表が、年貢の増徴に抵抗し直訴に立ちあがった例に注目し、こう述べている。

封建制度、唯一の関鎖たる威力は已に冥々の間に於て、かくのごとき変化を来たしつつあると共に、民権の勢力はまた侮るべからざる発達を為さんとしつつありき。もとより幕府の当時に於ては、今日の意義に於ていう所の民権なる思想は毫も見るべからざりしといえども、士人の誅求に堪えざるの反動力は、町村都邑の庄屋名主中に幾多平和のハムプデンを出したり。そもそも封建制度の下に於ても二百余年の歳月は自然に一種の地方自治制を生じたり。これ実に日本国民が水火の圧抑を経てなお今日あるを得たる大原因なりき。（下巻、二七頁）

徳川時代においては、年貢の徴収や治安維持については、大幅に村や町の自治に任され、名主・庄屋などの村役人、町役人がそれをとりまとめていた。あくまでも統治機構の末端を担うという位置づけではあったが、竹越はこれを「小なる代議士と、郡長のごとき半官半民の性質」と表現し、地域の人民の代表としての性質を兼ね備えていたと理解する。そして経済力の上昇と「出版物、写本」の発達にともなって、「庄屋名主」たちもまた学問を身につけるようになる。その結果、儒学による為政者批判と身分制批判の論理がしだいに浸透していった。

つまり、先に易姓革命の例について見たように、儒学の思想は君主をはじめとする為政者に対し、すぐれた徳を発揮し、人々が安らかに生きてゆけるよう仁政を施すことをきびしく要求する。その結果として「君主は君主の君主にあらず、生民ありて而して後、君主あり」と、人々がみずからの願いの実現を為政者に求める発想が生まれ、「王侯将相いずくんぞ種あらんや」（『史記』陳渉世家に見える、陳勝が反乱を起こしたさいの言葉）と、君主の世襲に疑問を投げかける考えもまた社会に普及していった。――こうした説明は、越後柿崎で酒造業を営み、村の有力者であった家に育った竹越自身の見聞を反映したものでもあっただろう。

ジョン・ハンプデン

このように、学問・思想の面で「社会自身の大変革」が徳川時代の後半には着々と進行していた。したがって「維新革命」の政治運動を支えたのも、天皇や公家の復活を願う「勤王論」よりも、むしろ「易姓革命」を理論化した「孟子説＝君無道なれば即ち撃つの論」や、陽明学の発想が「大原因」であったと竹越は説く。対外危機や尊王論は、それが政治運動として表面化するきっかけを与えたにすぎないのである。実際に明治の新政府が、政権の奪取にとどまらず、身分制の解体にまで突き進んだ事実がその証拠であった。もしも「代朝革命」の目的だけが「維新革命」を導いたのならば、新政府が版籍奉還や徴兵制施行を通じて、武士身分の解体にまで「社会的の変革」を進めることはなかっただろう。

こうして竹越は「維新革命」という事件の本質に、深層においてゆっくりと進んでいた「社会的革命」を見たのであった。カルチュラル・スタディーズの元祖とされる二十世紀英国の批評家、レイモンド・ウィリアムズの著書の題名を借用すれば、明治の「維新革命」とは、表面上の政治変動の時期をこえて前後に長く続いている、長い革命（ロング・リヴォルーション）だったのである。

ロング・リヴォルーションとしての明治維新

こうした論法は、どこかで聞いたことがあると言う人もいるかもしれない。明治維新の政治変動の根柢には、それ以前から進んでいた旧社会の解体現象があった。――これは、マルクス主義の歴史学が明治維新解釈に用いた論法である。実際、そうした歴史研究の最初期の仕事である、野呂栄太郎の論文「日本資本主義発達史」（一九二七年発表、のち単行本『日本資本主義発達史』一九三〇年に再録）は、「資本家と資本家的地主とを支配者たる地位に即かしむるための強力的社会変革」と明治維新を規定し、これをブルジョア革命としての「明治革命」と名づけている。

このブルジョア革命という規定を、野呂はまもなくコミンテルンの「日本問題に関する決議」（二七年テーゼ）を承けて放棄することになるのだが、ここで注目したいのは、徳川時代の社会の内ですでに、農業と商工業の両面にわたって旧体制の崩壊が進行しつつあったとする歴史像である。

もちろん、野呂が徳川時代の「封建制度」と呼ぶとき念頭にあるのは、西洋由来のマルクス主義の理論が説くフューダリズム（領主が村落共同体の単位で農奴を支配する土地所有制度と生産関係）であり、竹越が説く、郡県制と対比された「封建制度」とは異なる。しかし、長い革命という現象への着目という点に関して見れば、約四十年前の竹越の議論が、昭和のマルクス主義史学にも流れこんでいたと解することもできるだろう。

しかし、野呂が経済領域における支配・従属関係に焦点をあてて、この長い革命を語ろうとするのに比べて、竹越の視野はずっと広い。身分制という社会関係のあり方から、コミュニケーションの発展、思想の普及など多くの側面を考慮に入れた上で、全体としての社会の変化の進行を描いている。

野呂栄太郎

野呂栄太郎が属する講座派マルクス主義の歴史解釈もまた、単に資本主義・帝国主義の経済構造を明るみに出すだけではなく、社会意識における「封建遺制」の残存を問題にし、天皇を頂点におく政治体制の分析に視野を広げるものであった。その意味で、経済領域の構造を描きだすのみにとどまらない全体史への志向が、その「封建制度」をめぐる分析にも生きていたと言える。

だが竹越が歴史を描くさいの視野は、講座派マルクス主義よりもいっそう、全体史の傾向が強いと言えるだろう。政治や経済の変動だけでなく、広く文化や社会の動きも含めながら一国の歴史を語るのは、十九世紀ヨーロッパの文明史の特徴であり、明治の知識人はその影響を同時代に強く受けていたのである。

こうした総合的な歴史変化への着目と、長い革命の一環として明治維新をとらえる視角は、竹越も『新日本史』のなかで言及する福澤諭吉が、すでに著書『文明論之概略』（一八七五年）で説いたところであった。竹越は慶應義塾で福澤に直接学んでいるから、「維新革命」の理解についても、強く影響を受けたと思われる。

『文明論之概略』は、「文明」をめぐる福澤の考察を正面から展開した著作である。本書では第三章で詳しくふれることになるが、福澤によれば「文明」とは人類に普遍的な理想であり、「野蛮」から「文明」へと国を進歩させることが、人間にとって最上の目的にほかならない。

そしてこの本の第五章で福澤は、前章から引き続いて「一国人民の智徳」について語る。国が全体として「文明」へと向かう「進歩」の内実は何か。それは人民の「智」と「徳」の両面の発達であると福澤は主張する。その具体例として挙げるのが、『文明論之概略』の刊行時にはまだ八年前、四年前の出来事であった、「王制一新」と「廃藩置県」である。ここで福澤が二つの改革を並記しており、明治維新としてまとめてとらえてはいないことにも、注意しておこう。

この二つの大事件について当時の知識人、特に「勤王家」たちは、「王室の威光」を人々が慕って「幕府」を倒したとか、「執政の英断」が変革をもたらしたと説明していた。そういった俗説を、福澤はきびしく斥ける。この大改革が連続しておこり、日本の国を一変させた真の原因は、社会全体における「智徳」の向上にほかならない。

我国の人民積年専制の暴政に窘められ、門閥を以て権力の源と為し、才智ある者と雖ども門閥に藉《よっ》て其才を用るに非ざれば事を為す可らず。一時は其勢に圧倒せられて全国に智力の働く所を見ず、事々物々皆停滞不流の有様に在るが如くなりしと雖ども、人智発生の力は留めんとして留む可らず、この停滞不流の間にも尚よく歩を進めて、徳川氏の末に至ては世人漸く門閥を厭ふの心を生ぜり。（『福澤諭吉全集』第四巻、岩波書店、一九五九年、七〇～七一頁）

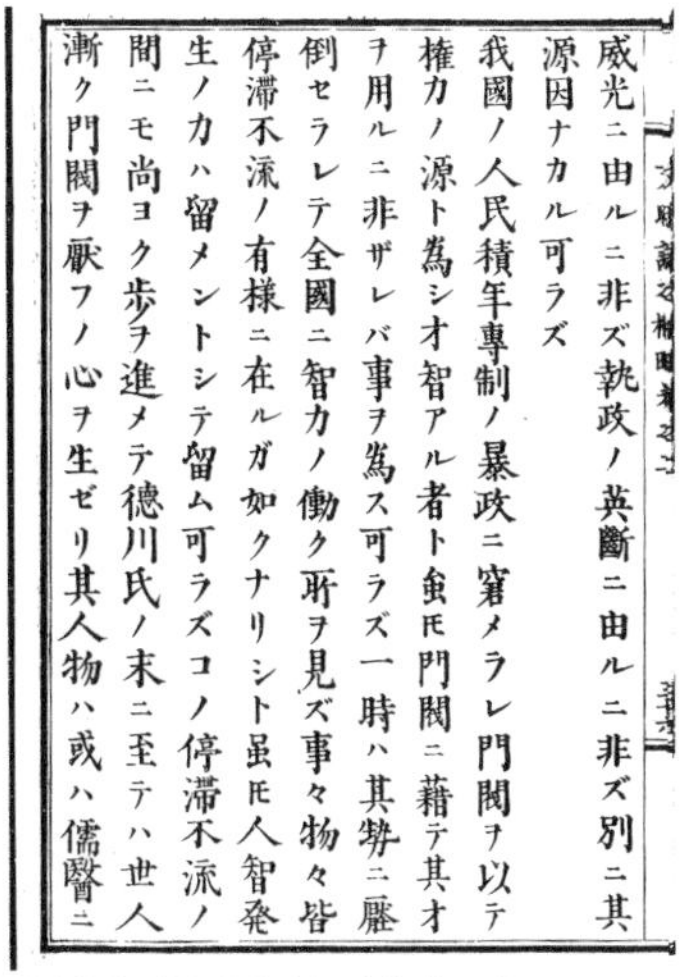
威光ニ由ルニ非ズ執政ノ英断ニ由ルニ非ズ別ニ其源因ナカル可ラズ
我國ノ人民積年專制ノ暴政ニ窘メラレ門閥ヲ以テ權力ノ源ト爲シ才智アル者ト雖モ門閥ニ藉テ其才ヲ用ルニ非ザレバ事ヲ爲ス可ラズ一時ハ其勢ニ壓倒セラレテ全國ニ智力ノ働ク所ヲ見ズ事々物々皆停滯不流ノ有樣ニ在ルガ如クナリシト雖モ人智發生ノ力ハ留メントシテ留ム可ラズコノ停滯不流ノ間ニモ尚ヨク歩ヲ進メテ德川氏ノ末ニ至テハ世人漸ク門閥ヲ厭フノ心ヲ生ゼリ其人物ハ或ハ儒醫ニ

福澤諭吉『文明論之概略』第５章

一見強固に見える「門閥」制度に束縛された徳川時代の社会においても、その奥底では、せっかく才能があっても身分や家柄が低いがゆえに、広い世間でその能力を発揮できる地位につけないという不満が渦まいていた。「幕府」が強大な権力で人々を圧倒しているあいだは、その不満も表面化することはなく、学問や文藝の方面で鬱憤を晴らすという形で表現されるだけである。福澤は、儒学者や戯作者の著作の行間から、それが読みとれると説いている。

しかしこの「門閥を厭ふの心」がしだいに鬱積し、破裂しそうになったところで、ペリー艦隊が到来し、「幕府」の権力の弱体が露呈する。――こうして生まれた「攘夷論」をきっかけとして、「門閥を厭ふの心」が一気に政治運動として暴発したのが倒幕の「革命」なのであった。したがってそれは、さらに「廃藩置県」による身分制の解体まで進行せずにはいられなかった。

したがって福澤の理解では、ペリーの来航も、こうした「門閥を厭ふの心」の爆発にきっかけを与えたものにすぎない。そして「攘夷論」や「勤王論」がその動きに乗って流布した。表面上は尊王攘夷の言論が公儀を倒したように見えるが、その動きを支えていたのは、徳川時代のあいだに積もりに積もった、世襲身分制への批判であった。

この「門閥を厭ふの心」は福澤の理解によれば、人民の「智徳」の発達が、身分制度による束縛を受けたために歪んだ形で現われたものであった。しかもそれが学問や文藝の形で社会に現われはじめたのを、「天明文化の頃より」と記している。竹越が「五代将軍」のあとからと書いているのと、若干の時期のずれはあるが、二人とも十八世紀の後半、もしくは十九世紀の初頭からはじまる長い変化を見通し、そこに明治維新という変動の底流に働いた力を見いだしていたのである。

明治維新をはさんで、十九世紀の長い期間に進んでいた、思想と社会の変化。それはどういうもので、その後の歴史にいかなる意味をもったのか。福澤や竹越の指摘を念頭におきながら、これを考えなおしてみるのもおもしろいのではないだろうか。

第三章　逆転する歴史

「理想の文明」はどこにあるか――。西洋近代の歴史観では、人類が無限に進歩した先にあると信じた。しかし儒学の歴史観では、中国古代の「先王の道」にあると考えていた。歴史観の相克は、どう解決されたのか。

1970年に大阪で開催された日本万国博覧会

文明史という衝撃

昭和四十五(一九七〇)年に開催された大阪での万国博覧会の統一テーマが「人類の進歩と調和」であったことは、よく知られている。人類の歴史は、より劣悪な状態から快適で望ましい状態へと、一貫した向上の筋道をたどっている。そのように歴史が「進歩」のコースをたどっていることを高らかに謳歌した言葉と、ひとまずは読める。

戦後の日本社会はこの当時、まだ目覚ましい経済成長の途上にあり、生活条件は改善を続けていたから、「進歩」という言葉は人々の実感に即したものだったろう。これに対して平成十七(二〇〇五)年の愛知万博の統一テーマは「自然の叡智」。歴史は進歩の一途をたどるという考え方と矛盾するわけではないが、どこか静態的で変化を拒否しているような気配がある。二十一世紀の人々にとって、「進歩」を手放しで礼賛することは、もはやむずかしくなっているのかもしれない。

しかし、こうした進歩への疑念が、大阪万博のテーマ選定にさいしてもすでに表明されていたことを、吉見俊哉『万博と戦後日本』(講談社学術文庫、二〇一一年)が明らかにしている。同書によれば、統一テーマの起草委員会において、はじめに有力だった案は「人類の知恵」であった。それは、科学・技術の発展が他面でもたらす弊害や、東西の冷戦、ヴェトナム戦争といった現代における「不調和」にむしろ目をむけ、それを「知恵」によって克服しようとする意識に基づいていたのである。進歩への疑念は華やかな大阪万博の風景の奥で、すでに蠢いていたのであった。

進歩に対するこうした疑いの姿勢は、たとえば福澤諭吉のような明治の知識人とは無縁である。徳川の公儀から明治政府への政権の交代と、それに続く社会と政治の大変革。彼らが実地に体験したこの転換を、「文明」にむかって社会が進歩してゆく動きがもたらしたものとしてとらえ、歴史が今後も進歩の道をたどると信じて疑わなかった。

福澤の主著『文明論之概略』（一八七五年）を見てみよう。福澤はすでに徳川末期から『西洋事情』や『学問のすゝめ』といった著書を通じて、「文明」の先進国である西洋諸国の制度と思想の日本への普及に努めていた。しかし徳川政権の「瓦解」から七、八年がすぎ、世もしだいに安定してきたと判断した福澤は、「文明」に関連する西洋のさまざまな著作を改めてじっくりと勉強し直し、「文明」の総体をめぐる概説書を書こうと考えたのである。こうして一八七五年八月に全六巻の版本として刊行されたのが『文明論之概略』にほかならない。

この第三章「文明の本旨を論ず」で福澤は、「文明」とは衣食住の生活が便利で快適になるだけではなく、人間の「智恵」（第六章に見える表現）と「徳」とがともに「高尚」なものになってゆく、向上の過程だと説明する。したがって、「野蛮」な状態から「文明」へとしだいに上昇してゆくのが人類史を貫く法則ということになる。

云く、文明とは人の身を安楽にして心を高尚にするを云ふなり、衣食を饒《ゆたか》にして人品を貴くするを云ふなり。或は身の安楽のみを以て文明と云はんか。人生の目的は衣食のみに非ず。若し衣食のみを以て目的とせば、人間は唯蟻の如きのみ、又蜜蜂の如きのみ。これを天の約束と云ふ可らず。或は心を高尚にするのみを以て文明と云はんか。天下の人皆陋巷に居て水を飲む顔回《がんかい》の如くならん。これを天命と云ふ可らず。故に人の身心両《ふたつ》ながら其所を得るに非ざれば文明の名を下《く》だす可らざるなり。（前掲書、四一頁）

人類にとって「野蛮」から「文明」への向上は、「天の約束」であり「天命」であるという形で、福澤はその必然性を表現している。ここで重要なのは、「文明」とは衣食住に代表される、生活の物質面での洗練化だけではなく、人間の精神の「智恵」と「徳」もまた「高尚」になってゆく過程として考えられていることである。

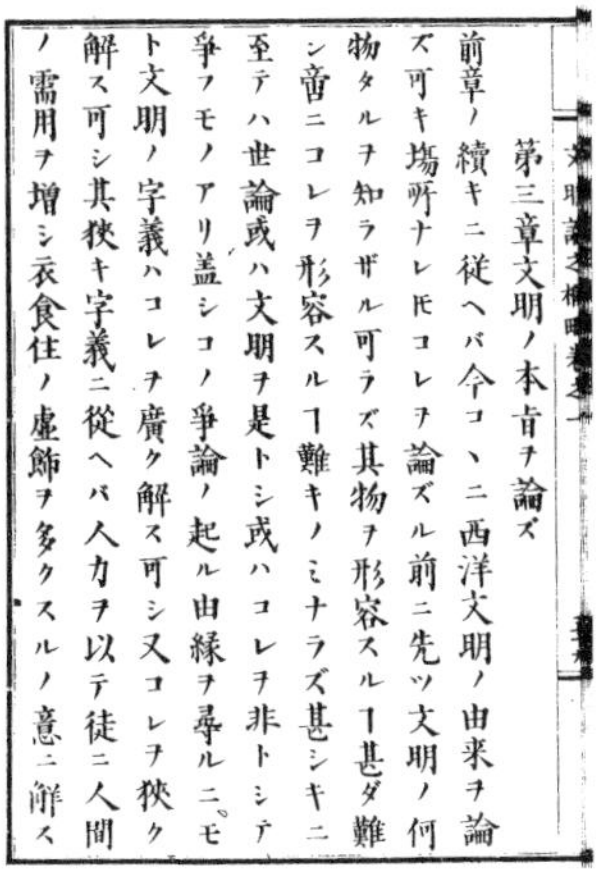
第三章文明ノ本旨ヲ論ズ
前章ノ續キニ從ヘバ今コヽニ西洋文明ノ由来ヲ論ズ可キ場所ナレ𪜈コレヲ論ズル前ニ先ツ文明ノ何物タルヲ知ラザル可ラズ其物ヲ形容スルヿ甚ダ難シ啻ニコレヲ形容スルヿ難キノミナラズ甚シキニ至テハ世論或ハ文明ヲ是トシ或ハコレヲ非トシテ爭フモノアリ蓋シコノ爭論ノ起ル由縁ヲ尋ルニ、モト文明ノ字義ハコレヲ廣ク解ス可シ又コレヲ狹ク解ス可シ其狹キ字義ニ從ヘバ人力ヲ以テ徒ニ人間ノ需用ヲ増シ衣食住ノ虚飾ヲ多クスルノ意ニ解ス

福澤諭吉『文明論之概略』第３章

物質生活が豊かになった結果、人間の精神はかえって堕落してしまったのではないか。現在でもエコロジーの活動家などがよく口にする時代診断であるが、そうした「文明」批判は、すでに十八世紀にジャン＝ジャック・ルソーが『学問藝術論』（一七五〇年）や『人間不平等起源論』（一七五三年）で展開していた。

福澤が「文明」についての知見を学んだ、フランスの思想家、フランソワ・ギゾーによる『ヨーロッパ文明史』(一八二八年。福澤はウィリアム・ハズリットによる英訳のアメリカ版で読んでいる)や、英国のヘンリー・トマス・バックルが著した『イングランド文明史』(一八五七年〜一八六一年)といった十九世紀の文明史の著作は、ルソーのような批判もふまえながら、人間の精神性の向上もまた「文明」の中心をなす要素にほかならないと指摘するものであった。「身」と「心」、さらに「心」についても「智恵」と「徳」、それぞれ両面のバランスのとれた発展を説く福澤の議論は、そうした西洋思想史の展開を吸収したものであった。先に引いた箇所に続いて、福澤は以下のように説く。

然り而して、人の安楽には限《かぎり》ある可らず、人心の品位にも亦極度ある可らず。其安楽と云ひ高尚と云ふものは、正《まさ》に其進歩する時の有様を指して名《なづ》けたるものなれば、文明とは人の安楽と品位との進歩を云ふなり。又この人の安楽と品位とを得せしむるものは人の智徳なるが故に、文明とは結局、人の智徳の進歩と云て可なり。(前掲書、四一頁)

文明の本質をなすのは、物質面で身体が「安楽」になることよりも、むしろその「安楽」を生み出す人の「智徳」が発達し、「品位」が向上することなのである。しかもその「進歩」には限界がない。人類の歴史は、「智徳」がより「高尚」になってゆく無限の過程だと福澤は説いている。

この福澤の議論は、西洋諸国の進んだ「文明」に追いつこうとする努力を説いたものと解されることが多い。だがそう理解してすませてしまうと、福澤が説いた「文明」観の重要な要素を見落としてしまうことになるだろう。たしかにこの本の第二章は「西洋の文明を目的とする事」であり、そのなかでは、同時代の十九世紀の世界においてはヨーロッパ諸国とアメリカが「最上の文明国」であり、トルコ、中国、日本などのアジア諸国を「半開の国」とし、アフリカやオーストラリアは「野蛮の国」だとする世界像が述べられている。

二十一世紀の今日において、こうした文明観はかつて西洋諸国によるアジア・アフリカの植民地化を正当化した論理として評判がわるい。福澤もまた、「野蛮」対「文明」という価値対立を前提として、西洋を「文明」の先進国と考えていたことは明らかであり、その上で『文明論之概略』では、日本が「文明」の国となるためには西洋の「文明の精神」に学ぶべきだと説いている。西洋をここまで高くもちあげ、アジアの伝統文化をきびしく批判する論法は、その表面上の印象から判断するかぎり、文化多元主義が一種の常識となった現代では、絶滅危惧種のようなものだろう。

フランソワ・ギゾー

しかし、福澤がその第二章で展開する「文明」論の中心は、「文明」「半開」「野蛮」という名称は「相《あい》対したる」ものであるという主張にある。「文明は死物に非ず、動《うごき》て進むものなり。動て進むものは必ず順序階級を経ざる可らず」。人類史の全体という規模で考えるならば、どの国も「野蛮」から「半開」へ、「半開」から「文明」へと常に進歩の道を歩んでいるのであり、西洋とアジアとの違いは、いわばその進歩がこれまで速かったか遅かったかという差に帰着することになる。したがって、現在の西洋もまだ進歩の途上にあり、「文明」の極致に到達しているわけではない。

又西洋諸国を文明と云ふと雖ども、正《まさ》しく今の世界に在てこの名を下《くだ》す可きのみ。細《こまか》にこれを論ずれば足らざるもの甚だ多し。戦争は世界無上の禍《わざわい》なれども、西洋諸国常に戦争を事とせり。盗賊殺人は人間の一大悪事なれども、西洋諸国にて物を盗む者あり人を殺す者あり。国内に党与を結《むすび》て権を争ふ者あり、権を失ふて不平を唱《となう》る者あり。況や其外国交際の法の如きは、権謀術数至らざる所なしと云ふも可なり。（前掲書、一八頁）

福澤がここで、西洋諸国がたがいに戦争を行ないながら、世界のほかの地域に支配力を及ぼしていた現実、また、その国々のあいだの「外国交際」が、おたがいに自らの利益を大きくしようとねらう「権謀術数」に満ちていたことに対して、批判の視線を注いでいることが重要である。それは、西洋もまだ進歩の途上にあり、「至善」と評するにはまだ遠いということを意味するのであった。今後数百年、数千年がたち、世界人類の「智徳」が大いに進み、世界中の人々が平和に共存しあう「太平安楽の極度」に達したなら、その未来人は「今の西洋諸国の有様」に、さぞ野蛮な状態として憐れみを覚えるであろうと福澤は説いている。

福澤はのち晩年に『文明論之概略』を書いた動機を回顧して、「就中《なかんずく》儒教流の故老に訴へて其賛成を得ることもあらんには最《もっとも》妙なりと思ひ」（『福澤全集緒言』一八九七年）と語っている。そして実際に、「儒教流の故老」が信奉する儒学は、遠い昔、中国がいまよりもずっと「野蛮」だった時代に生まれた思想であり、「文明」の時代には適さないときびしく批判した。

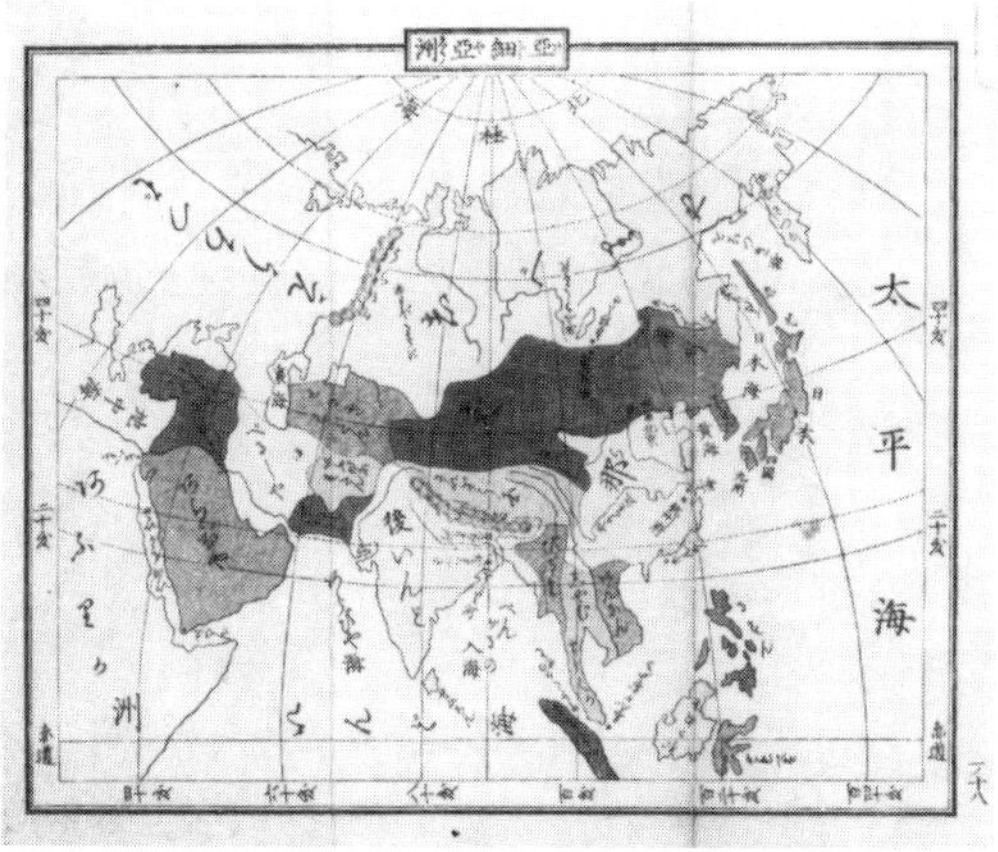

福澤諭吉編訳『世界国尽：巻1 亜細亜洲』

第七章「智徳の行はる可き時代と場所とを論ず」で福澤は言う。この遠い過去の「野蛮」の時代は、人々の「智力」がまったく育っていない「道理に暗き世の中」であったがために、「腕力」によって支配する君主を人々が怖れ、あるいは崇拝することを通じて、秩序が成り立っていた。そこで支配の要となるのは、儒学でしばしば君主のことを「民之父母」と形容するように、君主が民に慈愛に満ちた「恩」を施してその生活を保護するとともに、「威」によってその行動を律する営みである。

其趣《おもむき》を見れば天下は正《まさ》しく一家の如く又一教

場の如くにして、君上は其家の父母の如く又教師の如く、其威徳の測る可らざるは鬼神の如く、一人の働《はたらき》を以て父母と教師と鬼神との三職を兼帯する者なり。此有様にて国君よく私慾を制し己を虚《むなし》ふして徳義を脩《おさむ》れば、仮令ひ智恵は少なくとも仁君明天子の誉《ほまれ》あり。之を野蛮の太平と名《なづ》く。其時代に在ては固《もと》より止むを得ざることにて、亦これを美事と云ふ可し。（前掲書、一一九頁）

「仁君」の「仁」に代表される徳を、立派な君子が発揮しながら統治にあたり、世の中を統御するとともに、民の教育に努めてその道徳的向上を導くこと。それが儒学の理想とする秩序のありさまであった。福澤はこれを、まだ人々の「智恵」が進んでおらず、行動や生活の類型も少なかった「野蛮」な世の中においてのみ通用する方法だと見なしている。「文明」へと一歩進み、物事が厖大で複雑と化した世へと変わってゆけば、個別の相手にむける慈愛に裏づけられた徳のみで秩序を保つことは難しくなり、「智恵」の発達が要求されるのである。

ここで注意すべきなのは、歴史の「進歩」とは何かという問いが、道徳の問題と不可分になっていることである。「文明」が進むとは、単に科学・技術が発展し生活が便利で豊かになるだけではない。それは同時に、一般の人々における智恵と徳との向上を伴っているからこそ、進歩の極点に「太平安楽の極度」を期待することができるのである。それに対して、旧来の儒学に基づく道徳論は、ひたすら君主が「徳」に基づいて「恩威」を発揮することを、社会が道徳的に立派になるための第一歩と考える。福澤に言わせればそれは、「文明」化した世ではもはや通用しない、「野蛮の太平」の姿にほかならない。

尚古主義の転倒

「文明」の進歩を語ること。人類は無限に向上し続けるのだと信じること。それは、福澤諭吉ら洋学派の知識人たちが、西洋の文明史の叙述に触れることを通じて抱くようになった、新しい歴史観であった。その起爆力が、儒学のような旧来の人間観・道徳観・政治観を更新して、西洋近代をモデルとする新しい思想の確立を導いたのである。

ここでいったん、その否定対象となった儒学の歴史観についてふりかえってみよう。渡辺浩『近世日本社会と宋学』（東京大学出版会、増補新装版二〇一〇年）などの研究が説くように、徳川時代においてはその初期から、公儀が支配権力を正当化するイデオロギーとして儒学（朱子学）を普及させたという理解は、現在ではほぼ否定されている。

むしろ太平の世において、民間で活躍した儒者たちによって朱子学が広まり、伊藤仁斎や荻生徂徠に見られるような、朱子学を批判する独自の儒学思想も大きな影響を知的世界にもたらすようになった。その結果、十八世紀後半から、各地の大名が藩校を設立し、江戸の公儀も昌平坂学問所を設けて朱子学を講じさせることを通じて、儒学は「官学」と化し、知識人がものを考え、論じるさいの共通の前提となったのである。

かつて中国史学者、増淵龍夫は著書『歴史家の同時代史的考察について』（岩波書店、一九八三年）において、儒学の歴史観の特徴を「尚古主義」と名づけた。ここではその具体的なありさまを、徳川時代の大儒、荻生徂徠（寛文六・一六六六年〜享保十三・一七二八年）の著書『学則』（もしくは『徂徠先生学則』、享保十二・一七二七年刊）によって見よう。

荻生徂徠は朱子学から出発しながら、やがてそれを乗りこえ、儒学の基本となる古典、すなわち六経《りくけい》（詩・書・礼・楽・易・春秋）を読むためには、中国古代の言語を身につけ、中国古代の人々の思考と感性の世界を追体験しなくてはいけないとする方法を打ち出した。そうした「古文辞」の研究に基づいて、六経にこめられた「先王の道」を理解することを通じ、儒学思想の真の姿を明らかにしようと試みたのである。

『学則』は徂徠が学問の方法を述べた短い著書であるが、その第四則にはこう見える。もとは漢文で書かれており、徂徠の方針では漢文は訓読せず中国語として読むのが原則であるが、ここでの引用は、『日本思想大系36　荻生徂徠』（岩波書店、一九七三年）に収められた西田太一郎校訂による読み下し文をもとにした。

古《いにしえ》は聖人あり、今は聖人なし。故に学は必ず古なり。然れども古なければ今なく、今なければ古なし。今なんぞ廃すべけんや。世世相望み、孰《いず》れか古に匪《あら》ずして孰れか今に匪ざる。故に古に通じて以て極を立て、今を知りて以てこれを体し、世世を差《し》して以てその来を観れば、その、民俗・人情におけるは、なほこれを掌《たなごころ》に視るがごときか。（同書一九二〜一九三頁）

徂徠の考えでは、儒学とは徹底して統治のための学問である。そして統治の理想の姿を実際に実現した偉大な統治者が、堯・舜や「三代」（夏・殷・周）の王朝で王として活躍した「聖人」もしくは「先王」たちにほかならない。儒学において学ぶべき、また実践すべき「道」とは、こうした多くの「先王」たちが長い年月をかけて創っていた制度の総体、すなわち礼楽刑政を中心とする。この場合「礼」とは、王朝がとりしきる華やかな儀式から、日常生活における礼儀作法まで、広い範囲のさまざまな制度を総称したものである。楽はその儀式のさいに演じられる音楽と舞踊、刑・政は人々を取り締まる法令のことを指している。

荻生徂徠（原得斎『先哲像伝』より）

ここで前提となっている歴史観は、人類が普遍的に模範とすべき理想の秩序が、古代の中国に実現していたというものである。そこでは「先王」たちが作り上げた偉大な制度によって、人々の風俗は淳良なものとなり、穏やかに整った治世が実現していた。しかしやがて世が乱れ、そうした制度としての「道」の具体的な姿が忘れられたことを憂慮した孔子によって、先王たちの「道」は六経などの経書に編纂され、後世にそれを学ぶものの標準として遺されたのである。

したがって人類の歴史は、理想の世であった堯・舜・三代からの下降の歴史として思い描かれることになる。だが先の引用に見えるとおり、徂徠の議論は、もう堕落した時代なのだから何をやっても無駄であるとか、あるいは「古」すなわち理想の堯・舜・三代の時代にあった制度をそのまま復活させよといった主張にはむかわない。

それぞれの「今」の時代にはそれぞれに見あった制度がある。歴史の研究を通じてそのことを明らかにし、時代ごとの優劣を見わけて（「世世を差して」）、いまの世はなぜこうなのか（「来」）を考える。その上で、あくまでも先王による制度を原型（「極」）とし、それを現代風に再編成した形で、当世にみあった制度を創り、統治に利用する。そういうやり方をとれば、先王たちの時代を遠く離れた現代でも、安定した治世を実現できると徂徠は考えた。

また、遠い古代に理想の「道」が実践されていたということについては、「先王」たちが統治にあたった中国だけでなく、日本も同様だと徂徠は考えていたらしい。時の公方、徳川吉宗にあてて徂徠が書き記した政策提言の書と言われる『太平策』——平石直昭『荻生徂徠年譜考』（平凡社、一九八四年）は享保六（一七二一）年の執筆と推定する——には、ごくわずかであるが、日本の「神道」についての言及が見える。

徂徠の考えでは、六経に記された「聖人ノ道」が人類にとって唯一の「道」なのであり、独自の「吾国ノ道」がそれと並行して存在するということなどはありえない。しかし、日本に文字が伝わる以前から、堯・舜・三代の道において国王が天とみずからの祖先を祭る儀式と似たものが、日本の「朝廷」でも行なわれていたことに、徂徠は注目する。

日本の神々の儀式についての徂徠の議論は断片的で、確実な理解を打ち出すのはむずかしいが、理想の世を古代中国に求める発想が、同時に日本の「古」にも理想に近いものを見いだす姿勢につながっていたと見ることはできるだろう。日本においても記録に残らないはるかな過去に、中国から「道」が伝わり、その断片が天皇の神々を祭る儀式として残り、日本の書物に記されたと徂徠は考えていた。それだけ尚古主義は中国と日本の区別をこえた、歴史を判断するさいの普遍的な基準だったのである。

やがて徂徠の没後、百三十年以上をへた文久二（一八六二）年、その著作に傾倒した経歴をもつ洋学者が、留学のためにオランダへ旅立つことになる。津和野に育ち、洋学の才によって江戸の公儀に蕃書調所教授手伝並として採用されていた、西周《あまね》（文政十二・一八二九年～明治三十・一八九七年）である。西は若いころ、津和野藩の藩校、養老館で朱子学を学ぶかたわら、徂徠の著書にもふれ、ひそかに信奉していた。

西周

その後、ペリー艦隊の来航に関する事情調査のため藩から江戸に派遣されたことをきっかけに、今後の世界の動きに対処するのには漢学のみでは不可能だと痛感し、洋学の研鑽へと転じたのであった。西は明治に入ってからも、『明六雑誌』の同人や軍事官僚、文部官僚として活躍することになるが、洋学に転じたのちの思想にも徂徠学の影響が依然として残り続けたことについては、菅原光『西周の政治思想――規律・功利・信』（ぺりかん社、二〇〇九年）に詳しい分析がある。

しかしここで注目したいのは、西が留学から帰国したのち、維新をへて静岡に移る徳川家に従い沼津に移住したころ、明治元年から三年（一八六八年〜一八七〇年）の前後に書いたと推定されている随筆、「末広の寿」である。この随筆で西は、ちょうど末広がりの扇の形と同じように、人類の歴史は末に行くにしたがって発展するものだという進歩史観をはっきりと表明している。

その主張によれば、「人の世の道」は時代が降《くだ》るにつれてしだいに「備はり」、「明かに」なってゆくものであり、人間の思考が明らかにする「事の理」も確実で詳しくなる。したがって「いや栄へに栄へ、いや開けに開けなむこと疑《うつ》なし」（大久保利謙編『明治文学全集3　明治啓蒙思想集』筑摩書房、一九六七年、所収）。これは未定稿のまま公刊されずに終わった文章であるが、ちょうど福澤諭吉が『文明論之概略』で述べたのと同様の進歩史観を、高らかに宣言したのであった。

そしてこの文章で、「古」に理想の世の姿を求め、「今」を「世の季《すえ》」として低く見る旧来の歴史観の代表として西が一番に挙げるのが、「徂徠先生の学則」なのである。このときの西の判断では、徂徠学は「天地」の道理を顧みずに「礼楽刑政」のみを「道」と考え、その「礼楽刑政」を古代の聖人による創作物と考えたがゆえに、古代を理想とする誤りに陥った。そして老荘思想も仏教も、また国学もみな、そうした誤った歴史観に支配されていると西は批判する。

これに対して、洋学から新たに学んだ「天地の真《まこと》」もしくは「上帝の言はずして示したまへる大御心」に基づいた歴史の真理について、西はこう語る。

抑〳〵天地の真《まこと》にして人の道といふは、［中略］人の世はいや開けに開け、いや盛りに盛になりて、彌末《いやはて》には、カント氏のいへるパシス・エーテルナリス、又ハルモニア・エーテルナてふごとく、悠久治休、無疆和平の域に昇るべきこと疑《うつ》なし。（前掲書、三一～三二頁）

西によれば、人間はほかの動植物とは異なって、新たな知識を開発し、物を生産して「利用厚生の道」を「開け」たものとする「性」を、種として備えている。そうして衣食住の「開化」とともに「仁義の性」もまた完全なものになってゆき、進歩の末にはイマヌエル・カントが『永遠平和のために』（一七九五年）で示した、人類全体が調和する世界が登場するというのである。

イマヌエル・カント

　このように西にせよ福澤にせよ、儒学に代表される従来の「尚古主義」を逆転させ、理想の世を遠い未来に求める進歩史観を導入することで、「文明」へと向かう世の動きを意味づけることに成功した。しかし、ここまで大胆な発想の転換にもかかわらず、とりわけ西の文章からは従来の思想との訣別といった気配がうかがえない。むしろその口調は、内容とは逆に、朱子学・徂徠学・国学にふれた若い日の読書経験と連続しているようである。

　もちろん、徳川政権から明治政府への転換という時代の大きな変化をまのあたりにし、みずから西洋諸国での留学生活を経験したのだから、考え方ががらりと変わるのは当たり前だと見る人もいるかもしれない。だが、この新しい歴史観を示すとき、西が用いる語彙は、カントの永遠平和論、あるいは人類の進歩に関するカントの論考に基づくものだけではない。

むしろ西が「末広の寿」でちりばめているのは、「天地のまに〳〵備はれる道理」や「人の人たる性」や「仁義の性」「人の道」といった、表面上の言葉づかいだけに着目すれば、朱子学者が用いていても不思議のない語彙である。つまり尚古主義に支えられた旧来の思想の言葉をそのまま使いながら、新たな歴史観を提示することに、西自身まったく矛盾を感じていない。

このことを、西や、あるいは福澤における西洋思想理解の「限界」と評価するのは早合点というべきだろう。西や福澤が登場する以前、徳川時代においてすでに、歴史をとらえる見かたが変化しつつあった。その思考の根柢での変化を感じながら、旧来の儒学や国学の言葉によって歴史を論じる習慣がある程度定着していたために、同じ言葉で西洋由来の進歩史観を紹介することにも、ためらいがなかったのではないか。

西洋の「文明」との出会いとともに導入されてきた、新しい歴史観。それはもしかすると部分的には、すでに徳川時代の人々が実感しつつあった世の変化の意識と重なるものだったのかもしれない。そうした問いが、福澤と西の著作からは浮かびあがってくる。

第四章　大坂のヴォルテール

尚古主義の儒者が活躍した享保の時代。しかし、十七世紀から続く経済発展の中で、豊かな町人たちの学問熱が高まると、「古」よりも「今」の道に従うべきとする新たな思想が登場してくる。日本独自の「進歩史観」の源流を辿る——。

羽川藤永「朝鮮通信使来朝図」

朝鮮通信使の驚き

享保四年九月四日（一七一九年十月十六日）、朝鮮王朝から遣わされた通信使の一行、四百七十五名が大坂へやってきた。江戸ではその三年前に、七代目の公方、徳川家継が数え歳わずか八で没し、老中らによって紀州徳川家の吉宗が迎えられ、八代目に就任した。その代替わりを受け、公方に宛てた朝鮮国王の信書を手渡すための使節で、八年ぶりの通信使であった。

この一行に製述官として加わっていた申維翰《シンユハン》は、日本訪問の記録として、日記体の『海游録』を遺している。この当時は日本でもしだいに儒学が普及するようになり、通信使のもとを訪れる日本の儒者たちと詩文の交換をする役割を、製述官は担っていた。儒者たちは、朝鮮王朝の科挙（官吏登用試験）に合格した文人官僚から本場の漢詩文を学ぼうと考え、製述官との交流を熱心に求めていたのである。

また、通信使の行列が街道を江戸へと向かってゆく姿は、異国人の風俗に接する機会として、庶民の好奇心の的にもなっていた。「鎖国」とのちに呼ばれた政策によって、海外との交流がきわめて制限されていたこの時代では、通信使の日本訪問は、国際的な空気を帯びた貴重なイヴェントだった。

中維翰らの一行は、釜山から船に乗り、日本と朝鮮王朝との中継点となっていた対馬をへて、下関海峡をこえ、瀬戸内海から大坂湾へと向かった。そして淀川を河口から遡って大坂に上陸したとき、目にした光景について、申維翰は驚きをこめて書き記している。通信使の一行が行列を組んで、館所（外交使節の宿泊所）が設けられた西本願寺へと街道を進んでいるあいだでの見聞である。

そのとき、国書を奉じ、鼓楽を張り、行くこと六、七里にして館にいたる。その間には道をはさんで長廊がつづくが、層構にあらざるものはなく、これ百貨を交易する店舗たり。見物する人波が充満塡塞し、その華靡なること、眼も眩むばかり。その盛んなること江岸よりも倍加し、ここにいたっては精神もまた眩む。いくつの街を経たのか、いくつの町を通り抜けたのか知らないが、ただ一路平直にして、一かけらの塵埃もなきを見る。両側にはすべて珠簾、画帳、繡屋がつらなり、屋の上下はみな青、紅、紺、紫、緑、黄の斑紋衣を着た男女老少が人垣をなしている。（『海游録』姜在彦《カンジェオン》訳注、平凡社・東洋文庫、一九七四年、一一六頁）

街道筋には二階建ての商家が連なり、人はみな老人から子供に至るまで、きらびやかな服を着て通信使の行列を見つめている。通信使を迎えた日本側の記録によれば、大坂を直轄地として支配する公儀は、使節が通る道筋や、彼らが眼にする場所に関して、念を入れて美しくするよう、あらかじめ住人たちに命じていたという。したがってここに見える華やかさも、日常の状態に比べれば強められているのかもしれない。だが、当時の大坂の町に見える賑やかな繁栄ぶりが、異国から訪れた申維翰にとって新鮮な驚きであったことが、よくわかる。

前章で、徳川時代の知識人が抱いていた、きわめて古い過去の時代に道徳や秩序の模範を求める尚古主義から、未来へ向かう無限の進歩へと、歴史の像が明治初期の「文明」論においては逆転していることについてふれた。これは単に、進歩思想を前提とする十八世紀、十九世紀の西洋思想に学んだから、考え方が変わったというだけのことではないだろう。尚古主義の儒者たちの議論とは別の次元で、人々は世の中がしだいにいい方向に変化しているという実感を得ていたからこそ、進歩の歴史像を理解し、それを日本社会に定着させることができたのではないか。扱う時代を十八世紀にいったん戻して、そうした実感が生まれてくる時代と、その変化をおそらくは明敏にとらえ、みずからの主張に盛り込んだ思想家たちについて、検討してみよう。

現代では、世界不況やエネルギー問題を背景にして、もう経済成長はあきらめ、ゼロ成長や循環型の経済をめざすべきだと説く議論が一方では盛んである。徳川時代は人口も増加せず、経済成長率も低い社会で、二百年以上ものあいだ平和を維持していた。その社会のあり方は、これからゼロ成長型の社会へとむかうための、未来へのモデルになるのである。——かつては成長戦略を率先して説いていたエコノミストが、そんなことを堂々と語る例すら見つかるほど、経済停滞社会としての徳川時代のイメージは、執拗に流布している。

しかし、速水融・宮本又郎編『日本経済史1　経済社会の成立　17—18世紀』（岩波書店、一九八八年）に代表されるような、現在の日本経済史研究が描きだす徳川時代像は、これとはまったく逆である。同書の巻頭論文、共編者による「概説　一七—一八世紀」は、「経済社会化」が徳川時代においては広く進んでいたと説明している。この時代の農村では、米の増産とともに、多くの商品作物の開発が進んでいた。そして十七世紀には、大坂を中心にして全国規模の商品流通のネットワークが形成され、そこで生産物が取引されるようになり、さらに商品の開発・生産を促進する。そうした形で、最小の費用で最大の効用を得ようとする経済的な価値観が、多くの人々の行動を支える「経済社会」へと、日本社会は変貌していった。やがてそのことが近代において工業技術を西洋から導入するさい、定着を容易にしたのであった。

まず、戦国時代から公儀の統一権力のもとでの平和へと移行した十七世紀は、「大開墾と人口爆発」が可能にした経済成長の時代であったと「概説」は指摘している。十七世紀から十八世紀初頭にかけての人口増加率は、年率〇・六一%ないし〇・九六%。これは、明治維新以降の人口成長率にも匹敵する、前近代としては驚くべき数字である。また、耕地の開墾も大幅に進み、農業労働の集約化や技術開発も進んだため、一人あたりの生産高も増加している。人口の拡大は十八世紀になるといったん停滞するが、その間、肥料や作物の開発が進んだため、やがて十九世紀には再び、人口の増加と農家の副業による工業生産の拡大をみて、近代化を準備する経済成長の時代に至ったのである。

したがって、享保四年に申維翰が目撃したのは、まさしく日本の当時の経済発展の中心であった大坂の、未曾有の繁栄であった。大坂夏の陣ののち、公儀の直轄地となった大坂では、港湾の整備、堀川の開削と市街地の整備が進み、さまざまな大名家の蔵屋敷が建ち並び、年貢米を市場へと売りに出すようになる。

そして、東廻り航路・西廻り航路の開発によって、大坂を中心にした商品流通のネットワークが全国に広がり、堂島米会所での価格が全国の米相場を決めるメカニズムが、これ以後定着するようになる。大坂の人口も十八世紀初頭には三十五万人に迫っていた（斎藤修『江戸と大阪——近代日本の都市起源』ＮＴＴ出版、二〇〇二年による）。これは同時代のイスタンブール、北京、江戸、ロンドン、パリに比べれば少ないが、世界有数の大都市である。

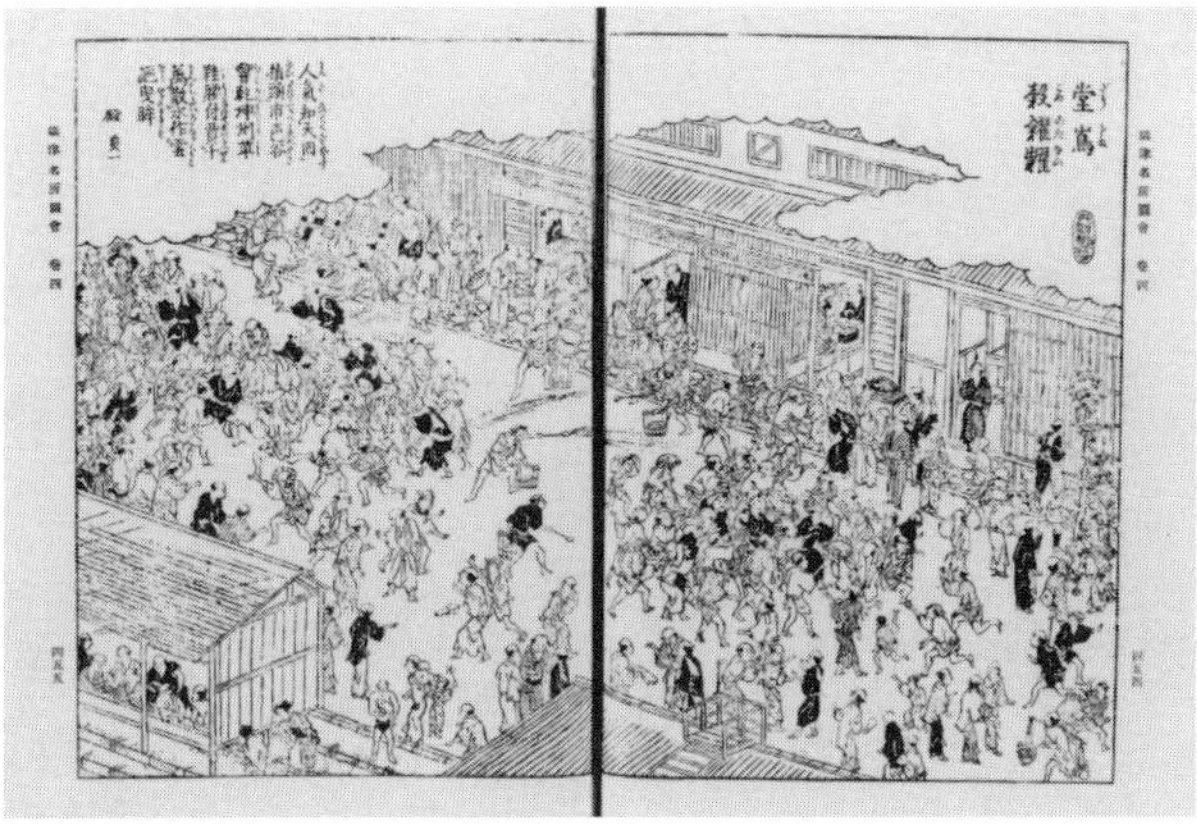
堂島米会所（『大日本名所図会』より）

町人の学校、懐徳堂

大坂のこうした経済的な繁栄は、豊かな商人たちを生み出してゆく。井原西鶴の作品に登場するような、自分の才能を商売にふるい、チャンスを上手にとらえて豪商にまで成りあがる人々。彼らは大名の蔵屋敷から米が売りに出されるのを引き受け、また財政難にあえぐ大名には金を貸し付け——いわゆる大名貸——、先物取引までをも含む金融のしくみを作り上げて、莫大な利潤をあげていた。

そして彼ら大坂商人は、きらびやかな消費生活を楽しみ、社交に華を咲かせる。そうした趣味生活は、学問にもむかっていった。朝鮮通信使が大坂を訪れた五年後の享保九（一七二四）年、中村良斎、富永芳春、長崎克之、吉田可久、山中宗古と、五人の豊かな商人の出資によって、民間の学問所、懐徳堂が尼崎町一丁目（現在の大阪市中央区今橋三丁目）に設立され、そこで主に朱子学に立脚した儒学が講じられることとなったのである。現代社会にたとえれば、自分たちで金を出しあってカルチャースクールを運営するようなものであろうか。

現代人から見れば、生活が豊かになって余暇を楽しむ人々の関心が、学校での勉強にむかうというふるまいは奇異なものに映るかもしれない。だが徳川時代には近代の公教育制度に相当するような教育システムが存在していない。藩校や昌平坂学問所のように、大名家や公儀が官立の学校を設け、そこで儒学を教えさせるようになったのは、一般にはようやく十八世紀以降のことであり、武士の大多数がそこで学んだわけでもない。学問の教育は、初等教育機関としての手習所（寺子屋）と、学者自身が経営する私塾に任されていたのである。

豊かになった商人たち、もっと広く言えば町人たちの関心が、遊興や道楽だけではなく、学問にもむかったことは、そうした学校事情を考えれば、当然のことではあるだろう。現代人は学校で無理やりやらされる「お勉強」にあまりにも慣れすぎているので、人間の素朴な興味が学問にむかうという事態を想像しにくくなっている。だがこの時代には、茶道や華道、俳句や能といった稽古事と同様に、儒者の私塾で学問を学ぶことも、自発的な知的要求の現われだった。中維翰も『海游録』で、京都の本屋の店頭に、中国・朝鮮の漢籍の和刻本が多数並んでいたことに注目している。大坂に懐徳堂が設立され、それが明治二（一八六九）年に閉塾するまで続いたことは、そうした学問熱の強さと持続性を示すものでもあるだろう。

懐徳堂は、もともとは陽明学と朱子学との折衷の立場で講義を行なっていた儒者、三宅石庵の私塾が火事で焼けてしまったのをきっかけにして、その塾で学んでいた五人の商人が資金を出しあい、石庵を初代の学主に迎える形で設立したものであった。やがて、やはり石庵のもとで学んでいた儒者、中井甃庵《しゅうあん》は徳川の公儀に対して「官許」の「学問所」としての認可を求めようと考え、江戸に出て、公方吉宗の側近に交渉を始めた。その願いは享保十一（一七二六）年にかなえられる。

懐徳堂（大阪大学懐徳堂文庫のCG復元画像）

当時、徳川吉宗は享保の改革の最中である。荻生徂徠を政策助言者として登用したり、朱子学に基づいた中国の庶民教育書を和訳した、『六諭《りくゆ》衍義《えんぎ》大意』を刊行するなど、儒学者を重用し、儒学の普及にも熱心であった。懐徳堂の「官許」が金銭面での援助につながったかどうかは定かでないが、少なくとも権威づけを通じて、民間の私塾を助成しようという意図で行なわれた措置ではあるだろう。

日本においては中国や朝鮮とは違って、朱子学を学んだ人物が、科挙に合格することを通じて、官僚として登用され、統治の実務にあたるという制度は行なわれなかった。統治にあたるのは武人としての武士であり、しかもその役職上の地位は、身分制によってかなりの程度固定されている。統治者が学校を設立し、そこで儒学を学ばせる必要はなかったのである。

したがって日本の場合、朱子学は、まず民間の私塾を中心に広まることになった。だが多くの儒者たちの活躍を通じて、その存在感が高まった結果、徳川時代の後半になると、先にふれたように公式の学校の設立もあいつぐようになる。懐徳堂が「官許」を得たのは、歴史の長い変化から見れば、朱子学あるいは儒学一般の、政府公認の学問への地位向上の途上の出来事と言える。

しかし官許学問所になったと言っても、その役目が統治者としての武士の育成に限られたというわけではない。懐徳堂のたどった道はその逆である。やがて三宅石庵の息子、春楼が三代目の学主となり、実際上の運営は中井甃庵の息子であった中井竹山が預人《あずかりにん》として差配する体制ができあがる。そして宝暦八（一七五八）年に、遠方から来た寄宿生が生活する学寮に掲げた、三か条の「定《さだめ》」の第一条にはこうある。「書生の交りは、貴賤貧富を論ぜず、同輩と為すべき事」。どんな身分に生まれた者であっても、学ぶ空間においては、対等に議論しあい、教えあう「同輩」だというのである。

宮川康子『自由学問都市大坂――懐徳堂と日本的理性の誕生』（講談社選書メチエ、二〇〇二年）もまた、この「定」に注目している。その記述によれば、身分の上下関係を重んじる武士の発想とは対照的に、人々が学問と政治の既存の権威に対して批判を投げかけ、自由に議論しあう「自由な討議の場」がここに生まれていたという。大坂という都市の空気のなかに懐徳堂を位置づけた、的確な指摘であろう。

だがそれと同時に、天地の全体と人間世界とを貫く「理」を探求する手段として、他者との対等な討論を重んじるのは、朱子学がもともと備えていた志向であった。朱子学の発想では、天地全体の理は、人類共通の「性」として、あらゆる個人の心に潜在しているものである。したがって、一定の手続をふめば、生まれつきの境遇や身分にかかわらず、誰もが自分の心に備わっている「性」を完全に自覚し、天地の「理」を曇りなく知ることができる。その手段として重要なものが、学問の場における討論なのである。

さらに、朱子学の教育においては、経書の解釈をめぐって、師と弟子とが対等に議論しあうことも推奨された。日本においてもまた、朱子学を批判する立場ではあるが、京都で伊藤仁斎が開いていた私塾、古義堂において、『論語』や『孟子』の字句の理解について、対等に議論しながら定めてゆく「会読」が重んじられていたことは有名である。懐徳堂もまたそうした討論の場となることを、「定」は期待していたのだろう。こうした自由な空気のなかから、従来の朱子学もしくは儒学の立場ものりこえるような、新しい思想も登場してくる。

荻生徂徠と門下生たち（雨宮章廸「蘐園諸彦会讌図」）

「日本のヴォルテール」富永仲基

富永仲基《なかもと》（正徳五・一七一五年～延享三・一七四六年）は、徳川時代の思想史のなかでは、いくぶん孤立して、謎めいた存在である。懐徳堂の設立を支えた五人の商人の一人、富永芳春の息子であった。懐徳堂が設立されたのは仲基が十歳のときであり、おそらくそこで、父の師である三宅石庵から教えを受けたと推測されている。ところが、十五、六歳のころに、儒学全体を批判する書物『説蔽《せつへい》』を書いたために師の怒りにふれ、破門されたという。そののちの伝記上の事実は不確かであるが、やがて商家である実家を出て、市井の学者として弟子をとり、少数の著作を世に出したのち、三十二歳の若さで没している。

『説蔽』の稿本は失なわれているが、その内容は仲基の没する延享三（一七四六）年に公刊された短い著作『翁の文』から窺うことができる。それは、世に流布している三大思想、「神道」「儒道」「仏道」に対して徹底的な批判を加え、まっとうな「道の道といふべき道」としての「誠の道」の概略を指し示した本である。

三宅石庵を激怒させたと思われる、「儒道」に対する批判は、『翁の文』の第十一節に見える。その冒頭で仲基は、「儒道」を創唱した孔子その人をきびしく攻撃するのである。「又孔子の、堯舜を祖述し、文武を憲章して、王道を説出されたるは、是は其時分に、斉桓《せいかん》・晋文のことをいひて、専ら五伯《ごは》の道を崇《たっと》びたる、其上を出たるものなり」（引用は、石濱純太郎ほか校注『日本古典文

学大系97　近世思想家文集』岩波書店、一九六六年、五五六頁）。
　ここでは「其時分に」と、孔子が五経を編纂して「儒道」の体系を述べ始めたときの、同時代のコンテクストに注目して、それに関連づけながら思想の特色を読み取っていることが重要である。つまり、孔子が生きた周王朝の衰退期、春秋時代においては、中国は諸侯が支配するいくつもの小国が分立する状態にあり、斉の桓公と晋の文公、また五覇と呼ばれる諸侯が実力をもって国を統治していたやり方が、賞賛を浴びていた。これに対して孔子は、桓公・文公・五覇よりもはるかに古い時代の、堯・舜、また周の文王・武王による統治を理想化してかつぎ出し、人格者としての君主が徳によって支配する「王道」を広めるための根拠としたのである。

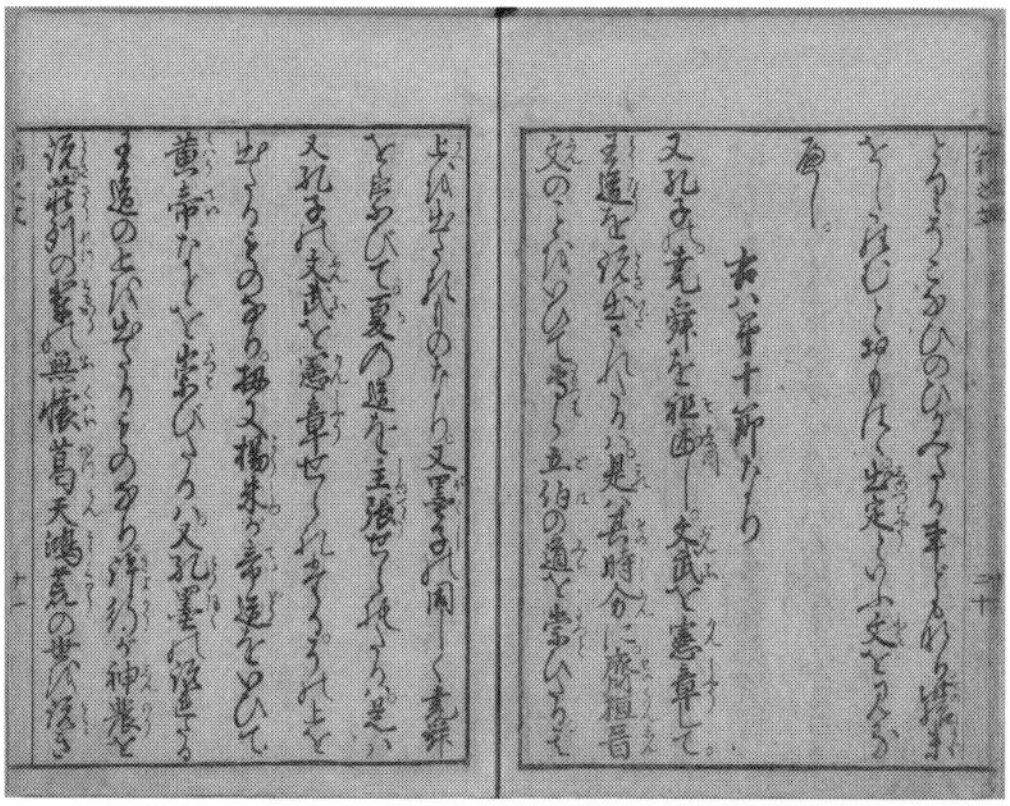

富永仲基『翁の文』

　このように、より古い時代の思想を権威として持ちだしてライヴァルを論破し、みずからの説を正当化するやり方を、仲基は「加上《かじょう》」と呼ぶ。仲基の理解では、儒学の思想史は、それぞれの時代にそれぞれの論者が自己流に「加上」することで成り立ってきたのであり、朱子学を批判する伊藤仁斎と荻生徂徠もまた、その傾向を免れていないと批判している。

先の宮川康子の著書をはじめとする先行研究が指摘するように、過去の思想について、その歴史上のコンテクストのなかに位置づけ、そのように条件づけられているがゆえの限界、あるいは欠損を指摘する論法は、実は仲基が荻生徂徠から学んだものであった。仲基は当初、懐徳堂の朱子学とともに徂徠学に強く傾倒し、そののちに批判に転じたと推測されている。

徂徠は著書『弁道』で、これまでの儒学をこう批判する。「先王の道」を孔子が経書にまとめて後世に書き遺したのち、その継承者であるはずの子思や孟子は、道家・法家・墨家といった他の思想流派に対抗して人々を自陣営に引き込むために、「先王の道」の一部のみを切り取って強調したり、あるいは他の流派の思想をもちこむなどして、その「道」の大いなる全体を見失なってしまった。こうした、過去の時代の論争状況を推察し、そのなかでの自己宣伝のイデオロギーとして思想を意味づける手法を、仲基は自己流に継承し、むしろ徂徠も含めて、「神道」「儒道」「仏道」の「三教」すべてを批判する道具として使ったのであった。加藤周一は、従来の思想に対する仲基の徹底した批判を指して、「やみがたい批判精神をもって敢然と教権に反抗したヴォルテールを思わせるものがある」と評した（『日本の名著18　富永仲基・石田梅岩』所収の解説「江戸思想の可能性と現実——享保の二家について」、中央公論社、一九七二年）。

そして仲基がみずからの立場として示すのは、イデオロギーにすぎない「三教」とは異なる「誠の道」である。それはいかなる「道」であるか。

今の文字をかき、今の言《ことば》をつかひ、今の食物をくらひ、今の衣服を着、今の調度を用ひ、今の家にすみ、今のならはしに従ひ、今の掟を守《まもり》、今の人に交《まじわ》り、もろ〳〵のあしきことをなさず、もろ〳〵のよき事を行ふを、誠の道ともいひ、又今の世の日本に行はるべき道ともいふなり。(『翁の文』第六節、前掲書、五五二〜五五三頁)

神・儒・仏の三教をこえる本当の「道」に関する説明がたったこれだけというのは、いささか拍子抜けがするようではある。しかし仲基に言わせれば、「今」の世の中のしきたりのとおりに生きてゆけばいいのであり、過去の時代や外国の権威を帯びた、余計な教説を信奉するのは、「今」の世に息づいているモラルから遠く離れてしまうということなのだろう。

仲基の「儒道」「仏道」に対する批判は、中国(「漢《から》」)やインドとの「国俗」の違いを指摘し、そうした教説は日本の風俗に合わないと説く、後世のナショナリズムにも連なる要素も含んでいる。しかしここで注目したいのは、「今」と強調し、過去と「今」との断絶を見つめよと説く、歴史意識のありようにほかならない。

やがて仲基が没して約六十年後に、やはり懐徳堂に学んだ商人知識人、山片蟠桃《やまがたばんとう》は、先行する諸思想に対する徹底批判を含む著書『夢ノ代《しろ》』を書いた。その第八巻「雑書」で蟠桃は、「今の日本」で政治の改革を行なうのには、儒者が往々にして強調する「漢土三代ノ時」の「王道」では不適切だと説いて、荻生徂徠の政策提言書『政談』も、実際には「先王の道」ではなく、「ソノ時政」に合わせて改革論を説いているだけだと指摘している。そこから類推すれば、徂徠が「古」の理想の時代と、「今」との断絶を深く認識した上で議論を立てていることを、仲基もまた

山片蟠桃銅像

読み取っていたのではないだろうか。

『翁の文』で、「古」と「今」との違いに関する見解がもっとも明確に現れているのは、「神道」に対する批判のくだりである。仲基に言わせれば「神道」もまた、先にみた「加上」のレトリックによって捏造された教説にほかならない。「神道とても、みな中古の人共が神代の昔にかこつけて、日本の道と名付、儒仏の上を出たるものなり」(『翁の文』第十二節)。教説としての「神道」は、真言宗の両部神道、仲基の理解では「儒仏の道を合せて、能程《よきほど》に加減して作りたるもの」から始まった。それ以降、「本迹縁起《ほんじゃくえんぎ》」(社例縁起神道)、「唯一宗源《ゆいいちそうげん》」、林羅山の「王道神道」など、さまざまな神道流派が生まれている。しかしそれらはみな、「神代の昔」の日本には存在しなかった儒学と仏教の理論を混合して、それを「神代の昔」からあったものだと偽装したものにすぎないのである。

しかも、もしその内容が本当に「神代の昔」に存在した風習に基づいているとしても、それを「今」に適用するのは間違いだと仲基は説く。


扨《さて》また日本のむかしは、人に向《むか》ひて手を拍《う》ち四拝するを礼とし、枚手《ひらで》とて柏の葉に飯《いい》をもりてくらひ、喪には歌をうたひ、泣《なき》しのび、喪を除きては、川へ出て祓《はらい》をなしたり。神《しん》を学ぶ人は、ケ様《かよう》の事ひとつ〳〵、昔にたがはぬやうに考へ行ふべき也。今の世に用ゆる金銀・銭などといふ物も、本《もと》神代にはなきものなれば、神《しん》を学ぶ人は、これをもすて丶、用ひざるをあたれりとす。（『翁の文』第四節、前掲書、五四九〜五五〇頁）

これは、「日本のむかし」に則ると称して自説を権威づける神道家に対する痛烈な皮肉である。彼らがそう主張するなら、尊敬する他人に対しても柏手を打ち、四方に拝礼してから会話を始めるべきだろう。また「むかし」の人と同じように、柏の葉を食器として用い、葬式やその後の「祓」も「むかし」の礼法のように行うべきである。「むかし」には貨幣などなかったのだから、「今の世」で貨幣を用いるのもおかしなことになるだろう。

仲基の議論は、これ以外にも衣服、言葉と、昔と今とでまるで違う事物を挙げて、「神代」と「今の世」とはこれほど違うのだから、「神代の昔」の通りに生きよという発想がそもそも間違っていると指摘する。そもそも「五年十年すぎたるほどの近き事さへ、覚えたる人はすくなきもの」（第五節）なのだから。

ここで、「今の世」で通用しているものとして、「金銀・銭」を仲基が真っ先に挙げていることに注意しよう。また、「五年十年」前のことも忘れてしまうものだと述べる点も興味ぶかい。いま遺されている仲基の著作には、「今の世」の具体像や政策論を述べたものはない。しかしここには、経済成長を通じて世の中が豊かになり、変化の激しい時代になったという時代認識を垣間見ることができるのではないだろうか。また、物質的な富に恵まれ、穏やかな世だからこそ、「今の世」の常識に従って生きることが「誠の道」となるという関連も見いだせるように思われる。

鴨川井特「本居宣長七十二歳像」

仲基の逝去とちょうど入れ替わるようにして、十八世紀の後半からは、儒学や仏教の理論に依存せず、『古事記』の記述のそのままを「道」として提起する思想が登場する。本居宣長（享保十五・一七三〇年～享和元・一八〇一年）が大成した国学である。

本居宣長もまた、松坂の裕福な商家に育った人物であった。そのせいもあって注目したのか、宣長の随筆集『玉勝間《たまかつま》』の第八巻には、仲基の著書を評した「出定後語《しゅつじょうごご》といふふみ」という一篇が収められている。先にふれた「加上」のレトリックの分析を通じて、仏教理論の通史を述べた著作であり、宣長はこれを仏教批判の書として「見るにめさむるこゝちする事共おほし」と賞賛している。

そして同じ『玉勝間』の第十四巻には「古よりも後世のまされる事」と題した文章がある。宣長によれば、たとえば柑橘類では、昔は橘しか出回っていなかったが、「近き世」には、蜜柑、柑子、橙など、より美味なものがたくさん登場している。「古」にない物が「今」には多く生まれ、「古」よりも「今」の物の方が優れている。――「これをもておもへば、今より後も又いかにあらむ」（吉川幸次郎ほか校注『日本思想大系40　本居宣長』岩波書店、一九七八年、四六八頁）。

神代に基づく「古の道」を唱えた宣長が、ここでは一種の素朴な進歩史観を表明していることがおもしろい。そこには、仲基の場合と同じように、今の世がしだいに豊かになっているという経済成長をめぐる実感が、当人の自覚の程度はともかくとして、働いているように思われる。

第五章　商業は悪か

儒学思想を根源とする「貧しい百姓」というイメージと、反商業主義が流布した江戸時代。しかし一方で、町人の世界では市場を通じた商業活動を肯定する「経世済民」の思想が芽生えつつあった。

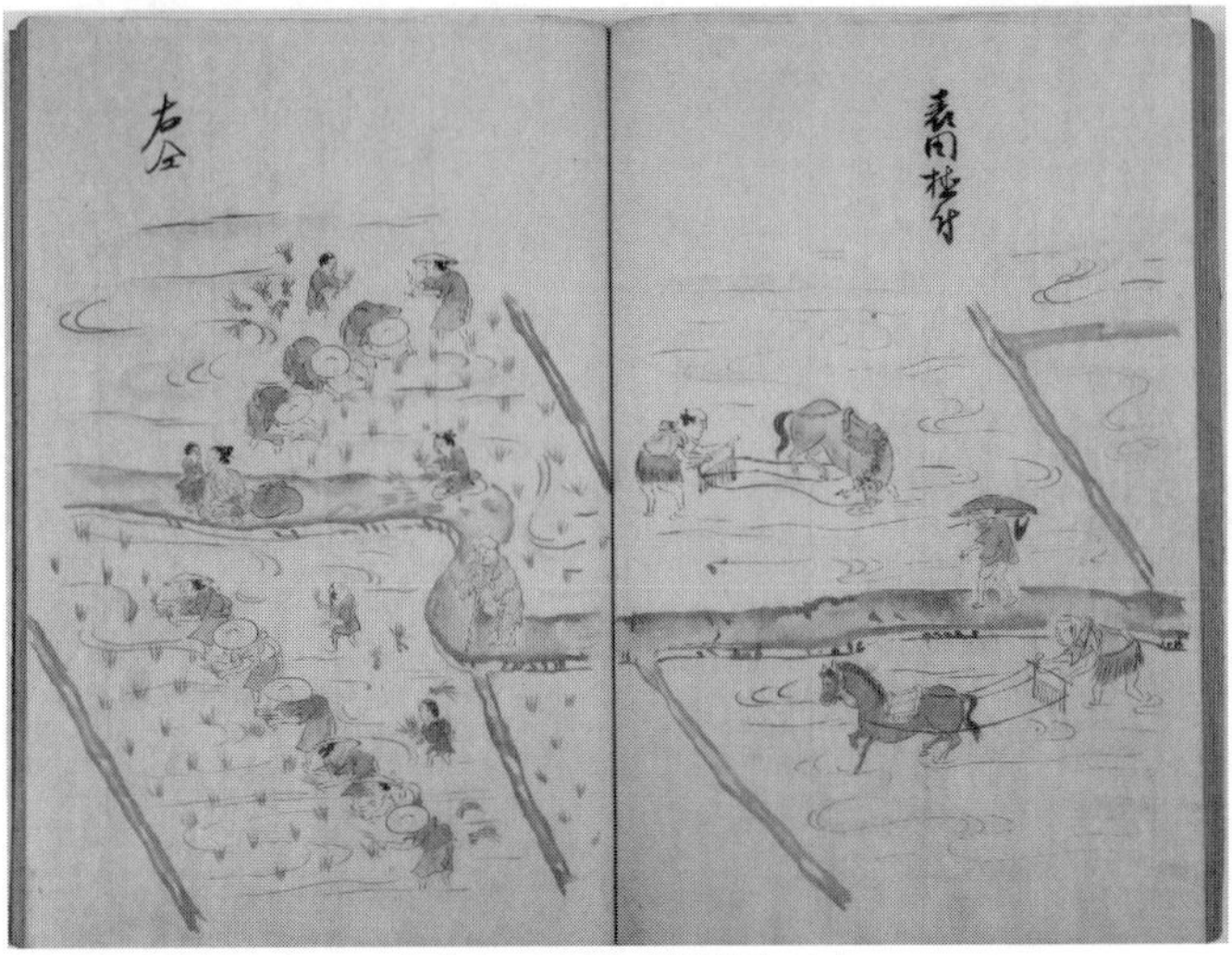

「耕稼春秋」（宝永4・1707年成立・江戸時代後期写）より

経済発展と儒学思想

前章では徳川時代がめざましい経済成長期であったようすを見た。十七世紀にはすでに、大坂を中心に全国規模の商品流通のネットワークが完成し、農村での生産力も拡大して、史上かつてない繁栄の時代へと、日本は突入していったのである。

ただしもちろん飢饉の場合のように、百姓が飢えに苦しんだ悲惨な事例も記録されているから、農村が豊かであったと強調するのも、一面的な見かたに陥ってしまう危険性はあるだろう。だが農業史の研究によって明らかになったところでは、この時代には、品種改良や農業技術の発展が進み、生産力の水準は上がってゆくのが基調だったと考えられている。近年話題になった業績である、武井弘一『江戸日本の転換点――水田の激増は何をもたらしたか』（ＮＨＫブックス、二〇一五年）によれば、盛んな水田開発や肥料の投入の結果として、耕地が荒廃し、百姓がその土地を捨てて移住するという事例まで現われていた。

農業生産力の上昇は、徳川時代を通じて農村の死亡率も平均寿命も改善され続けていたというデータによっても裏づけられる。この二十一世紀の世界であれば、医薬品の発達によって乳幼児の死亡率が劇的に下がった結果、貧しい国々の方が人口が増えるという現象も起こりうるだろう。だがそうした条件のもとにない前近代の農村が、もし全般的に貧困にあえいでいたならば、平均寿命が長くなることはありえない。一般の傾向としては、飢えに苦しむ百姓というステレオタイプの庶民像は、実情に即していないのである。

これに対して、当時の農村は貧しく、百姓たちは重い年貢負担に苦しめられ、貧困にあえいでいたという歴史像が、いまだに根強く流布しているのはなぜなのか。水谷三公『江戸は夢か』（一九九二年初刊、ちくま学芸文庫、二〇〇四年）は、その問いに対して、興味ぶかい解答を提示している。徳川の公儀による支配のもとで、大名は治水工事などのさまざまな「お手伝」の負担を課されていた。それをなるべく回避あるいは軽減するために、各大名家で江戸留守居役を務める武士たちは公儀の役人に対して、さまざまな理由を挙げながら、みずからの窮状を説明しようとした。そのさいに、飢饉や天災による被害を水増しして訴える手段をとったのではないかというのである。

実際に飢饉にさいして、公儀への報告書と一種の戸籍の役割をはたす宗門改帳では人口が六万人も減っているのに、大名家内部の行政文書では、反対に二百五十人ほど増加している例がある。つまり、大名家から公儀に対しては、餓死者の数などを実情よりも水増しして報告し、負担を軽くするよう図るやり方が横行していた。村と大名家との関係においても、村請制によって、年貢は村の代表が一括して集め上納する慣行になっていたから、そこでも同じような数字の加工が行われていたことが想像できる。百姓から大名家へ、大名家から公儀へ、それぞれの段階に残る、現地の「窮状」を訴える文書の表現を真に受けると、百姓たちは飢えに苦しんでいたという歴史像ができあがる。水谷はそう指摘した。

しかし、貧しい百姓というイメージが横行したことについては、右のような行政文書の表現の問題のほかに、同時代に世の経済現象を眺め、批評し、弊害の解決策を論じた人々が抱いていた価値観の問題もあるだろう。簡単に言えば、そもそも反商業の立場からものを考えている論者であれば、経済発展期に富み栄える商人たちの姿に対して批判的になり、物を生産する百姓たちについて、その生活の苦しさに同情の目をむけるようになりやすいということである。

先に記したように日本においては、中国の歴代王朝や朝鮮王朝のように王朝が官吏登用試験としての科挙を行ない、儒学を学んで優れた知見を身につけた人物を採用するという制度は、ついに導入されることがなかった。それでも大坂での懐徳堂の例に見られるように、儒学は一種の大人の教養として民間でしだいに普及してゆき、十八世紀の後半には、少なくない数の大名家が学校を設立して武士たちに儒学を学ばせるようになる。だが、十八世紀の末に公儀の公的機関となった昌平坂学問所も含めて、学校で儒学を学んで優秀な成績を示したことが、統治者としての出世に結びつくような制度は、ほとんど採用されることがなかった。

しかしそうだとは言っても、知識人が世の動きを全体として見わたし、そこに問題を見いだして、解決策を論じようとするとき、東アジアの伝統思想のなかでは、儒学の思考の枠組がもっとも多く参照されるものであった。徳川の安定した治世のもとで、兵学や法家思想ではなく、儒学（朱子学）がしだいに普及していったのも、世の中をいかに治めるかについて、人間観や歴史観も含めた大きな体系の裏づけをもちながら、総合的に論じることのできる特性ゆえのことであろう。

徳川時代の初期では例外的に、支配者への政策提言に携わった儒者として、熊澤蕃山《ばんざん》（元和五・一六一九年〜元禄四・一六九一年）がいる。岡山藩に武士として仕え、藩主、池田光政に重用されて藩政改革に携わった経験ももっている。その主著『集義和書』（寛文十二・一六七二年初刊）の巻第七には、当時の経済的繁栄を蕃山がどのように見ていたのかがはっきりと現われている（後藤陽一ほか校注『日本思想大系30　熊澤蕃山』岩波書店、一九七一年）。

蕃山によれば、儒学が理想とする古代中国の「上古ノ風俗」は、「人々無欲ニシテ足《たる》コトヲ知レリ」というものである。そこでは、欲望が適度に抑えられているので、統治者は倹約に努め、一般人民に施しをして貧窮者を救う、「上ヲ損シ下ヲ益《ます》」統治が行なわれていた。しかし蕃山の生きている同時代の世はどうか。「後世ハ文明ノ運ニテ文章アラハル」。この場合の「文明」の語は、経済が繁栄してさまざまな物があふれ、きらびやかに輝いているようすを形容しているのだろう。そこではさまざまな「器物」が、「文章」すなわち色鮮やかな装飾に満ちるようになっている。

そして蕃山によれば、「カザリ過《すぐ》ル時ハ欲生ジ奢《おごり》長ズ」。身の回りに美しい品物があふれるようになると、そうした物を求めようとする人間の欲望もまた、際限なく増大してゆくだろう。それに対して統治者が「礼儀ノ則《のり》」を定め、人々の欲望を適度な状態に抑えさせて、「質朴無欲ノ風俗」へと変えることが必要なのである。そこで蕃山が提案したのは、「金銀」の流通を最小限に抑え、さまざまな「民生日用ノ物」を、大名家が直接に管理し、人々に分配する制度であった。「数十年ノ奢トカザリニヨリテ職ヲ立《たて》タル工・商」の勢力を強制的に奪うことで、「上ヲ損シ下ニ益ス」統治が実現できる。それが蕃山の説いた解決策である。一般の庶民がみな、農業をなりわいとして質素な暮らしを続けている。そうした社会像を理想と考える点で、徹底した反商業の立場である。晩年の著作『大学或問《わくもん》』で蕃山が唱えたのは、「士の在々に在付《ありつく》」、すなわち武士が都市での暮らしによって消費生活に巻き込まれてしまう回路を断ち切り、農村に住まわせることであった。そうすることで、肥大した商業の勢力を抑え、自給自足型の経済へと復帰させられる。

こうした反商業主義、別の側面から言えば農業中心主義は、蕃山に限らず、一般に儒学の思想が前提としたものである。もともと、人々に食糧や生活必需品が行き渡り、みなが飢えずに暮らしてゆけることは、理想の「仁政」の標準であり、そこでは交易活動も一応、おたがいに不足する品物を融通しあうという限りで認められる。だがそうした「仁政」を通じた社会全体の調和という目的をこえて、利益の拡大そのものを追求する営みについてはきびしく批判するのが、儒学の倫理思想の基本であった。

熊澤蕃山（『先哲像伝』より）

『論語』里仁篇には「君子は義に喩《さと》る。小人は利に喩る」という孔子の言葉が見える。正しい道理の実践は、その結果どうなるかといったことは考えに入れず、それが「義」であるがゆえに行なうのが、立派な人間のとるべき態度なのである。それに対して、何らかの結果をめあてにして行動することは、欲望に支配され、本来めざすべき方向を見失なってしまった「利」の立場として戒められる。この「義利の弁」が、儒学においては重んじられるのである。

もちろん先ほどの交易の例にも見られたように、商業や、それ以外にも何らかの形で利益を追求する行動を完全に排除することは難しい。しかしそれでも、「国、利を以て利と為さず、義を以て利と為す」（『大学』伝第十章）、また「利は義の和なり」（『易』乾卦文言伝）といったように、正しい道を行ない、社会に調和の状態をもたらすことこそが、本当の「利」にほかならないと説くのである。反対に言えば、そうした調和状態の達成を考慮に入れない営利行動は、仮に利益の追求という観点に立ったとしても本当の利益とは呼べず、間違っているということになるだろう。

こうした発想に立脚する以上、商業の発展も、またそれが可能にした都市の拡大と、その空間で営まれる華やかな消費生活も、儒学の統治論を身につけた知識人にとっては道徳的に容認しがたいものとなる。徳川時代における統治をめぐる言説は、少なくとも建前としてはこの反商業主義を、時代の最後まで維持してゆく。百姓を一貫して貧乏で哀れな存在とみなす、近代の徳川時代イメージも、商業に対するそうした道徳的反感をどこかで継承しているのかもしれない。

富の追求

科挙がついに行なわれず、公儀や大名家が学校を設立して儒学を講義させることも徳川時代初期にはなかったとはいえ、道徳をめぐる言葉づかいに関しては、社会に対する儒学の浸透度は高かった。儒学（朱子学）の世界観や理論体系が理解されたわけではなくとも、親に対する「孝」は、百姓や町人にむけた教訓書で盛んに説かれたし、主君に対する立派な「忠」の行動を賛美する芝居に、庶民も喝采を送った。その「孝」や「忠」の内容については、儒者たちが説くものと必ずしも重ならなかったにせよ、人の徳をめぐる儒学の言葉は、百姓や町人にとっても親しいものだったのである。

では、先に見たような、「利」の追求を道徳に反するものととらえ、商業の意義を低く見積もる儒学の発想もまた、広く浸透したのかどうか。史上未曾有の経済発展期であった徳川時代に、大坂や江戸で商売にいそしむ町人たちもまた、反商業主義につながるような儒学の道徳論に賛成したのだろうか。

一面では、その問いに対する答えはイエスである。たとえば石田梅岩の始めた石門心学は、町人や百姓たちに、勤勉に職業に励むことを教え、商業の発展に倫理上の基礎づけを与えたとも評価される思想である。そこでは富をしっかりと蓄えることが奨励されたが、それはあくまでも「家業」の継続を支えるという目的の枠内のことであった。そこでは、先祖から伝えられた「家業」を引き受け、それを子孫へと引き継ぐことが、一種の「孝」の実践として奨励されたのである。マックス・ウェーバーが『プロテスタンティズムの倫理と資本主義の《精神》』（一九二〇年）で近代西欧の禁欲的プロテスタンティズムに見いだした特徴のように、富の蓄積それ自体に道徳的な意義を認めたわけではなかった。

しかし市場経済の発展のなかで大富豪に成長するような商人が、「孝」の実践、「家業」の維持という目的をこえた過剰な富の追求を、自制していたとは考えがたい。経済の拡大を背景として、商機をつかみ、大きな利益を挙げようと競いあうのが、あくまでも行動の基本であった。社会に浸透していた儒学の言葉づかいとは別の次元で、彼らは彼らなりに、みずからの商業活動を正当化できる言葉を探していたと考えるのが適切だろう。

そうした例として、西川如見《じょけん》（慶安元・一六四八年〜享保九・一七二四年）による町人むけの教訓書『町人嚢《ちょうにんぶくろ》』（元禄五・一六九二年序、享保四・一七一九年刊）が挙げられる。如見は、商業都市・貿易港として栄えた長崎の商家の出で、朱子学と天文学を学び、オランダ人との交流を通じて世界地理にも精通していた、大知識人である。『町人嚢』は徳川末期に至るまで、何度も印刷・刊行されており、広く読まれたことがうかがえる。

このなかには、身分制を過剰に重視する俗論に対する、きびしい批判が見える。そうした論者によれば、日本は家系を貴ぶ国だから、すぐれた人材は身分の高い公家と武家のなかからしか出てこない。しかし如見によれば、どんなに低い身分に生まれた人でも、適切な教育が施されたなら「徳行博才の人」へと成長しうるのである。

いかに凡卑の血脈といふ共、胎教の道を守りて胎内より正しきみちに触《ふれ》しめ、出生しては君子の傍《かたわら》に置て幼儀を習ひ、才藝をもてあそばしむる事あらば、天性命分の品に依《よっ》て、美悪鈍智の替りは有共、其人品、高位高官の人に替りなかるべし。畢竟人間は根本の所に尊卑有べき理なし。唯生立《そだち》によると知べし。傾城《けいせい》は多くは下賤なる者の子なれども、幼少より風流にみがき立る故に、諸人を誑《たぶらかす》ほどの姿風俗となれり。況《いわん》や人間本心の上におゐて、何ぞ貴賤の差別《しゃべつ》あらん。（中村幸彦校注『日本思想大系59　近世町人思想』岩波書店、一九七五年、一三四頁）

ここで「貴賤の差別」を否定しているとは言っても、徳川時代の武士・町人・百姓といった身分の上下関係を批判し、平等思想を説いたというわけではない。どんな生まれの人でも、普遍的に同じ「性」が心の奥に備わっているのであり、学問を学ぶことを通じてその「性」を十全に発揮できるようになると説く、朱子学の発想に基づいた議論である。「胎教」から始まる教育論に現代と同じような教育熱が読みとれるが、そうした潜在的能力の共通性を説くさいに例に挙げるのが、当時の都市風俗の代表ともいうべき、遊郭の遊女であることが興味ぶかい。

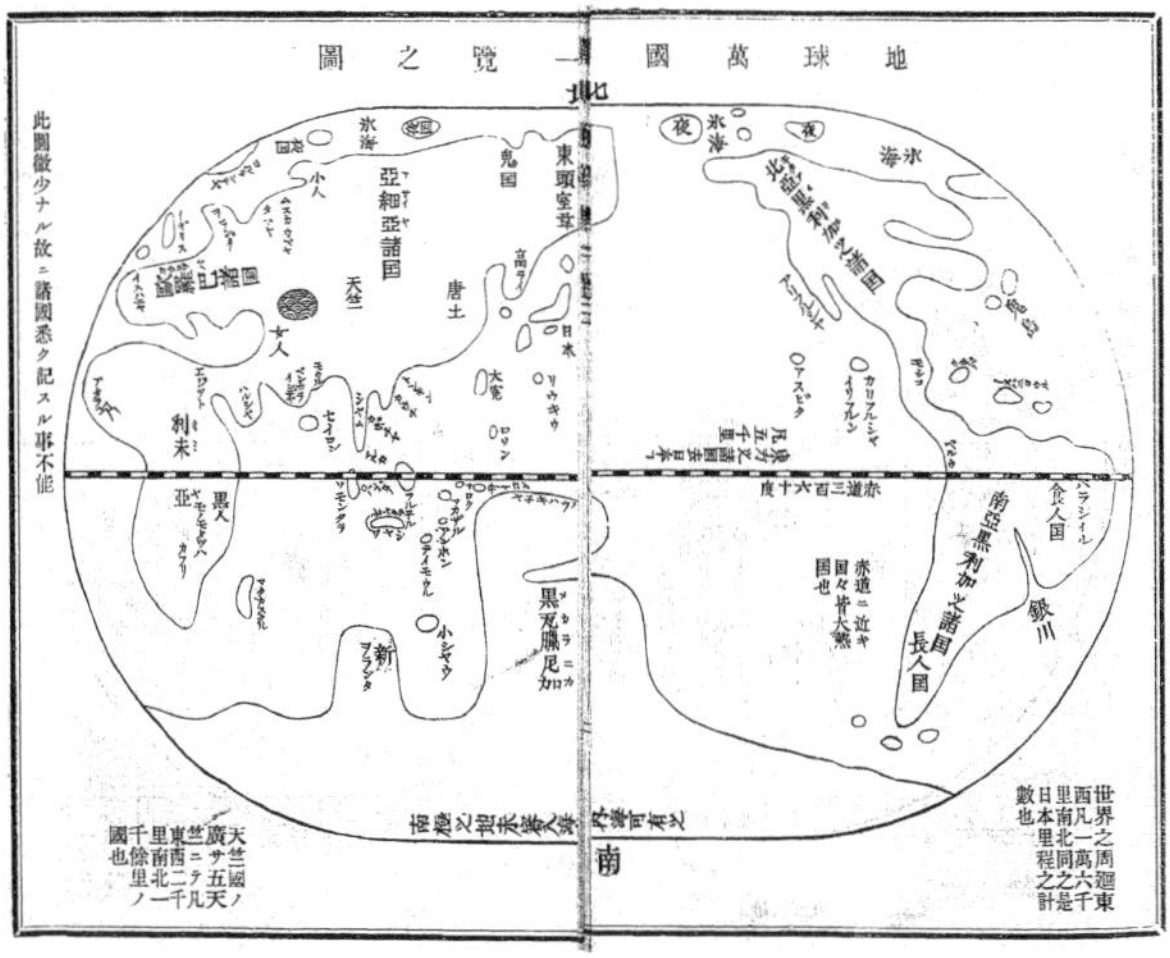

西川如見による「地球万国一覧之図」（『増補華夷通商考』巻之三より）

　都市の繁栄と豊かな町人たちの活躍をみた如見にとって、武士よりも低い身分に置かれた町人のなかに、すぐれた才能を持ち、成功してきらびやかな生活を送る人間がたくさん出てくることは、おそらく自明の現象だったのだろう。晩年、『町人嚢』の刊本としての刊行と同じ享保四（一七一九）年に、如見は天文学の知見が評判になったために江戸に呼び出され、当時の公方、徳川吉宗から下問を受けるという栄誉に恵まれている。そのときにはまさしく、みずからの見解の正しさを改めて確信していたに違いない。

『町人囊』には、商人どうしの競争を積極的に肯定する議論も見える。「富る人の財宝減《とめ》ずる時は、貧家に財を益《ます》。貧家は富ん事《とま》をねがひて日用のつとめをおこたらず。富る家は久しく財宝を持《たも》たんとして、家業を勤めて懈《おこた》らず。相たがひに望みあるはり合にて、世間は立たるもの也」（前掲書、一〇一頁）。隣の家よりも豊かになってやろうと競争（「はり合」）し、金持ちの隣人が没落するのを喜ぶ心情は、謹厳な儒者であれば、下劣な欲望の現われとしてきびしく戒めるところであろう。しかし如見によれば、富の拡大を求める商人たちの競争こそが、「金銀」を天下に循環させ、「天地陰陽の二気」の流れをバランスよく保つのである（前掲書、一〇一頁）。

ここで、市場における競争と財の流通は、「天地」すなわち人間世界をも含む大自然の「気」の運動をなめらかにして、人々の生存を支えるものととらえられている。かつて政治思想史家、野村真紀は論文「近世日本における「神の見えざる手」——堂島米相場の町人思想」（小川浩三編『北海道大学法学部ライブラリー6　複数の近代』北海道大学図書刊行会、二〇〇〇年、所収）で、米相場の取引で富を蓄えていた町人たちが市場の自律的な運動をとらえ、独自の言葉で表現していたようすを、詳しく明らかにしている。

たとえば懐徳堂に学んだ町人学者である草間直方は、米価が極端にまで下落すると、将来の価格高騰を見越す「買置《かいおき》の心」が人々のあいだに発生して需要がふえ、「自然と高値になる」現象を、「人気《じんき》」の運動法則としてとらえていた。人々の思いが集まり、一種のエネルギーとして社会を動かしている。そうしたイメージで市場の運動をとらえ、その洞察を東アジア思想の「気」の概念によって表現する語法が、当時の町人たちのあいだには普及していたのである。同時代に進みつつある経済成長を歓迎し、自律的な市場を舞台とした商業活動と、それを通じた富の獲得を、肯定的にとらえる発想。すでにそうした世界観と考え方が、十八世紀の日本には素朴な形で広まっていたのであった。

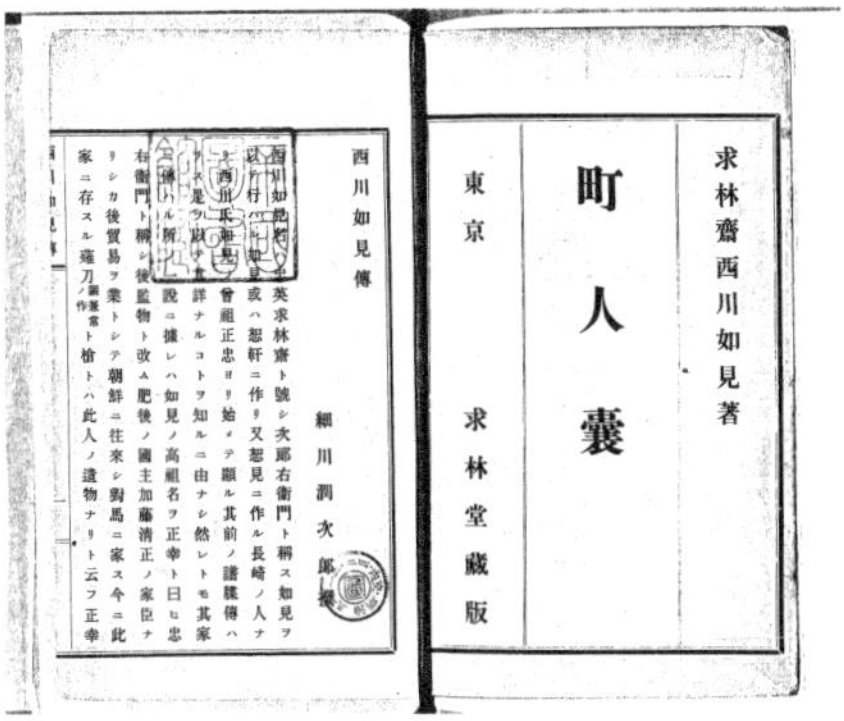

『町人嚢』(『西川如見遺書』第7編)

反商業主義の黄昏――荻生徂徠と太宰春臺

儒学の思想が反商業を基本とするのと同じように、徳川時代の公儀や大名家の政策も、少なくとも前半期には商業の発展を抑制する立場をとっていた。「米遣い経済」などと呼ばれるように、公儀も大名家も税収の基本は米による年貢であり、百姓から上納された米を売りに出して貨幣に換え、財政支出をまかなっていた。したがって、百姓の生活を安定させ、確実に収入を得つつ、倹約によって支出を抑えるのが政策の基本である。

これに対して商業の発展と都市の拡大は、人口の都市への移動を加速して農村を荒廃させ、物価の高騰と奢侈の流行によって、武士の貧窮化と道徳的頽廃を招くものとして、きびしく警戒されていた。十八世紀初頭には先にふれた八代目の公方、徳川吉宗もまた、激しい財政難と経済の混乱を解決するために、享保の改革と呼ばれる政治改革に着手するが、その経済に関する施策は、年貢の増徴、倹約による緊縮財政、株仲間を通じた物価の統制といった、市場経済の発展に対しては逆行する性格のものであった。

しかし、町人の世界に広まっていた、いわば本音としての商業肯定論に立脚して、吉宗の政策を批判する言説も現われることになる。吉宗の改革の一環として、広く一般の人々が意見書を投げいれる目安箱を江戸城辰の口にある評定所の門前に設置し、政策決定に結びつけることが試みられた。享保六（一七二一）年十二月、その目安箱に山下幸内（もしくは広内）と名乗る兵法家が意見書を投じた。

その『山下幸内上書』が記す主張によれば、「金銀」が天下の全体に「融通」することが重要なのである。倹約によってその流れを滞らせてしまえば、人体における血の流れが悪くなるのと同じように、天下の容体はますます悪化して、万民が困窮に陥るだけだろう。——ちょうど、市場のメカニズムを「人気」の生命活動のリズムとしてとらえる町人たちと、同じ発想を示している。吉宗もまたこの批判に注目し、老中や寺社奉行に披露したが、政策として採用されることはなかった。

先にふれたように荻生徂徠は、享保の改革の指南役として徳川吉宗に重用された儒者であった。その政策提言書『政談』は、享保十一（一七二六）年に吉宗にあてて書かれたと推測されている。

そこで徂徠が古代中国の「古」の政治制度の理想に立脚しながら展開するのは、徹底した商業抑制政策である。その眼前に広がる大都市江戸の風景は、まさしく農村からの人口流入による拡大のさなかにあった。

何方迄が江戸の内にて、是より田舎なりと云境無之、民の心儘に家を建《たて》続るゆへ、江戸の広さ年々に広まりゆき、誰免《ゆる》すともなく、奉行・御役人にも一人として心づく人なくて、いつの間にか北は千寿《ママ》、南は品川迄家続きに成たる也。（平石直昭校注『政談　服部本』平凡社・東洋文庫、二〇一一年、二五頁）

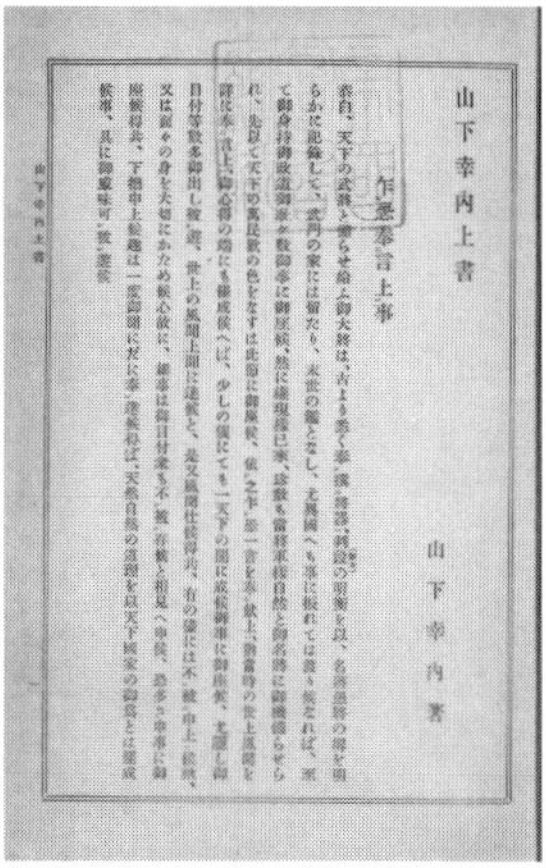
山下幸内上書

乍恐奉言上事

山下幸内著

『山下幸内上書』（滝本誠一編『日本経済叢書』巻5）

徂徠は『政談』のなかで、徳川時代の武士の境遇を「旅宿の境界」と呼んで批判する。武士たちは領地から切り離され、城下町に住んで、物を買って生活の用を足し、場合によっては町人から家を借りて住んでいる。それがちょうど、旅行客のような境遇だというのである。商品の値段や家賃を決めるのは商人の側で、武士はそれに従わざるをえない。

その結果、本来は身分が下である商人たちに対して、経済面で従属するような立場に変わってしまった。「商人の利倍を得る事、此の百年以来ほど盛なる事は、天地開闢已来、異国にも日本にも是なし」（前掲書、九三頁）。ここまでの経済の繁栄が、歴史上かつてなかった変化であることは、徂徠も敏感に見通していた。この「菟角金なければならぬ世界」は、武士ではなく商人にとっての「極楽世界」である（前掲書、一〇八〜一〇九頁）。

これに対して徂徠が、古代中国の「古の制度」の現代における実現策として説くのは、徹底した反商業論である。倹約を徹底するとともに、熊澤蕃山が唱えたのと同じように、武士を都市に住まわせることをやめ、農村の領地へと土着させる。また、公儀や大名家が庶民にさまざまな道具類を作らせ、それを武士たちに現物支給する。

そうすれば、奢侈の流行はおのずから終焉を迎え、武士たちも身近なところで領民に接し、その管理を行なうことを通じて、統治者としての気風と威厳を取り戻すだろう。商品経済の発展を凍結させ、なるべく自給自足型、現物流通の経済へと戻すことが、徂徠のめざした方針であった。『政談』の執筆の七年前に公刊された西川如見の『町人嚢』とは、まさしく対照的な見解を示している。

こうした徂徠の提言が吉宗の政策にどれほど生かされたのかは、具体的には判別しがたい。だが興味ぶかいのは、徂徠の弟子であった太宰春臺《しゅんだい》（延宝八・一六八〇年〜延享四・一七四七年）が、徂徠の政策論を継承しながら、師とはやや違った考えを、商業の発展に関しては示していることである。

春臺は、徂徠の門下では経典の注釈学と政策論の分野に才能を発揮した、代表的な存在であった。だが自由闊達、開放的な気風で知られた徂徠門下のなかでは、例外的に謹直な性格で知られ、「礼」による生活の強固な規律にこだわった。その結果、師の徂徠とも関係が悪くなり、門下では孤立した存在として扱われた。

春臺の政策論は『経済録』と題され、全十巻が享保十四（一七二九）年に公刊されている。ここでの「経済」の語は、近代の日本語でeconomyの訳語として使われている意味ではなく、「経世済民」を略したもので、統治の営み一般を指す表現として、漢籍では普通に使われている。

この『経済録』での春臺の主張は、基本的には徂徠と同じく商業の抑制を説き、倹約の徹底や武士の土着を主張するものである。だが、補論として付けられた『経済録拾遺』では、師とは異なる見解を披露している。

太宰春臺（『先哲像伝』より）

然レバ今ノ世ハ、只金銀ノ世界ニテ、米穀ハ朝夕ノ飯食ニ充《あつ》ルマデニテ足リ、布帛ハ衣服ニ充ルマデニテ足ヌ。其余ハ皆金銀ニテ、大事モ小事モ、用度一時ニ弁ズル故ニ、天下ノ人、金銀ヲ貴ブコト、昔ニ百倍ナリ。サレバ今ノ世ハ、米穀布帛アリテモ、金銀乏ケレバ、世ニ立ガタシ。小民ノ賤キ者ノミニ非ズ、士大夫以上、諸侯国君モ皆然ナリ。（頼惟勤校注『日本思想大系

37　徂徠学派』岩波書店、一九七二年、四七頁）

徳川の世になって以降の「今」は、人々が「金銀」「銭」によって生活の用を足すようになったことで、「昔」とは決定的に異なる。したがって人々は生産した米や織物の余剰分を、財産として溜めずに売りに出し、貨幣を得ようとする。統治者である「士大夫」すなわち武士もその例外ではない。春臺は、徂徠と同じく武士が「旅客」のような存在に変わったと指摘しながらも、そうした「今」の「風俗」にむしろ適応せよと言うのである。

そこで春臺は、「諸侯国君」すなわち諸大名と公方に向けてこう提言する。それぞれの地域の特産品を百姓や職人に作らせて納めさせ、それをほかの地方へと売りに出すことを通じて、財政再建の助けとせよ。実際に津和野藩や薩摩藩がそうした方策で裕福になっていることを春臺は手本として紹介している。徂徠学の発想は、「古」と「今」との違い、また時代ごとの制度・風俗の違いを鋭く見分けるものであった。そして春臺が「今」の新たな特徴として見いだしたのは、「金銀ノ世界」の登場という現実にほかならなかった。

第六章　「経済」の時代

徳川吉宗による漢訳洋書の輸入解禁は、儒者たちに大きな刺激をもたらした。市場の自由放任を論じる者。グローバルな経済競争を説く者。アダム・スミスにも似た経済思想を儒者たちが語りはじめる――。

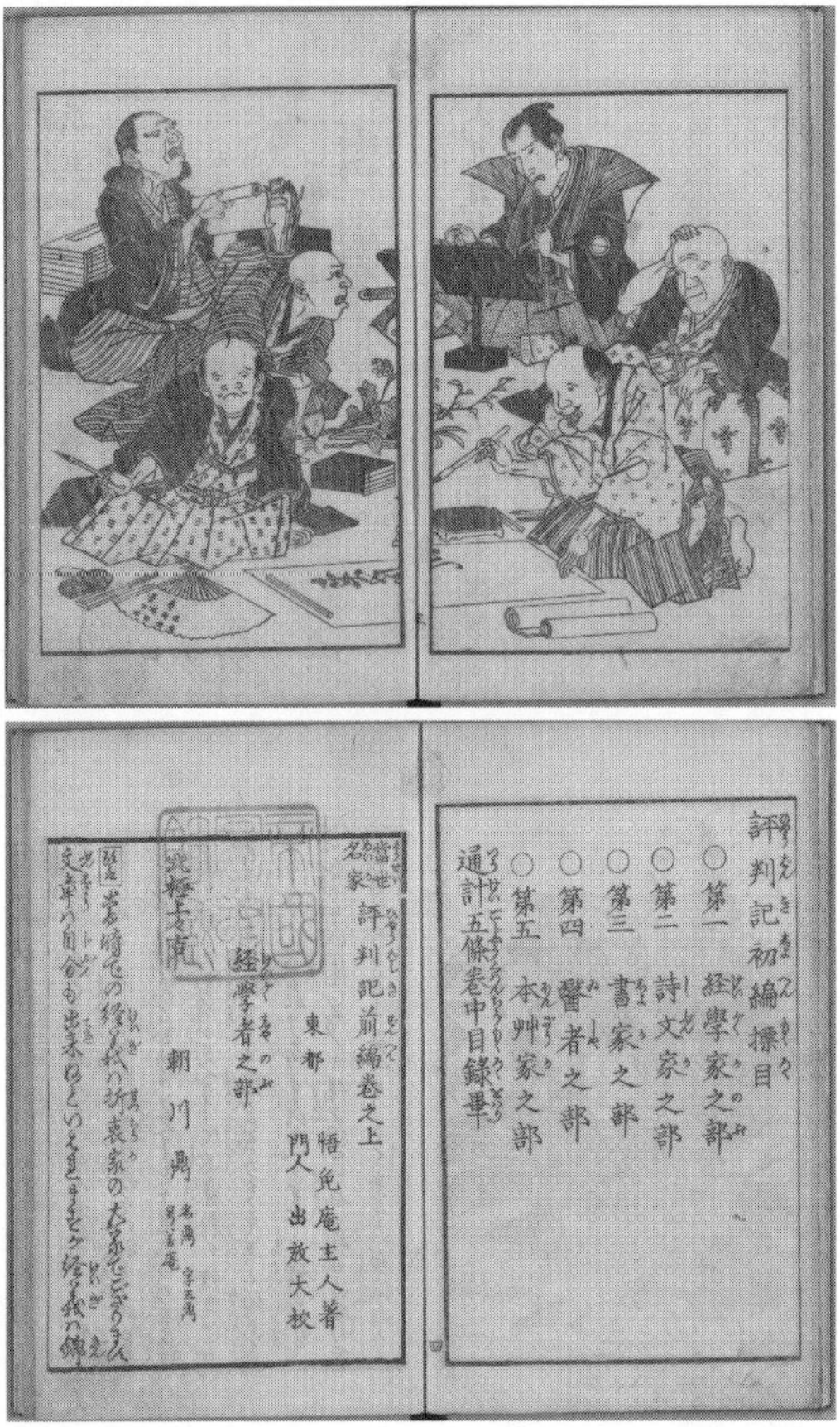

経学家、詩文家などがランキングされた『当世名家評判記』

「経済」人、山片蟠桃

徳川時代は経済がめざましい成長をとげるとともに、学問の発展期でもあった。太平の世が長く続き、経済が成長するなかで、人々は学問にも関心をむけるようになる。十八世紀後半には「名物評判記」と呼ばれる、世間で人気を集める物や著名人のカタログが、盛んに出版されるようになった。そしてその主題は、虫や魚、音曲や戯作文学、相撲、遊女といった、いかにも庶民が好みそうなものに加えて、学者や文人に関する評判記まで、出版されたのである。

現代社会になぞらえるなら、大学教授や作家・評論家のランキングを記した名簿が流行するといった状況だろうか。前にもふれたように徳川時代は、生活に余裕のある層の町人や百姓に関して見れば、その学問への関心は高い。いわば趣味の稽古事のようなものとして、町人や百姓も、学者が営む私塾に通ったのである。評判記は、どの学者に入門したらいいかを指南する、情報誌のような機能を果たしていたのだろう。

前章で八代目の公方、徳川吉宗が、享保の改革と呼ばれる政治改革を行ない、評定所の門前に目安箱を置いたことについてふれた。吉宗はこの改革の一つとして、享保五（一七二〇）年に、中国から長崎を通じてもたらされる漢訳洋書について、キリスト教と関係のないものについては輸入を解禁する措置をとった。地理や天文学の知識を公儀の政策に生かすために、西洋の学問の摂取を進めようと考えたのである。

嘉数次人《かずつぐと》『天文学者たちの江戸時代──暦・宇宙観の大転換』（ちくま新書、二〇一六年）は、この吉宗の措置が徳川時代の天文学研究を大いに発展させたことを、詳しく説き明かしている。吉宗は暦をより正確なものに改定しようと考え、そのための基礎作業として西洋の天文学を学者に学ばせるとともに、江戸城内に天文台を設け、みずからも観測にあたった。

吉宗の改暦の試みは、それまで暦の制定を担ってきた京都の土御門家と対立したこともあって、挫折する。だが、漢訳天文書を学者が入手できるようになったことが、徳川時代の天文学を大きく発展させる結果をもたらした。嘉数によれば、それまでの日本の天文学者は伝統的な中国天文学しか知らなかったが、今度は西洋天文学の知識が普及をはじめ、しかも江戸の公儀や京都の禁裡のお抱えではない、民間の研究者も登場するようになったのである。

その代表が、九州の国東《くにさき》半島、杵築《きつき》藩で成長した天文学者、麻田剛立《ごうりゅう》（享保十九・一七三四年〜寛政十一・一七九九年）であった。麻田は新たに入ってきた漢訳天文書をよみ、自分でも観測を積み重ねながら、新しい暦法を作り出そうと試みていた。そして大坂に移り、当時の懐徳堂を主宰していた儒者、中井竹山・履軒の兄弟とも交流しながら、多くの門人を育てたのである。

先に紹介した、商人にして儒者を兼ねた独特の思想家、山片蟠桃（寛延元・一七四八年〜文政四・一八二一年）もまた剛立のもとで天文学を学んだ一人である。この人物は十三歳のときに郷里の播磨国印南《いんなみ》郡神爪《かづめ》村（現・兵庫県高砂市神爪）から大坂に出て、堂島の大商人、升屋に丁稚奉公を始めた。このとき、やはり升屋にかつて仕え、その別家として独立していた伯父の養子となり、その名前を継いで久兵衛と名乗るようになる。升屋は堂島米会所をとりしきる五仲買の一つであり、このころには多くの大名に資金を貸し付ける大名貸に、経営の重点を移していた。升屋はまた、この久兵衛に商人の修業をさせると同時に、懐徳堂に通わせ、中井竹山・履軒のもとで学ばせている。同じ商人や大名と密接に交流するのに役だつ教養という意味もあったのだろう。

やがて久兵衛は升屋本家の支配番頭にまで出世して、天明三（一七八三）年には仙台藩に大名貸を行なって財政再建に成功を収め、升屋は全国の五十もの大名家と取引するまでに成長する。文化二（一八〇五）年には主家から親類並みを許され、その名字を冠して山片芳秀と名乗るようになった。そしてこれと並行して、麻田剛立にも師事しながら学問を進め、享和二（一八〇二）年、その知見を集大成した著書『夢ノ代《しろ》』の執筆に着手したのである。その完成は実に十八年後の文政三（一八二〇）年、すでに数え七十三歳に達した年であった。学者としての号「蟠桃」は、仙境に存在するとされる大きな桃の木を意味する言葉であるが、「番頭」と同じ音の語を選んだとも推測されている。

葛飾北斎『富嶽百景』収録の「鳥越の不二」。1782年に設置された浅草天文台が描かれている

山片蟠桃は『夢ノ代』の本文冒頭に付した「凡例」で、自分の論ずるところは中井竹山・履軒の二人に学んだものだと述べている。その点では、神道・儒道・仏道の三者を批判して「誠の道」を標榜した富永仲

基とは異なり、あくまでも儒者としてみずからを位置づけていた。だが、儒学の経書に真理が記されていることを前提としながらも、仲基と共通する活発な批判精神を、『夢ノ代』という書物は存分に示している。

この作品は第十・十一の二巻を割いて、「無鬼」を主題として論じている。自然界に潜んでいる精霊や死者の幽霊、また神道が説く神や仏教の仏、伝説の妖怪など、人智をこえた神秘的な存在を蟠桃は「鬼神」として一括する。そして、それらの存在を説く教説は迷信に基づく「異端」の説として、本来なら孔子・孟子も否定したはずだと指摘するのである。したがって、不思議な「怪事」に満ちあふれた『日本書紀』神代巻の物語、現代風の言い方では日本神話などは、「草昧ノ世」の風俗に影響された「妄説」にすぎないということになる。蟠桃の考えでは、儒学の中心概念である「天」についても、これを「天帝」と呼ばれるような、意志をもって世の運命を左右する存在ととらえるのは誤りであり、その正体は「人心ノ聚《あつ》マル処」、すなわち人々の思いが寄り集まって社会の変動を支えている現象にすぎない（水田紀久・有坂隆道校注『日本思想大系43　富永仲基・山片蟠桃』岩波書店、一九七三年、四八七頁。以下、『夢ノ代』からの引用は同書による）。

このように蟠桃は、世の中に不思議なことなど何一つないと一刀両断し、神仏への信仰のすべてを「妄説」として斥けるに至った。興味ぶかいのは、麻田剛立のもとで学んだ西洋天文学が、その合理主義の支えになっていることである。当時はすでに、志筑《しづき》忠雄が『暦象新書』（寛政十・一七九八年～享和二・一八〇二年刊）で地動説を本格的に紹介しており、蟠桃もこれを『夢ノ代』のなかで引用書目のうちに挙げながら、「地動儀ノ説」と呼んで、詳しい図解をまじえて説明している。そして、当時すでに刊行が始まっていた本居宣長『古事記伝』の、第十七巻の附巻である服部中庸《なかつね》『三大考』が、神話の物語に基づいて天《あめ》（太陽）・地《つち》（地球）・泉《よみ》（月）の三つの天体の生成を論じたのを、「珍説古今ニ類ナシ」ときびしく批判したのであった。

中井竹山（左）、中井履軒（右）

さまざまな教説を打倒してゆく蟠桃の筆鋒の背景には、自分の学んだ西洋天文学は自然界に対する綿密な観察に根拠づけられた、すぐれた学問だという自信がある。「欧羅巴ノ天学ニ精シキコト、古今万国ニ類ナシ。殊ニ万国ヲ廻視シテ、ミナ実見ヲ以テ発明スルコトニシテ、誰カコレニ敵セン」。しかもそれは、過去・現在・未来と続く時代の流れにそって、一直線に進歩するものであった。「天文地理ハ年々歳々ニヒラクコトナレバ、古説ニ泥《なず》ムベカラザルナリ。西洋人ノ諸藝ニ精シキハ、和漢ノ人ノ及ブ処ニアラズ」。もちろんこれは天文学、さらに広く言って自然科学の領域における「理」の探求にかぎった話であり、一般論として進歩史観を説いたというわけではない。だが、自然界をめぐる知見は、時代が後になるにつれて「ヒラ」けるものであり、過去の書物に記された見解はあてにならないという意識が、たしかに見られる。

儒学を根本の思想として学んだ蟠桃自身にとっては、あくまでも古代の中国で書かれた経書が、自然と人間にわたるすべての領域に関する真理を述べた書物として、第一に学ぶべきものであった。だが、その方針を統治に具体的に生かすためには、それぞれの時代に応じた「制度」を柔軟に設計する必要があると説く。

コレヲ以テヨク考フルトキハ、三代ノ治ハ三代ノ人ニ施スベシ。六朝ノ治ハ六朝ノ人ニ施スベシ。宋・明ノ治ハ宋・明ノ人ニ施スベシ。我邦《わがくに》上古ノ法ハ上古ノ人ニ施シ、中古ノ治ハ中古ノ人ニ施シ、鎌倉・室町・織田・豊臣ノ治ハ鎌倉・室町・織田・豊臣ノ人ニ施シ、当世ノ治ハ当世ノ人ニ施スベシ。（『夢ノ代』第八巻「雑書」、前掲書、四四六～四四七頁）

儒学が理想とする「上古」の時代と、「当世」とは世の風俗がまったく異なるのだから、統治の具体的な方策もそれに合わせて変えなくてはいけない。前にふれた荻生徂徠と同じ認識を、蟠桃もまた示している。そしてとりわけ、自然界についての知識に関して言えば、時代が後になるにつれて「ヒラ」けてゆく法則が見られるというのである。歴史をめぐる意識が、一つの方向へむかう累積的な変化のイメージへと近づいてゆく。そうした動きが蟠桃の議論からうかがえる。

そして市場経済の発展をみた十八、十九世紀には、奢侈をきびしく戒め、商業の発展を抑制するような従来の儒学型の政策はなじまない。そう蟠桃は説くのである。「天下ノ知ヲアツメ、血液ヲカヨハシ、大成スルモノハ、大坂ノ米相場ナリ」。無数の人々がそれぞれに知恵をめぐらし、売買を行なった結果として、市場における価格は決まってゆく。それは「人気《じんき》ノ聚ル処」であり、

「又コレ天ナリ、又コレ神ナリ」とまで形容する（第六巻「経済」、前掲書、三九七頁）。

したがって商品の価格が低くなるよう統制する政策などは、「不自由ナルコト云《い》ベカラズ」（前掲書、三八二頁）。むしろ、統治者があまりにも無駄な奢侈は控えながら、物価を市場の動きのままに任せることで物価は適切な水準に落ち着くのである。経済をめぐる具体策については、蟠桃はアダム・スミスにも匹敵するような市場の自由放任を説く。それは「経済」と題された『夢ノ代』の第六巻で述べられている。「経済」の言葉はもちろん「経世済民」の略称であるが、そこで議論されているのは大名の「財用」に関する事柄ばかりであった。むしろ現代語の「経済」の意味あいに近いと見なしても、それほどはずれていない。この点で蟠桃は、みずから大商店の経営にあたりながら「経済」を論じる、徳川時代の「経済」人であった。

語られないもの、語れないもの

山片蟠桃は『夢ノ代』第六巻「経済」で、具体策としてはこれまで紹介したとおり、「当世」における統治のやり方として、商人の「自由」な売買活動を許し、市場の自律的な運動に任せることが適切だと説いた。だがそうした主張は主として、大名家からの米の売り払いや、物価の統制をめぐる議論で登場するにすぎない。むしろこの巻の冒頭では、師である中井履軒の、次のような言葉を紹介している。要約すればこんな趣旨である。

経済が発展すれば、国に「奢侈ノ風」がはびこるようになる。そうすると、政府の役人や商人・職人、さらには「後宮ノ侍妾」といった、都会に住んで食糧を消費するばかりの「浮食」が増え、農民が減ってゆく。さらに商業の発展は、日本国内のほかの地方との交易だけでなく、遠くオランダにまで商品を買い求め、日用品として好んで用いる風俗をも生み出した。これでは「升平〔ノ〕沢《めぐみ》ト〔ハ〕云ナガラ、アマリ自由スギタルコト也」。したがってこの傾向を制御するために、統治者は「都会市井ノ民ヲ虐ゲテ、農民ヲ引立テ耕作ヲス、ムル政事ヲスルヲ、第一ノ枢要トス」――ここに見えるのは、あくまでも農業を国の支えとし、商業の道徳的価値を低く見積もる儒学の古典的な議論である。蟠桃が商品の価格統制をあまりにも「不自由」と批判したのとは逆に、履軒は繁栄する当時の経済に「アマリ自由スギタルコト」という不満を口にしている。

しかもこの「経済」巻の冒頭の章で、蟠桃は師の発言を批判するのではなく、むしろ参照すべき先行の議論として紹介している。そのような履軒の言葉の引用に続けて、蟠桃自身の見解が披露されることになるが、そこで蟠桃は、奢侈の風が横行すれば、統治者は年貢の増徴によって財政を維持しようとするようになり、その結果、農村の荒廃を招くだろうと述べたあとで、こんな言葉を記している。

ツイニハ百姓困弊シテ騒乱ノ基《もとい》トナル。ユヘニ国ヲ治ムルハ、百姓ヲス、メ工商ヲシリゾケ、市井ヲ衰微サスニアリ。市井盛《さかん》ナレバ田舎衰フ。田舎盛ナレバ市井衰フ。自然ノ符ナリ。（前掲書、三六四頁）

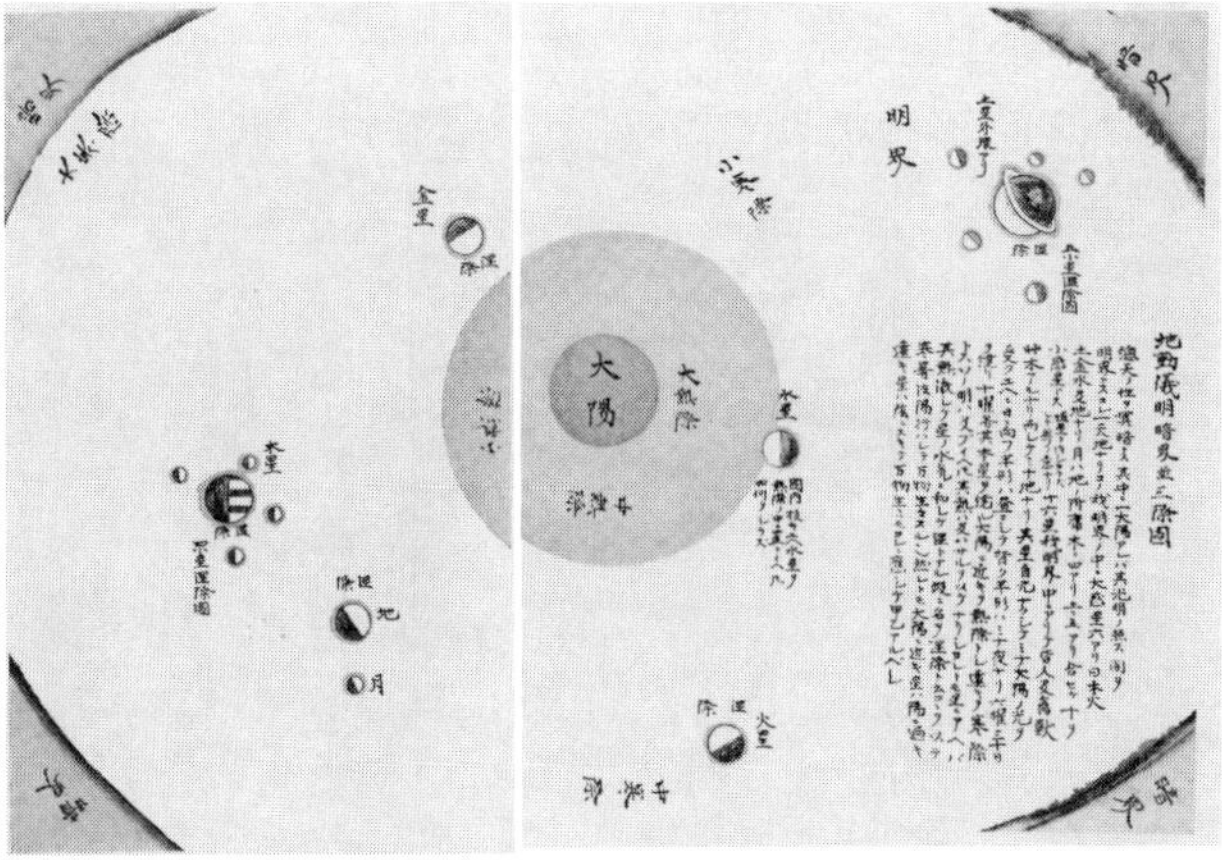

山片蟠桃『夢ノ代』の第一巻「天文」では、地動説が紹介されている

みずから大坂の米市場で活躍する商人であり、西洋の「ヒラ」けた学問の到来を歓迎する蟠桃が、ここでは「工商」の抑圧と都市の弱体化を説いているのである。当時、徳川の公儀の政策を批判することは、場合によっては重大な処罰の対象になった。だが商業の意義を積極的に評価する著作が、公儀の禁令にふれるというわけではない。商人の成功談も多く紹介する井原西鶴の『日本永代蔵』や、商家の教訓書も堂々と流布していた時代である。言論の取りしまりを恐れて、商人の抑圧に加担するような言葉を飾りたてたというわけではないだろう。

ドイツに生まれアメリカで活躍した二十世紀の政治哲学者、レオ・シュトラウスは、論文「中世哲学をいかに学び始めるか」（石崎嘉彦監訳『古典的政治的合理主義の再生』ナカニシヤ出版、一九九六年、所収）のなかで、中世のイスラーム世界で活躍したユダヤ教の哲学者、マイモニデスや、イスラーム教の哲学者、アル・ファーラービーの著作の読解にあたっては、独特の方法が必要とされると説いた。彼らは神学からの哲学の独立が認められない社会にあって、迫害を避けながらみずからの哲学を書き遺すにあたり、それを表面から隠そうとする「秘教的教説」(esoteric teaching)の方法をとった。したがって、そのテクストを読む現代の研究者もまた、並んでいる言葉を額面どおりに受けとめるのではなく、著者の隠された意図を行間から読み取る読解方法をとらなくてはいけない。

山片蟠桃の場合、商業の発展を賛美することが迫害の対象になるといったきびしい環境にいたわけではないから、シュトラウスが指摘するような、細心の注意を払いながら本音を隠蔽する戦略をとったのではないだろう。だが、当時の知識人として儒学を基盤にして考察を進めたがゆえに、その思考の枠組に規定されて、反商業主義のような議論を展開せざるをえなかったという事情はあったのではないか。そうすると、表面上の商業批判の奥に垣間見える「秘教的教説」をとりだすようにして、このテクストを読むことも重要になってくる。

実はこの第六巻「経済」で、商業批判を展開したあとに蟠桃は、「マヅ民ヲ富《とま》スコソヨカルベシ」と、人々の生活を保障する努力が統治者には大事だと説いている。そして続けて、こういう議論を展開するのである。

今茲《ことし》河内ノ大水ニ、浪華ノ富人以下米飯諸物ヲ運漕シテ、饑民ヲ救フコト先ヲ争フ。ソノ身分ニ随ヒテ誰一人其施恵ヲヲシム心ナシ。[中略] 実ニ浪華ニ金多キユヘノミ。コレヲ以テ富ヲ貪ラザルヲシルベシ。コレヲ以テミルトキハ今風俗頽弊スト云ヘドモ、コノ俗ヲ変ズルコト

ハイト易《やす》カルベシ。（前掲書、三六五頁）

「河内ノ大水」とは、享和二（一八〇二）年七月、日本各地が洪水に見舞われた天災を指している。このとき被害の大きかった河内地方に、大坂の商人たちが被災者を救おうと物資を運び、配給したというのである。それは大坂の経済が豊かであり、そして大坂商人たちのあいだに、困窮した人々を救おうというモラルが根づいていたからであった。つまり蟠桃はここで、商業を通じた富の追求が、むしろ他者を救おうとする倫理の支えになりうることを示唆している。先に引いた「市井ヲ衰微サス」というきびしい都市批判は、むしろ、そうしたモラルが育たず、災害による農村の窮状を顧みない「頽弊」の現象に向けられたものだと理解できるだろう。

このようにいくぶん屈折した、「秘教的」な論法を蟠桃が用いているのは、儒学の思考の枠組のなかで、商業の発展と富の追求をそれ自体として正当化するのが難しかったことを示す好例だろう。だが、経済における「自由」をめぐる議論に示されているように、その枠組の束縛のうちで、富の追求を礼賛する論理は、静かに成長しつつあった。

旅する儒者、海保青陵

山片蟠桃よりも七歳下で、江戸に育った儒者、海保青陵（宝暦五・一七五五年〜文化十四・一八一七年）になると、富の追求を奨励する姿勢は、さらに積極的になる。近年のすぐれた研究である、徳盛誠『海保青陵――江戸の自由を生きた儒者』（朝日新聞出版、二〇一三年）を参考にしながら、その思想のあらましを検討してみよう。

青陵は荻生徂徠の門人として著名な、宇佐美灊水《しんすい》のもとで学んだ。したがって徂徠学の系統に属しており、「経世」論を好んだところは、たしかに徂徠と共通していると言えるだろう。だが、その思想の内容はまったく異なる、独自のものである。青陵は三十代のころから諸国を遊歴し、さまざまな地方の大名に対して、一種の政策コンサルタントとして助言を行なった。そのさいの重要な課題が、財政難に苦しむ大名家に「富国」の策を授け、財政の再建を進めることだったのである。

その政策提言の書の一つ、『稽古談』（文化十・一八一三年筆）には、「升小」（升屋小右衛門）という名で、山片蟠桃についての逸話が紹介されている。升屋が仙台藩からの年貢米の江戸への回送を担当するさい、大量の米を扱うために、仙台・銚子・江戸の三か所に管理人を置く必要があり、費用が莫大にかかる。その支払いをそのまま要求しても、財政のやりくりに苦しむ大名家はとりあってくれないだろう。

そこで蟠桃は、武士がみな「不学無術」で、「利ニウトク、天理ニクワシカラヌ」ことに目をつけた。米俵を検査するさいに、竹の筒を俵に刺して中身を調べるが、そのときにこぼれ出す米を、一俵あたり一合づつ升屋に下付してくれるよう、大名家に頼んだのである。大名家の側はその程度なら大したことはないと考えて了解したが、俵の数が莫大なので、金に換えて合計すれば一年に六千両もの金額が升屋の手に入ることになり、費用を十分にまかなうことができる。こうした蟠桃の知恵を青陵は讃え、「学問ト云ハ古《いにし》ヘノコトニクワシキバカリノコトニテハナキ也。今日唯今ノコトニクワシキガヨキ学問トイフモノ也」と、「今日唯今」の現実に即応した学問の好例と位置づけている（塚谷晃弘・蔵並省自校注『日本思想大系44　本多利明・海保青陵』岩波書店、一九七〇年、二四七頁）。

同じ『稽古談』に見える青陵の言葉によれば、「土地ヨリ物ノ沢山ニ出《いづ》ル方、富国ノ計策也ト思ベシ」（前掲書、二二六頁）。「土地ノ物ヲ出スハ土地ノ性也。取レバヘルト云理ハナキコト也」（前掲書、二四一頁）。さまざまな作物の生産を百姓に奨励し、大名家がそれを収納して、市場を通じて他国（日本国内のほかの大名領）へ売りに出す。そのように市場経済の発達を利用して「富国」に努めることを、青陵は力説した。作物は取れば取るほど増えてゆくものだという発言の背景には、経済が発展し豊かになってゆく変化のただなかに、日本社会はあるという直感が働いているのだろう。

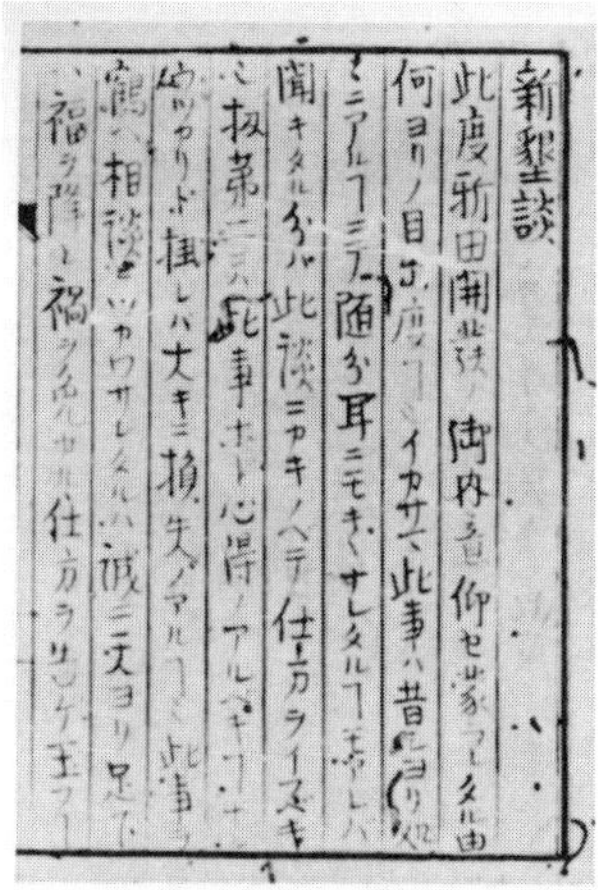
新墾談

海保青陵は多くの政策提言書を著した。写真は『新墾談』

青陵の考えでは、武士が財政のことにうとく、大名家が困窮に陥るのは、「金ヲ賤シム」気風がしみついていて、金を大事にする者を商売人（「商賈人《しょうこにん》」）と呼んでさげすむ習慣にどっぷりと浸かっているからであった。これに対して青陵は辛辣に批判する。

商賈《しょうこ》人ノ風トテ笑フホドナラバ、己レハ商売ハセヌカト云ヘバ、先《まず》大国ノ大名ヨリ年々米ヲ売リテ金ニシテ、扨、公用ヲツトメ万事用事ト、ノフ也。米ヲ売ルハ商賈也。大国ノ大名ヨリ皆商賈中ノ人ナリ。商賈中ノ身分デ居ナガラ商賈ヲ笑フユへ、己レガ身分ト所行ト違フナリ。貧ニナル筈ノ事也。（『善中談』、蔵並省自編『海保青陵全集』八千代出版、一九七六年、四九〇頁）

この世の中では武士もまた、年貢米を市場へ売りに出して金を入手し、生活や統治の費用にあてる以上、商人のような存在なのである。『稽古談』には、大名と家臣の関係も、大名が家臣に知行米を与え、家臣が大名のために働く交換関係としての「ウリカイ」だという説明も見える。それに対して、「利」の追求を不道徳とみなす儒学のモラルをなまじ持ちこんだために、自分たちは商売人のようなものではないという自己欺瞞が生まれた。

もちろん青陵は、武士たちが世襲制によって統治の任にあたる徳川時代の身分秩序を否定するわけではない。『稽古談』でも「富国」が大事だと説き、民の生活が安楽になることを目標にしてはいるが、議論にあたるさいの視線は、徹底して統治者側のそれにほかならない。「民ヲ愛スルハ小児ヲ愛スルト同ジコト也。アマヤカスコト甚《はなはだ》毒也」（前掲『日本思想大系44　本多利明・海保青陵』二二七頁）。あくまでも大名家が主体となって、その「国」を豊かにするという目的のもとで、商業と商人の役割を重視することを唱えたのである。その限りで、武士もまた「商賈中ノ人」という自己の現実を直視して、「経済」人としての知恵を身につけることを助言した。

青陵の見るところ、徳川時代の社会とは、大名家どうしが豊かになることを競いあう、経済競争の世の中であった。

今ノ世ハ隣国ニモ油断セラレズ、自国ヲモ油断ナフ養ハネバナラヌ時也。隣国ニモ油断ナラヌト云ハ、〔中略〕隣国ニテ土ノ出ノ多フナルヨフニスルニ、此方ノ国ニテ工夫セネバ、隣国ハ富テ、此方ノ国ハ貧ニナル也。隣国富テ此方貧ナレバ、金銀ハ富タル方ヘナラデハ流レヌモノ也。（『稽古談』、前掲書、二九五頁）

青陵の考えでは、物は土地から無限に産出されうるものだから、この競争は限られた量の財を奪いあうという性格のものではない。しかし、大名家が「油断」していれば、たちまちに国は貧乏になり、賢い隣国がその富を吸収して、ますます豊かになってゆくのである。「富家」すなわち大商人を大事にすることを青陵は大名家に提唱するが、それは商人が「隣国近国之金ヲ吸トル」役割を果たし、国を富ませるのに大きく貢献するからであった（『稽古談』、前掲書、二三七頁）。

この「経済」の時代ではもはや、武士もまた金のことに詳しくなり、ビジネス感覚で統治にあたらなくてはいけない。この時代、百姓もまた米以外の商品作物や、自家の製品を市場に売りに出していたことを考慮に入れれば、青陵の目には武士・町人・百姓のすべてが「商賈」と化した世の中のように、現状が見えていたのかもしれない。そうした意味で、経済成長のただなかにあ

根室に来航したアダム・ラクスマン

ある「今」は、「古」と決定的に断絶しているのである。

さらにこの競争世界は、日本国内の大名家どうしの経済競争のみにとどまらない。青陵の生きた時代でも、寛政四（一七九二）年、ロシアのアダム・ラクスマンが皇帝の使節として日本との通商開始を求め、根室に来航し、その十二年後にはニコライ・レザノフが長崎にやってきて、再び通商を要求している。

おそらくはこうした情勢を見て、青陵は『養心談』で、「江戸様モ隣国アリ。大キウ云テ見レバ、支那モ朝鮮モオロシヤモ隣国也」と語っている。西洋の学問の先進性を賞賛した山片蟠桃と同じく、その視野は世界大にまで広がっていた。そして青陵の思い描いた世界の姿は、国どうしが活発に競争しあう、いわばグローバル経済の世界だったのである。

青陵が人の生き方や心の状態として高い価値をおいたのは、「自由」もしくは「自由自在」であった。統治においては「智」が重要だと説き、その働きを「心ヲ自由自在ニツカフ也」と説明している（『老子国字解』）。また、みずからが諸国へ旅する生活に入ったことを、「自由自在ノ身」となったと回想している（『東贐』）。先に見たように青陵は同時代の身分制を否定したわけではない。だがその思想は、武士も町人も同じ「商賈」にほかならないとする、ある種の平等思想を内に含んでいる。そしてその「自由」とは、拡大する経済と、世界大に広がってゆく視野のうちで、「自由」に商売を営み豊かになろうと願うことと、重なりあっていた。

第七章　本居宣長、もう一つの顔

「本居宣長」と「吉田健一」。「江戸時代」と「十八世紀のヨーロッパ」。一見、まったく異なる二つの世界には、意外な共通点が見いだせるのではないか。優雅、礼節、自由、寛容……近代的価値の輝きを国学に探る――。

歌川広重「伊勢参宮・宮川の渡し」。本居宣長『秘本玉くしげ』を現代語訳した吉田健一は、浮世絵に「或る普遍的な状態」としての「近代」を感じ取った

吉田健一と本居宣長

本居宣長は、現代でも日本の古典について語るさいに、しばしばその名前に言及される国学者である。あとでふれる平田篤胤《あつたね》もまた、昭和の戦争期には「日本精神」や「やまとごころ」の意義を明らかにした先覚者として、その名を宣長と並べて盛んに賛美されていた。だが戦後になると、二人の運命は明暗がはっきり岐《わか》れてゆく。

平田篤胤の方は戦後には狂信的なナショナリストという印象で語られることが多くなり、戦前は岩波文庫などで刊行されていたその著作も、ほとんど読めなくなった。思想史や神道の専門家を除けば、一般には急速に忘れ去られたと言ってよいだろう。これに対して本居宣長の場合はどうか。著作そのものに触れる機会はやはり少なくなったものの、『古事記』や『源氏物語』といった日本古典の解釈者としての名声は維持され続けており、誰もが学校教科書などを通じてその名前を知っているはずである。

とりわけ、高名な作家や評論家が戦後に至っても宣長の思想を高く評価し、論評を試みている。そのなかでもよく知られたものとして、小林秀雄は昭和四十（一九六五）年から雑誌『新潮』に宣長論を連載し、それを昭和五十二（一九七七）年に『本居宣長』として単行本化して、晩年の主著とした。また石川淳も『日本の名著21　本居宣長』（中央公論社、一九七〇年）を編集し、その巻中に宣長の著書『うひ山ぶみ』をみずから現代語訳して収録するとともに、解説として「宣長略解」(のち「本居宣長」と改題)を執筆している。

小林も石川も、昭和戦前期から文壇に活躍し、同時代に流行する私小説とプロレタリア文学との双方に対抗して、言葉がそれ自体として動き出すことに美の本質を見るような、独自の文章作品を追求していた。そして近代西洋の文藝に深く学びながら日本の古典にも沈潜を試みた、こうした文学者にとって、宣長は単に古典の解説者というだけでなく、独自の批評意識を備えた散文家という側面で魅力の深い存在だったのである。

長谷川郁夫『吉田健一』(新潮社、二〇一四年)は、この独特の文学者、吉田健一もまた、小林や石川とほぼ同じ時代に、本居宣長にかかわる仕事を発表していたことを教えてくれる。吉田に関する従来の年譜や著作目録からは漏れているのだが、『日本の古典21 新井白石・本居宣長』(河出書房新社、一九七二年)という、白石と宣長の主要な著作を選び、現代語に訳して収めた書籍がある。吉田健一がこの本に、やはり宣長の政策提言書『秘本玉くしげ』と随筆集『玉勝間《たまかつま》』(抜粋)の現代語訳を寄稿しているのである。ほかに宣長の著作としては、吉田の旧友であった河上徹太郎が『排蘆小船《あしわけおぶね》』『うひ山ぶみ』の現代語訳を載せている。

吉田と河上という人選は、『日本の古典』の「責任編集」として名前を連ねている五名のうち、おそらく山本健吉の企画に基づくものだろう。当時の文学界の地図で言えば、先に挙げたような小林と石川の共通点は、山本と河上もまた備えていたものであり、実際に個人的な交友関係もあった。吉田の場合、日本古典にじかにかかわる仕事は、ほとんど遺していないものの、文章の書き手としては同じ姿勢を共有するサークルに属していた。『英国の文学』(一九四九年)にはじまる一連の批評の仕事から、純粋な西洋志向の作家と見なされがちであるが、宣長の作品の訳文が、意外に吉田自身の文章の調子に近いことに気づかされる。

『秘本玉くしげ』は、天明七（一七八七）年十二月、宣長の住む伊勢松坂を治める大名であった、紀伊徳川家の徳川治貞《はるさだ》からの求めに応じて献上した政策提言の書である。表題に秘本とついているのは、大名家の政策に関わるものであるため、宣長の生前には刊行されず、没後五十年たってようやく刊行されたときの措置による。この著作の冒頭にある前置き、総論をへたあと、具体的な提言へと踏み込んだ初めの一文について、宣長の原文と、吉田による訳文とを比べてみよう。

物体上中下の人々の身分の持《チ》やう、各《おのおの》その分際相応のよきほどあるべきは勿論なれども、其分際〳〵につきて、いかほどなるが相応のあたりまへといふ事は、たしかなる手本なければ、実は定めがたきことなれども、古今の間をあまねく考へ渡して、これを按ずるに、今の世の人々の身分の持様は、上中下共におしなべて、分際よりは殊の外重々しきに過たり、（大久保正編『本居宣長全集』第八巻、筑摩書房、一九七二年、三三三頁）

一体に人を上中下に分けてそれぞれの身分の保《も》

吉田健一

ちようが分相応のものであるべきことは勿論であるが、その各種の身分についてどれ程のことが相応で当り前だということの確かな手本はないからこれは実は決め難いことであっても古《いにし》えから今までの間のことを広く見渡して考えるに今の世は人の身分の保ちようが、これは上中下いずれについても実際の身分よりも余りにも重々しいのに失している。（『日本の古典21』、二三一〜二三二頁）

もちろん文学者が翻訳を手がけるとき、とりわけ吉田健一のように文体に特徴のある作家の場合にはなおさら、自身のエッセイも翻訳も同じような調子になるのは当然であろう。だが原文と訳文を比べると、一文の息が長く、うねるような吉田の文体が伝統的な和文（平安朝風の擬古文）に近いことに気づかされる。

外交官であった父、吉田茂の赴任に伴って、少年時代から長い期間を海外ですごし、家庭内では英語で会話していた吉田健一にとっては、日本語の文章を綴ること自体が努力を要するものであった。自分と日本語とのあいだにある壁の存在に悩み、日本語の特性を意識しながら作りあげた文体は、むしろ同時代の日本の作家たちよりも、古来の和文に近いものとなった。そして同時に、宣長の文章が和文でありながらきわめて論理性の高いものであることもわかる。和文の語り口のなかに論理的な思考を組みこむ点で、宣長の文章は吉田にとって自分自身に近いと感じられたのではないか。あるいは、みずからの文体を模索していた若い時代に、宣長の著作に親しんでいた経験もあったのかもしれない。

そしてまた吉田にとって、この翻訳を手がけた期間は、みずからがこれまで理想としてきたヨーロッパの「文明」について、それを改めて対象化して語り直す仕事に後続する時期であった。その熟年期の代表作である『ヨオロッパの世紀末』が、翻訳の二年前、昭和四十五（一九七〇）年に刊行されている。

『ヨオロッパの世紀末』の主題になっているのは、十九世紀末を中心とする「世紀末」の思想と藝術であるが、叙述の大半を占めるのは、真に「文明」としての普遍的な意義をもち、同時にヨーロッパ文化の個性を洗練させた、十八世紀のヨーロッパの「文明」に対する賛美である。それは、神と自然界から人間の精神を自立させ、人間の「自意識」を鋭敏にしていったが、のちの時代のように、それが内閉した自家中毒や、思想信条をめぐる他人との闘争に陥ることはなかった。人間の抱える複雑さを受け入れ、多様な人々と「社交」を繰り広げる優雅さが、高級な文化と生活の全体に浸透していたのである。

これに対して、続く十九世紀のヨーロッパは、「観念」に基づく闘争や、科学が明らかにする「物質」の法則による支配、ロマン主義による奔放でありながら画一的な自我の賛美といった傾向で彩られた、灰色の時代である。しかし「世紀末」に至るとようやく、シャルル・ボードレールのような詩人や、アンリ・ベルクソンのような哲学者たちによって、人間の精神に対する繊細な認識の営みが復活するようになる。これが十八世紀と十九世紀との対比という点で見たかぎりでの、『ヨオロッパの世紀末』のあらましである。

だが吉田がこの本のなかで、日本の「江戸時代」にもまた、十八世紀のヨーロッパと共通する

「近代」の輝きが見られたと指摘しているところが興味ぶかい。第二章では、十八世紀に典型的に表われた「文明」の普遍的な指標として、「優雅といふこと」、「人の気持を労るのを礼節と心得ること」、「快楽の充分に計算された追求」の三点を挙げている。自己の快楽を追求しながら、同時に他人もまた同じ人間として遇し、その苦しみを救おうとするバランスを失なわない。そうした自己規律の意味あいを含んだ「自由」なありさまについて、「それは表面はどうだらうと凡ての文明で、例へばそれが江戸時代であつても盛唐でも、或はアントニヌス系の皇帝達の治下にあつたロオマでも人間が一様に享受したもの」と述べるのである。

また第九章では、ヨーロッパの世紀末の時代、「日本の浮世絵」が印象派の画家たちに影響を与えたことを指摘する。吉田によれば浮世絵は「日本的」であるとともに、「或る普遍的な状態」としての「近代」の特徴を備えていたがゆえに、世紀末のヨーロッパで受容されたのであった。それは「真実」を伝えようとする「精神の正確な働き」を精巧にこらした作品にほかならない。その精神の働きに対する自覚を高度に発達させた点で、「江戸時代」の文化もまた一種の「近代」であり、「文明」と呼べる要素を十分に備えた側面があると吉田は考えたのであろう。

もちろん、吉田も『ヨオロツパの世紀末』で指摘しているように、やがて明治時代に日本が受容したのは、十八世紀の繊細で優雅な「文明」ではなく、同時代である十九世紀のヨーロッパの文物である。その意味では、西洋の「文明」の受容に至る前史を徳川時代の思想史にたどろうとする本書とは、視点が大きく異なっているとは言えるだろう。だが、吉田が「江戸時代」に断片的に見いだした「優雅」や「礼節」や「自由」は、本居宣長の思想にも存在していたのではないか。それを敏感にかぎつけたことが、宣長の著作の現代語訳の試みへと、吉田を誘ったようにも思えるのである。

商人社会の思想

「今の世」では「上中下の人々の身分の持やう」が、それぞれの「分際」に応じた程度をこえて「重々し」くなっている。先に引いたように『秘本玉くしげ』で具体的な政策論を始めるさいに、宣長が第一に指摘した現状の問題は、このことであった。大名以下、さまざまな身分に属する武士たちは、統治の仕事にあたるさい、また日常生活でのふるまいにおいても「重々し」く自分を飾るようになっている。そのため住居や衣服や道具を威厳のあるものに整えようとし、下働きの役人たちを何重にも増やしてゆく。そうした「奢《おごり》」が武士身分の全体に浸透した結果、どの大名家も財政難に悩むようになったというのである。

　これまでに見てきた荻生徂徠や海保青陵と同じように、宣長もまた奢侈《しゃし》の横行について、単に為政者の心がけの弛緩とのみ、とらえていたのではなかった。

本居宣長四十四歳像

惣体治平の代久しくつゞくときは、いつとなく世上物事華美になりて、漸々《ようよう》に人の身持も重々しくなる事なるを、時々にこれを押へずして、すておくときは、年々月々に長じゆきて、際限なく、次第〳〵に世上困窮に及びて、つひにはいかゞはしき事の起る也、（前掲書、三三四頁）

太平の世が長く続いてゆくと、人々はしだいに贅沢な生活を求め、みずからの威厳を高めようと考えるようになるというのである。この著作では商業の発展にも多く言及しているので、奢侈の流行の奥に、経済の発展による社会の変化を見通していたと解してもいいだろう。これに対して、宣長の立場はその発想の基本枠組に関するかぎり、商業の発展と経済の拡大を、海保青陵のように賛美するようなものではない。『秘本玉くしげ』では、それをこんな風に表現している。

とにかくに此世上一同の華美おごりは、いかやうにしても、俄《にわか》には停めがたく、年々月々に長じゆくばかり也、然れ共物はかぎり有て、のぼりきはまる時は、又おのづから降ることとなれば、いつぞは又本へかへる時節も有べき也、（前掲書、三四九頁）

「年々月々に長じゆく」という表現を、先の引用箇所と同様にくりかえし用いているところから、経済成長と奢侈の進行が、一つの方向で積み重なるように増大しつつあるという実感が伝わって

松坂城跡に移築された本居宣長旧宅

くる。だが宣長の考えでは、この成長も無限には続かない。やがて「のぼりきはま」ったのちに、「おのづから」縮小へと転じるはずである。社会における富の総量は増大にむかっても、やがて縮小に転じるという循環を繰り返す。そして長い目で見れば、富の総量が一定の水準で、農業と商業とがバランスを保っている標準状態に回帰するメカニズムが常に働くはずである。——これは、荻生徂徠にも見られたような、儒学に由来する経済思想の伝統的な見かたと考えてよい。

しかし議論の具体的な進め方を見ると、『秘本玉くしげ』は、商業を道徳的に卑しいものとしてその縮小をひたすら唱えるような態度はとらない。そもそも宣長自身が、商業都市として栄えた伊勢松坂の出身である。実家はもともと木綿商を生業とし、一時は江戸店《だな》も構えたほどの大商人であった。商家を継ぐ道を捨て、医術によって生活を立てる道を選び、国学者として活躍するようになってからも、松坂の富商たちから経済的な援助を受け、多くの入門者も得たという。そうした商人たちの社会のなかで、一生をすごしたのである。

商業の発展は、たしかに武士や百姓も含め、あらゆる身分に奢侈の風俗をゆきわたらせて、財政難や個人の没落の原因となったと宣長は説く。だが、それを説明するときの口調には、単なる商業批判とは言い切れない空気が漂っている。

さて又交易のために、商人もなくてはかなはぬ物にて、商人の多きほど、国のためにも民間のためにも、自由はよきもの也、然れ共惣じて自由のよきは、よきほど損あり、何事も自由よければ、それだけ物入《ものいり》多く、不自由なれば、物入はすくなし、然るに今の世は、人ごとに我おとらじとよき物を望み、自由なるがうへにも自由よからんとするから、商人職人、年々月々に、便利よく自由なる事、めづらしき物などを、考へ出し作り出して、これを売弘むる故に、年々月々に、よき物自由なる物出来て、世上の人の物入は、漸々に多くなること也、（前掲書、三四五頁）

「年々月々に、よき物自由なる物出来て」と、さまざまな商品が新たに開発され、市場を通じて売りに出される数が、しだいに増えているという実感が「年々月々に」という一言にこもっている。ここで用いている「自由」という言葉は、自分の意志によって行動することを意味し、責任と倫理の基盤となる、西洋の liberty、freedom とはニュアンスが異なる。「便利よく自由なる事」という言い回しに現われているように、思うままに物を手に入れ、利用できる状態を「自由」と呼んでいるのである。宣長の議論は、こうした「自由」を際限なく求めようとする欲求が社会に増大した結果、みなが華美なものを求め、「物入」すなわち支出も膨らんで、没落する者が発生してしまうと続く。

だが、そうした弊害が生じる前の過程に関する宣長の記述は、商品経済のただなかに生きる人間の心理をよくたどっている。社会には「交易」の活動が不可欠である以上、「国」すなわち大名家にとっても、あるいは被治者である「民間」にとっても、商業が発展し商人が増えた方が、はるかに便利である（「自由はよきもの也」）。そして「自由よからん」と便利さを無限に求める心理から出発して、「我おとらじ」という競争心を指摘するのである。おたがいに「華美」や「重々し」さを競い、その競争がまた経済を発展させてゆく。宣長はそうしたメカニズムを、みずからの実感に基づいて指摘してみせた。

さらに宣長の見るところ、こうした競争心は武士よりも町人の方が激しい。多くの身分が上下に重なっている武士に比べれば、町人は「ひら一まい」である。しかし身分の違いについてより平等に生きているからこそ、そのなかでの貧富の違いが、大きく感じられるようになる。「身上の大小は雲泥ちがひても、とかく富たる者のうへを見ならひうらやみて、さしもなき者もそのまねをして、分不相応にゆたかに暮さんとするから、内証は困窮する者甚多き也」。生活の条件が平等に近いと、かえって恵まれた者を羨み、それに近づこうとする欲求が膨らんでゆく。十九世紀以降の西洋の政治思想・社会思想でもしばしば説かれた問題を、宣長もまた把握していたのである。

したがって『秘本玉くしげ』は、武士・町人・百姓の全体を通じた奢侈の横行という社会問題について、大名が倹約令を発して違反者をきびしく取り締まるといった政策をとらない。「これを制せられても、時世の勢は、中々防きがたく、人力の及びがたきところある物也」。すでに

「自由よからん」という状態を求めることに慣れた人々は、倹約の命令をいずれは破ってしまうだろうし、守ったふりだけをして裏で贅沢にふけることもあるだろう。宣長の「上《かみ》たる人」に対する提言は、まず大名自身が華美を自制するふるまいをひとびとに見せていれば、それに武士たちも「下々の民」もおのずから倣うだろうというものである。改革の提言としては穏健にすぎるようであるが、宣長に言わせれば、それこそが「下々の民」の思いをよく理解し、民情によりそった統治の方法なのであった。

「物のあはれ」の寛容論

高山大毅による論文「「物のあはれを知る」説と「通」談義——初期宣長の位置」(京都大学『國語國文』八十四巻十一号、二〇一五年十一月)は、やはり『秘本玉くしげ』で宣長が、賄賂の横行について述べている箇所に注目している。賄賂の横行もまた、十八世紀後半の当時では大いに問題視された現象であった。宣長も結論としてはそれを規制すべきだと説くのだが、その前段にはこのような言及がある。

惣じて物を得ることを願ふは、千人万人まぬかれがたき人情のつねにて、本より然るべき理也、それに付ては、物を人のくるゝを悦ぶも、又人情なる故に、物を人に贈りて、志のほどをあらはすも、本より然あるべき道理、古今いづれの国とても皆同じ事也、されば万《よろず》の事に、その相手の人を悦ばせて、其事を成就せんとはかるに、賄賂といふ物をつかふ事のあるも、おのづから然るべき勢也、（前掲書、三五九頁）

宣長の論理展開の独自性を、ここに見ることができるだろう。ことの善悪についての判断はともかくとして、物を欲しいと願うのは「まぬかれがたき人情のつね」である。したがって、高価な物をもらえば相手も喜ぶだろうと考え、賄賂によって相手を喜ばせようと思うことも、まっとうな「人情」の働きである。宣長は「古今いづれの国とても皆同じ事」と、こうした「人情」のありさまは当時の日本にかぎらず人類に普遍的だと述べる。また、先の引用と似る「然るべき勢」という表現を用いていることに注意しよう。社会全体の「時世の勢」もまた、こうした個々の「人情」の働きが無数に寄り集まって生まれるのであり、だからこそ単独の人力によってはなかなか左右できない。

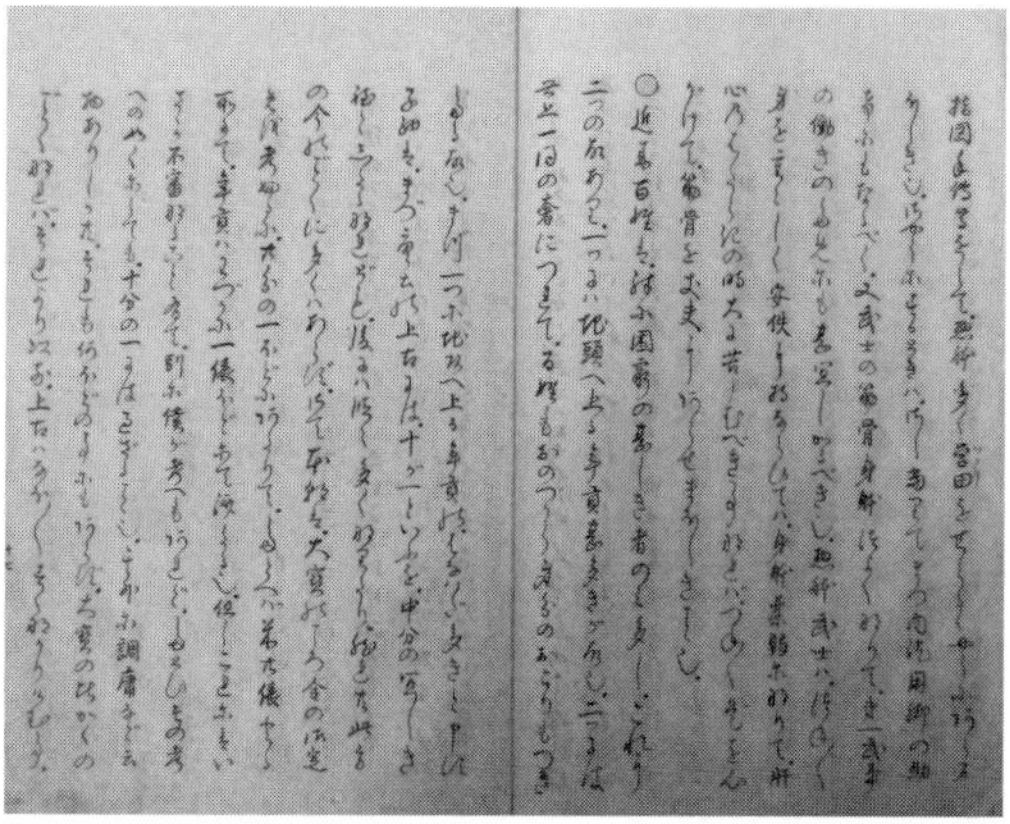
『秘本玉くしげ』自筆再稿本

　この場合、「人情」のはたらきは、単に「物を得ることを願ふ」という直接の欲求だけに尽きるものとは解されていない。相手が賄賂をうけとればきっと喜ぶだろうという、他者の心情を忖度する気持ちがそこに重なることで、「然あるべき道理」に即した「人情」のはたらきと評価できるのである。そして高山が指摘するように、人間心理に関するこうしたとらえ方は、すぐれた歌の条件として宣長が説いた、「物のあはれを知る」という態度と結びついている。

此歌といふものは、人の心にをのがさま〲うれしくもかなしくもふかく思ふ事を、ありのまゝに詠《なが》めいでたるものにしあれば、それを見聞くときは、わが身のうへにつゆしらぬ事も、心にしみてはるかにをしはかられつゝ、かやうの人のかゝる事にふれては、かやうにおもふ物ぞ、かくすればよろこぶものぞ、かくすれば恨むる物ぞといふ事の、いとこまやかにわきまへしられて、天の下の人の情《こころ》は、ますみの鏡にうつしたらんよりもくまなく明らかに見ゆる故に、をのづからあはれと思ひやらるゝ心のいできて、世の人のためにあしかるわざはすまじき物におもひならるゝ、これ物のあはれをしらする功徳なり。（『石上私淑言《いそのかみささめごと》』巻三、子安宣邦校注『排蘆小船・石上私淑言』岩波文庫、二〇〇三年、二八九～二九〇頁）

「ありのまゝ」の心の動きを他人が表現した歌を読む。そのことを通じて、自分とはまったく異なる境遇に生きている人や、過去の時代の人がどのように考え、何を喜び、何を恨んだのかを理解できるようになってくる。そうした経験を積むことで、人は自分と異質な他者のものの考え方や感じ方も理解し、世間の交わりのなかで、秩序を大きく乱すことなしに生きてゆくことができる。これが「物のあはれを知る」ことの社交における効果であった。宣長の『源氏物語』論である『紫文要領』にも、「世俗にも、世間の事をよくしり、ことにあたりたる人は、心がねれてよきといふに同じ」（子安宣邦校注、岩波文庫、二〇一〇年、六六頁）という説明がある。

儒学や仏教といった外来思想をきびしく斥《しりぞ》け、『古事記』などの日本の古典に記された「道」を絶対化した思想家という宣長のイメージからすれば、このように、「世間」の交わりのなかで他者の心情を「をしはか」り、「心がねれ」た態度を尊重するのは、意外に思われるかもしれない。だが宣長にとってみれば、そうした心の動き方こそが、『古事記』や和歌や物語の言葉には満ちあふれているのであった。それは、一方では競争や嫉妬も横行するものの、他面ではおたがいの心情を「をしはか」り、行動を自制することで関係を保ってゆく、町人どうしの社交の世界から生まれた着想でもあっただろう。

『秘本玉くしげ』で宣長は、天明年間、諸国で饑《き》饉《きん》や百姓による強訴が続発する状況下で、大名が百姓の窮状を理解し、彼らをやさしくいたわることを強調している。都市に住む大名や武士とは別世界に生きているような百姓たちの気持ちを忖度し、彼らの苦しみを自分自身のことのように

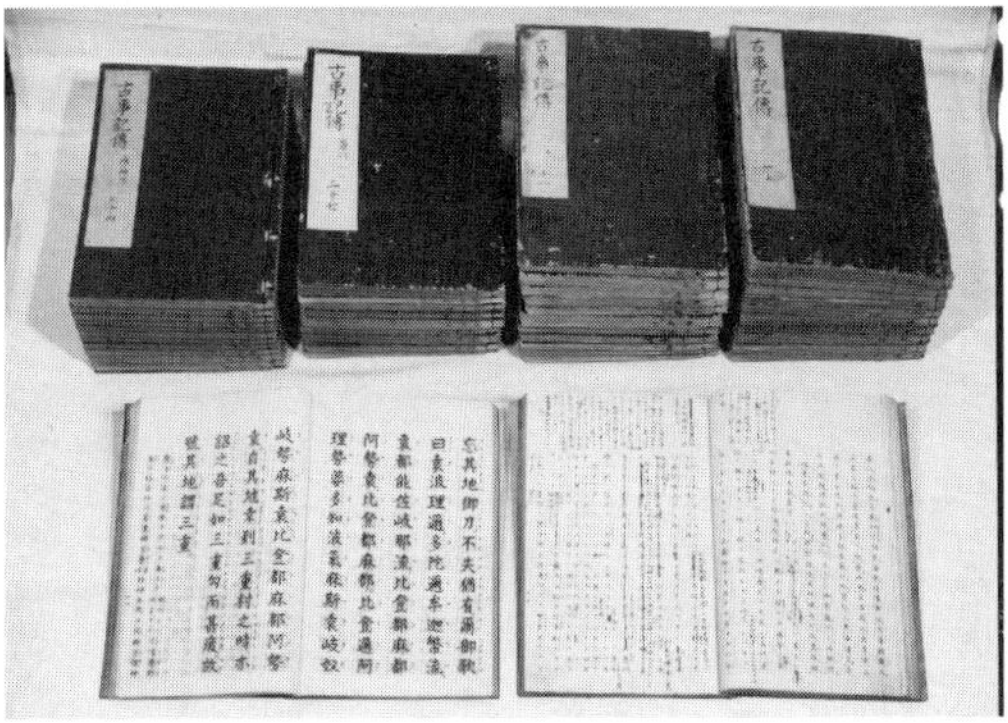

『古事記伝』再稿本

思いながら、その窮状を救おうとはからう。そうした統治の態度は、「物のあはれを知る」心とも共通するのである。

異質なものに対する寛容の主張は、宣長の学問論においても見られる。もちろん、『古事記』などに記された「古の道《いにしえ》」を明らかにするという範囲内のことではあるが、後世に輸入された儒学や仏教についても、その誤りをしっかりと認識した上でなら、そうした学問を学ぶことも有益だと説いている。

『玉勝間』に収められた随筆「後の世ははづかしきものなる事」においては、徳川時代に『万葉集』の注釈学が契沖以来発展してきたことにふれて、「何事もつぎ〳〵に後の世は、いとはづかしきものにこそありけれ」と結んでいる（吉川幸次郎ほか校注『日本思想大系40　本居宣長』岩波書店、一九七八年、三五九頁）。進歩史観と言えるほどのものではないが、学問における特定の分野に限ってみれば、より真理に近い結果が、時代の進行とともに明らかになるという歴史観が、ここに示されている。第四章で紹介した、「古よりも後世のまされる事」という随筆もまた、経済成長によって新たな商品が世に流通することに加えて、そうした学問の発展を念頭においた発言であっただろう。

同じ『玉勝間』には、「おらんだといふ国のまなび」と題した随筆が収められている。その中心となる主張は、蘭学の流行に対して、その学者たちが「皇国《みくに》を尊むことをしらざる」ことを批判するものである。だが同時に、オランダは交易のため世界を「あまねくわたりありく国」なので、中国を理想化する漢学者の誤りを知るのには便利だとも述べるのである（前掲書、二一三頁）。

条件つきではあるが、新たな説や新来の学問に対する、宣長の寛容さをここでも見ることができるだろう。

しかも宣長は、当時に普及しはじめた西洋天文学の知識についても熱心に吸収しようとし、『古事記』の理解についての自説の補足も試みた。だがこのことが、国学という思想の方向を、また違った方向へと向けることになるのである。

第八章　新たな宇宙観と「勢」

西洋天文学に瞠目した山片蟠桃は、本居宣長ら国学者たちの宇宙観を「妄説」と批判した。しかし、『古事記』の記述と近代科学との矛盾と格闘する中で、国学はある洞察を得ていた――。

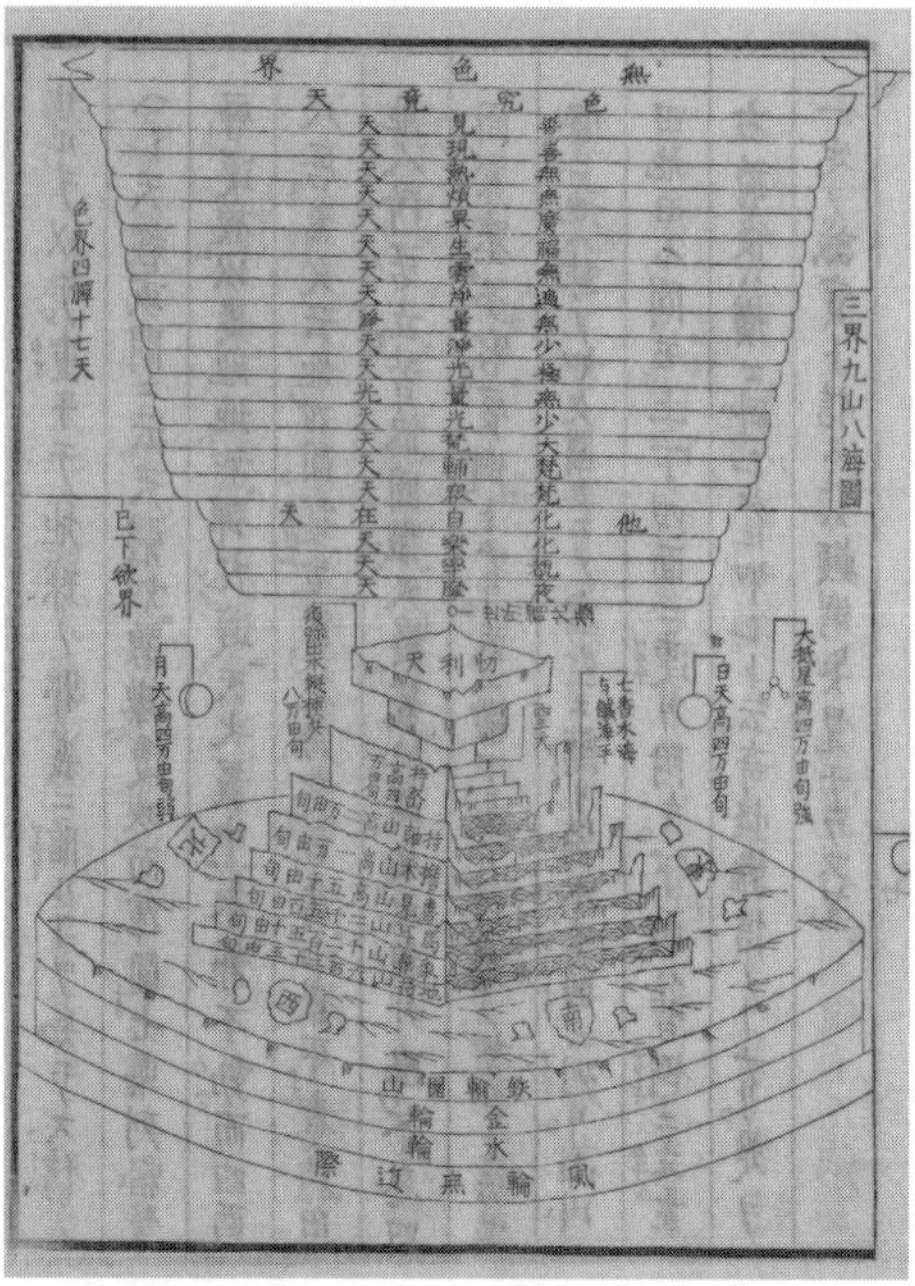

山片蟠桃が「妄説」と批判した無相文雄『九山八海解嘲論』。仏教の伝統的な宇宙観を再説したもので、須弥山という巨大な山をめぐる海と、そこに浮かぶ四つの大陸がこの宇宙の中心であり、その上を三十三層の「天」が覆っているとした

本居宣長と蘭学

山片蟠桃『夢ノ代』(文政三・一八二〇年完成)は、さきに第六章でもふれたように、儒学(朱子学)の説く、世界普遍の「理」の探求という姿勢を徹底させ、「鬼神」を説くような神秘的な教説の一切を、「妄説」として批判した書物である。その第三巻は「神代」と題されており、本居宣長の『古事記伝』も引きながら、『日本書紀』神代巻や『古事記』上巻が伝える「伝説」について、批評を試みたものである。

神代巻の内容は遠い過去の「草昧ノ世」における作り話、「妄説」にすぎない。蟠桃は持ち前の批判精神をここでも発揮する。『日本書紀』も『古事記』も、「天地開闢ノ始」から歴史を書き始めているが、そんなようすは誰も見ていないし、もし仮に見ていた存在があったとしても、「文字」がまだないので書き残す手段がない。「口ヅカラ伝言ノ事」として伝わったのかもしれないが、そんなものは証拠にならないだろう。

したがって、中国の正史が堯・舜から歴史叙述を始め、伝説ではそれ以前にあったとされる、三皇(伏羲《ふっき》・女媧《じょか》・神農)の時代にふれないことを、蟠桃は高く評価する。そういう太古の時代に関する伝説は「怪事」ばかりであり、事実の記録とは見なせないのだから、「漢土ノ三皇、日本ノ神代ノコトハ、存シテ論ゼズシテ可ナリ」(前掲『日本思想大系43　富永仲基・山片蟠桃』二七三頁)。この宇宙の始まりや、文書記録のない太古の時代については、確固とした資料がないのだから、わからないことは、わからないままにしておこう。蟠桃は先にもふれたように、時代が降《くだ》るにつれて学問が一直線に「ヒラ」け、人間の知恵が成長していると指摘していた。つまりは、学問の発展によって確実に根拠づけられた見解だけを、信じていればよいというのである。

そして同時代の西洋諸国について、特定の技術・制度（「諸藝」）に限ってではあるが、世界でもっとも「ヒラ」けた学問を展開しているとして礼賛する。学問において「西洋人」がすぐれた能力を発揮している分野として蟠桃が挙げるのは、「天文地理」と「医術」である。

その発展の背景には、政府が学問を奨励する制度があった。西洋では「一器ヲ造リ一術ヲ工夫」した人は、それを政府に申告する。そうすると政府は発明者の「家」に「禄ヲ与へ」、研究・開発の費用を恵んでくれる。その助成が後継者の代にも続き、年数を費やしながら「器」や「術」の完成まで面倒を見るのである。

これに対して、東アジアではどうか。「和漢ノ人其志アリトイへドモ、口［ヲ］糊スルニ苦シム。ユヘニ遂ニ［研究の完成を］得ルコトアタハズ」。「和漢ノ人」と記されているが、念頭に置いているのは日本だけだろう。徳川時代の学者たちは、運がよければ大名家や公儀に採用され、家臣の扱いを受けて禄によって生活することもできた。しかし大多数の学者は町医者や町儒者として、民間の世界で生計を立てなくてはいけないので、学問がいっこうに発展しない。そうした学者の苦境をよく反映した文章である。そこには、商人として成功したものの、もし学業にのみ専念できていたなら、もっとすぐれた業績を挙げられたはずだ、という蟠桃の屈折した思いもこもっているのかもしれない。

ここで語られている西洋における学問助成の姿は、日本の御儒者《おじゅしゃ》・御用学者のあり方と入りまじっている。蟠桃はおそらく、西洋の大学やアカデミーについて簡単に情報を得て、それを日本の統治組織に置き換えて理解したのだろう。さらに、そうした西洋の学問の発展の背景には、活発な経済活動と航海術の発展があったと説いている。

シカルニ紅毛ナドノ国ハ、国王本《もと》ヨリ商賈《しょうこ》ノ大将ナリ。万国ニ奔《はし》リテ天文地理ヲ究ムルハ、ソノ起リハ通商ノ為ニシテ、海航スレバ天文ヲシラザルヲ得ズ。（前掲書、一七九頁）

西洋諸国では国王みずからが「商賈ノ大将」として、経済の振興に努めている。この説明の奥底にも、徳川時代の体制に対する蟠桃の批判が秘められていると読むこともできるだろう。こうして西洋諸国は「通商」と「海航」とにすぐれていたために、早い時代から天文学が発達したと蟠桃は考えた。中国の前漢末の元始五（西暦五）年ごろ、劉歆《りゅうきん》が従来の暦である太初暦を増補し、惑星の位置計算と日月食の予報計算を加えた三統暦を制定したが、このときからすでに「西洋ノ暦法」が「支那」に伝わっていたと推測している。つまりそれだけ、近年の西洋における天文学の進歩ぶりは、蟠桃にとって驚きだったのだろう。「天文地理ハ年々歳々ニヒラクコトナレバ、古説ニ泥《なず》ムベカラザルナリ」という、前に引いた蟠桃の言葉はこの文脈で登場している。

したがって蟠桃は、宇宙観について「神仏ノ二説」、すなわち神道・仏教で伝えられている考えを、古い時代の荒唐無稽な学説を墨守したものだとして、徹底的に批判する。仏教側の説としてとりあげられているのは、京都・大坂で暮らしていた浄土宗の僧侶、無相文雄《もんのう》の著書『九山八《くせんはっ》海解嘲論《かいげちょうろん》』(宝暦四・一七五四年序)である。文雄はここで、清朝の游藝《ゆうげい》が西洋天文学に基づいて地球説を展開した書、『天経或問《わくもん》』(康熙十四・一六七五年序)の見解を否定し、仏教に伝統的な宇宙観を再説している。それは、須弥山《しゅみせん》という巨大な山をめぐる海と、そこに浮かぶ四つの大陸がこの宇宙の中心であり、その上を三十三層の「天」が覆っているという見解であった。太陽・月・星が回転する「天」の形についてはドーム状、すなわち古代中国に唱えられた蓋天説をとっている。

そして、神道の宇宙観として蟠桃がとりあげるのは、本居宣長が『古事記伝』第十七巻附巻として寛政九(一七九七)年に刊行した、門弟の服部中庸《なかつね》による著作『三大考』である。金沢英之『宣長と『三大考』——近世日本の神話的世界像』(笠間書院、二〇〇五年)が草稿研究を通じて明らかにしたところによれば、この短い著作は、宣長と意見を交換しながら完成されたものであり、『古事記』の上巻、すなわち「神代」とされる時代に関する注釈が終わったところで、『古事記伝』につけ加えられたものであった。そのなかでは、『古事記』の文章に独自の解釈を施して、そこで語られる宇宙の生成の過程を、十段階にわけて図解しながら説明している。それは、神々の働きによって、虚空に生まれた「一物《ヒトツノモノ》」から、やがて天《あめ》すなわち太陽、地《つち》すなわち地球、泉《よみ》すなわち月の、三つの天体が生まれたとするものであった。

蟠桃に言わせれば、どちらの説も、天文学の理論の発展に逆行した「妄説」にすぎない。とりわけ『三大考』については、「珍説古今ニ類ナシ。其知及《およぶ》ベシ、其愚及ブベカラザルナリ」(物知りだという面については真似できるが、その愚かさは真似できない。『論語』公治長篇に見える言葉）と激しく批判している（前掲書、一九六頁）。彼らは古代の未発達な「天学」に立脚していて、中国で宋代に至り朱子学者が支持した「渾天」説、すなわち大地を遠くから囲んでいる球体のような形で天が広がり、天体が大地の上方・下方をめぐっているという説すら知らない。まして、その後に西洋の天文学が解明した、地球説と地動説の「精緻」さに比べれば、「小児ノ戯《たわむれ》ニモ及バザル也」（前掲書、二〇〇頁）。蟠桃はみずから理解した西洋天文学の理論の地平から、文雄の著作と『三大考』の両者を批判したのである。

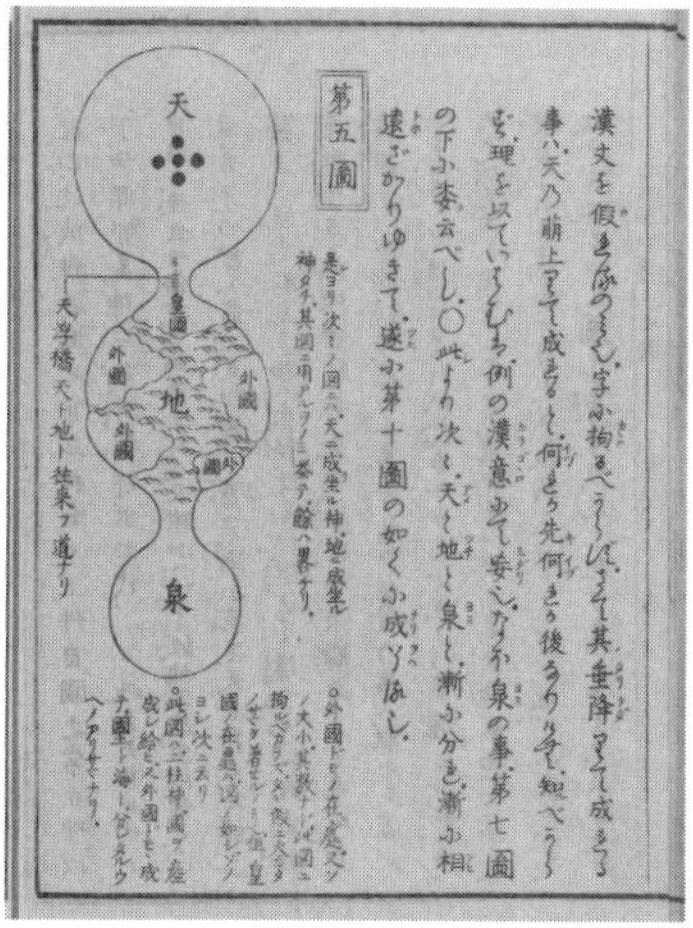

服部中庸『三大考』第五図

　しかし、本居宣長その人について見れば、そしておそらくは服部中庸も、西洋の天文学に対する評価は決して低いものではなかった。前にもふれたように、学問において新しい見解が続々と登場する点にかぎってみれば、宣長は歴史の進歩を信じていた。『玉勝間』に収められた「あらたなる説を出す事」という随筆の冒頭では、こう語っている。「ちかき世、学問の道ひらけて、大かた万《ツ》のとりまかなひ、さとくかしこくなりぬる」（前掲『日本思想大系40　本居宣長』三三三頁）。議論はこのあと、新しさを競って人気で他人をしのごうと努めるあまり、珍奇な説に走ってしまうことを戒め、慎重に熟慮を重ねた上で新説を出すべきだと続く。だがここで、学問が「ひらけ」ると、蟠桃と同じ表現を用いていることに注目したい。儒学・国学・蘭学と、さまざまな学問が展開し、しだいに「ひらけ」てゆく知の世界に自分たちはいる。そうした実感は、同時代の多くの学者・文人が共有していたことだろう。

また、前章でもふれた「おらんだといふ国のまなび」という随筆では、「ちかきとしごろ」蘭学が江戸などで流行していることをとりあげる。蘭学者たちは「もろこし」すなわち中国の学問・思想に対する崇拝を捨てた点で、漢学者よりもすぐれているが、「皇国《みくに》の、万《よろず》の国にすぐれて、尊きこと」を自覚していない。そう批判しながらも同時にオランダについて「物かへに、遠き国々を、あまねくわたりありく国なれば、其国の学問をすれば、遠き国々のやうを、よくしる」と、やはり商業と航海術の発展が、地理学を進歩させている事実を指摘するのである（前掲書、二一三頁）。

さらに、西洋の天文学の知識に基づいて無相文雄の『九山八海解嘲論』を批判するのは、宣長自身の立場でもあった。「沙門文雄が九山八海解嘲論の辨」（寛政二・一七九〇年執筆）と題された草稿では、やはり仏教の宇宙論は「悉く虚妄にして、一《ツ》も実なることなし」と手きびしい批判を加えている。そしておそらくは、先に挙げた游藝の『天経或問』もしくはほかの書物を参考にして、「近来西洋の人世界を経めぐり、万国をつぶさにしれる事、次第に唐土皇国へも知れて、其説明らかなる」と述べている。やはり世界への航海活動を背景にして地理学・天文学を発達させたという評価は、山片蟠桃とも共通するものである。宣長はこの草稿で、地動説はまだ受容していないものの、地球説を前提として、地球の周囲をとりまく「渾天」のうちに日・月が回転するという宇宙像を示している。

宣長の文章の翌年に完成した、服部中庸の『三大考』になると、さらに地球の自転についても知っていた跡がはっきりする。その末尾近くで、「遥《ハルカ》なる西国ノ説に、此ノ大地も、恒《ツネ》に旋《メグ》転ると云説もありとかや」と紹介したあと、「たとひ大地をめぐる物としても」、「古の伝《へ》への旨」とは矛盾しないと説いている。『三大考』の宇宙生成論は、蟠桃が説くように荒唐無稽な空想だとしても、宣長と中庸がそれなりに西洋天文学を学んだ上で成ったものであった。金沢英之の研究によれば、中庸は『三大考』の完成ののちに地動説をも理解していたことを、のちの著書の序文で明らかにしているという。

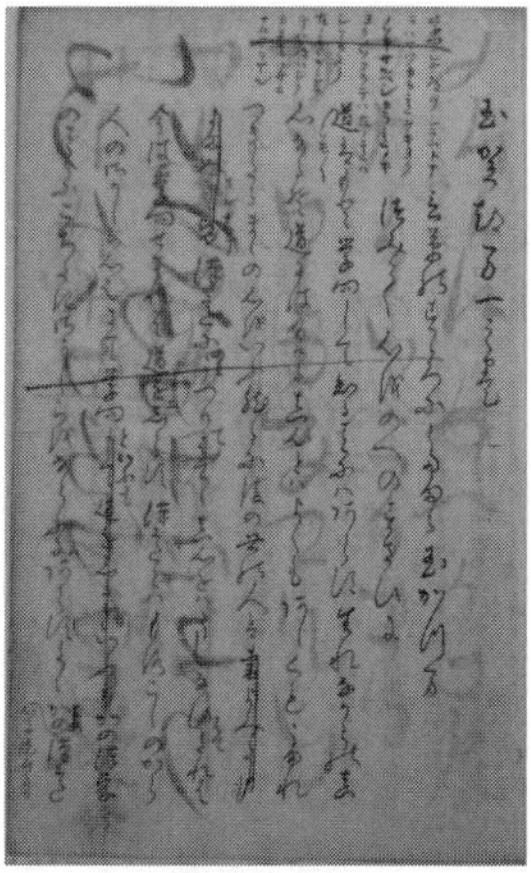

本居宣長『玉勝間』草稿

『三大考』という事件

本居宣長との共同作業を通じて完成された、服部中庸の『三大考』は、山片蟠桃のような儒者から批判を受けただけではない。宣長が没してのち、享和元（一八〇一）年に宣長の養子として門人を代表する地位にあった本居大平《おおひら》をはじめとして、多くの門人たちが、『三大考』は、宣長が『古事記伝』で記した見解と食い違うことや、そもそも宣長の『古事記』理解にも疑問な点があることをめぐって、論争を始めたのである。たとえば『古事記伝』では、死後の世界としての黄泉国《よもつくに》は地下にあると考えられており、『三大考』のように月と同一視してはいない。また、月読命《つくよみのみこと》と素戔嗚尊《すさのをのみこと》とが同じだとする理解も、根拠が明らかではない。

　しかしそうした無理は、宣長と中庸にとっては最新の天文学の理論と、『古事記』の記述とを何とか整合させながら、世界の始まりについて語ろうとする努力が生み出したものであった。そもそも『古事記』の本文は、「天地の初発《はじめ》の時に、高天の原に成りませる神のみ名は、天之御中《あめのみなか》主《ぬし》の神、次に高御産巣日《たかみむすび》の神、次に神産巣日《かみむすび》の神」（訓読は『三大考』による）と始まる。すでに「天」と「地」とが存在し始めていて、「天」のなかに「高天の原」という領域がある状態から叙述が始まり、「高天の原」に三人の神がつぎつぎに登場する。それ以前の歴史段階、「天地」そのものがどのようにして生成されたかについては語っていない。

　だが、ここで中庸はあえて「その前」について語ろうとするのである。『三大考』は本文の最初に、先に引いた『古事記』冒頭の箇所を挙げ、こう説明する。「此時《ノ》いまだ天も地もあることなく、すべてたゞ虚空《オホソラ》也」。そこに付された、全十枚の図のうちの第一図は、大きな輪が描かれ、そこに三人の神が登場したようすを表わしている。そして輪の右下に書き込まれた説明によれば、「此輪ノ内ハ大虚空《オホソラ》ナリ。輪ハ仮ニ図《カケ》ルノミゾ。実ニ此ノ物アリトニハアラズ」。そして、「高天の原」が一つの領域として成立するのはもっとあとの段階のことで、三人の神がいる場所を、『古事記』冒頭では仮にそう呼んでいるだけだとするのである。

つまり中庸は『古事記』冒頭の「天地の初発《はじめ》の時」という表現を、「天」と「地」とが具体的な形をとる以前の、純粋な「初発」の時空を指したものだと解した。輪を描いてその全体を図示したのは、それが宇宙の全体だという場面設定を読者に教える便宜のためであって、宇宙のはてを表わすものではない。宇宙のはじめに存在していたのは、無限に広がる「虚空《オホソラ》」、すなわち何も存在しない純粋な空間なのである。やはり宣長が西洋天文学の知識を自己流にまとめて図示した「天文図説」（天明二・一七八二年）という稿本があるが、それに付された「天学大意」という箇条書きの文章の冒頭にはこうある。「天ニハ物ナケレハ、其行《メグリ》知ベキヤウナシ、故ニ衆星ノ行《リ》ヲ以テ天行トス」（『本居宣長全集』第十四巻、筑摩書房、一九七二年、一五七頁）。天体のまわりには、茫漠とした無の空間が、ひたすら広がっているだけであり、星々の運動を「天」そのものの運動として理解するしかない。

服部中庸『三大考』第一図

さらに中庸は『三大考』で、『日本書紀』の冒頭、「天地」の始まりに関する記述を引いて、この「虚空」に「一物《ヒトツノモノ》」が生まれ、それがしだいに天・地・泉の三つの天体に分かれていったと説く。中庸によれば、「一物」が生まれ、そこから三つの天体の形ができ、地球上にさまざまな国や生物が発生してゆくという、生成の過程においては、高御産巣日の神・神産巣日の神による「産霊《ムスビ》の神霊《ミタマ》」が、一貫して働いていた。すなわち、無限の「虚空」に働き出す「産霊」のエネルギー。それが全宇宙の歴史の始まりに渦巻き、それから現代に至るまでの長い時間にわたって、万物の生成を常に支えてきた。

無限に広がる「虚空」のなかに、太陽と月と地球が浮かんでいる。そのほかの星について「皇国の古伝《ヘノヘ》」に出てこないのは、三つの天体に並べて論じるほどの価値がないから触れなかったのだと中庸は述べる。結果としてこうした宇宙像が、むしろ山片蟠桃よりも当時の西洋天文学に近いものになっていることが興味ぶかい。蟠桃が『夢ノ代』で前提としているのは中国思想の「渾天」説、すなわち宇宙は球のような形をしており、その意味で閉じた空間だという発想であった。その閉じた空間のうちに、太陽を中心として、地球を含む諸惑星が回転しているという宇宙観である。

蟠桃が西洋天文学の知見を引く典拠として挙げているのは、長崎の蘭学者、志筑《しづき》忠雄の著書『暦象新書』（寛政十・一七九八年〜享和二・一八〇二年刊）であった。スコットランド出身でアイザック・ニュートンに師事した物理学者、ジョン・キールの没後に、オランダの学者がその諸論文を訳して収録した書物『自然学入門（真の物理学および真の天文学に対する入門書）』（一七四一年）をさらに翻訳し、志筑自身の独自の議論を加えてまとめた書物である。宇宙は有限か無限か。宇宙に流れる時間は、いつ始まっていつ終わるのか。そうした問いについての志筑の考察を、蟠桃はそのまま引用する。

すなわち、その答は、人間にとって「不測」すなわちきわめにくい。だが、「天地」がいかに

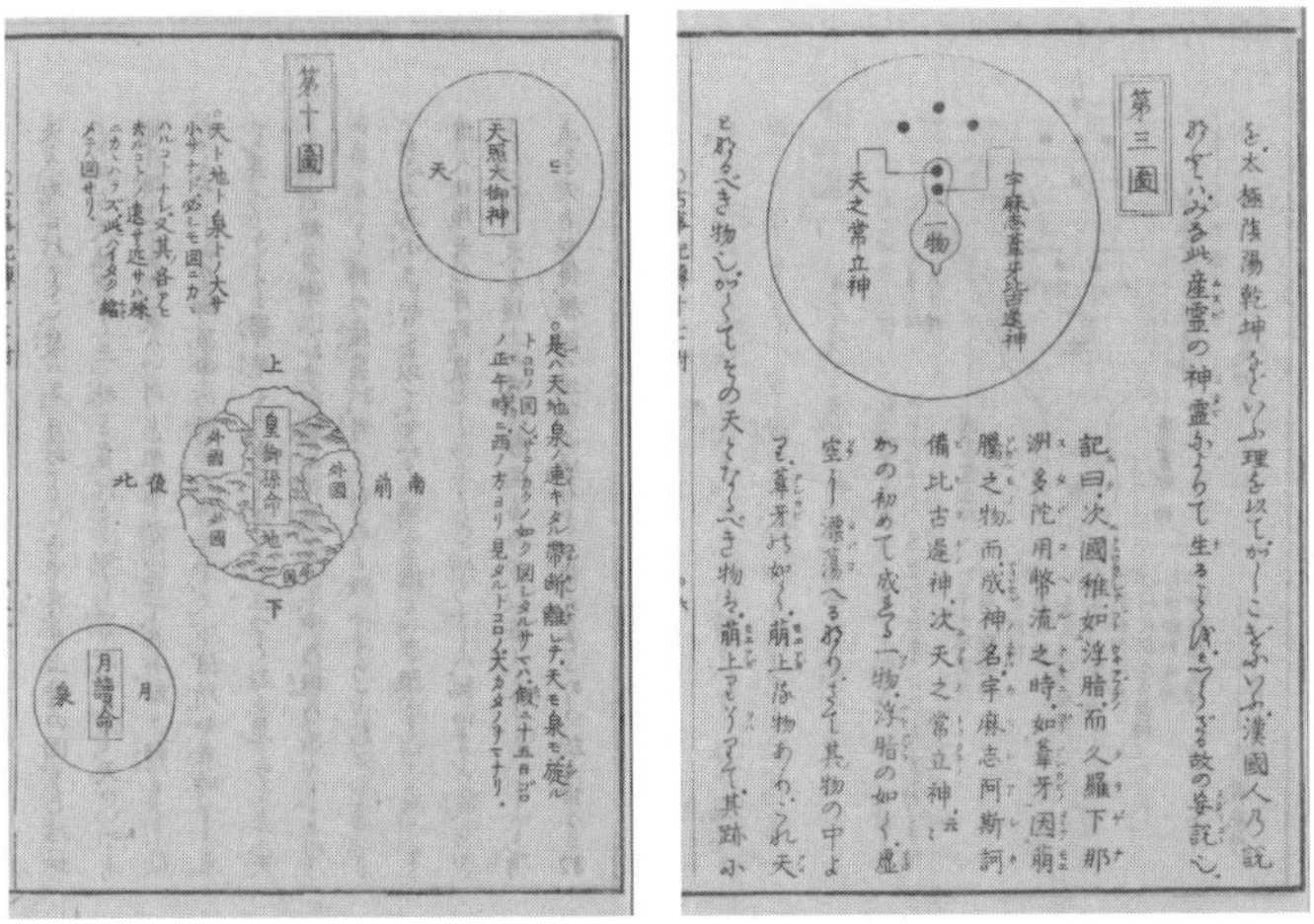

服部中庸『三大考』第三図（右）と第十図（左）

運動しているか、その「道理」は万有引力の法則によって明らかである。そして、人の心に「霊妙不測ノ神」が備わって、その人の心身を支配しているのと同じように、また「父」が「一家ノ務」を、「公府」（政府）が「一国ノコト」を統御するのと同じように、太陽が「天地造化ノ妙用」を働かせている（前掲『日本思想大系43』二一四頁）。――心のなかに「霊妙不測ノ神」があるとは、かつて朱子学者、山崎闇斎《あんさい》が説いたように、宇宙の万物を貫く理と同一の理が、人の心の奥底にも生き生きと働いていることを言い表したものだろう。

つまり、志筑そして蟠桃は、この世界に働いている「道理」をしっかりと認識すればそれでいいと考え、宇宙の限界や時間の始まりと終わりといった問題は、人にとっての「不測」のことがらとして、とりあえず放置したのであった。さしあたり「渾天」説をとって宇宙を閉じた空間と考えることは、その自然界の秩序と人間世界の支配秩序とを、類比によってとらえる発想と結びついている。

これに対して、十七世紀の西洋で展開した科学革命が提示したのは、無限の空間としての宇宙像であった。その前の時代にニコラウス・コペルニクスが、天動説から地動説への転換を果たしたにもかかわらず、閉じたコスモスとしての宇宙像を維持したのに対して、ジョルダーノ・ブルーノが、無限の空間のうちに原子が離合集散をくりかえすという宇宙の姿を唱えた。やがて十七世紀になると、ガリレオ・ガリレイが望遠鏡の観察を通じて、恒星がはるか遠方にまで存在している可能性を示唆する。そしてルネ・デカルトが、「延長」としての無限（デカルトの言葉では「無際限 indefinitum」）の空間の姿を、明確に打ち出すに至った。

そのうえわれわれは、世界すなわち物体的実体の全体が、その延長の限界をもたないことをも認識する。なんとなれば、われわれは、どこにそういう限界があると想像するにしても、つねにそのかなたに、無際限に延長せるなんらかの空間を、たんに想像するばかりでなく、その空間が、真実に想像されうるものであること、すなわち実在的なものであることをも認識し、したがってまた、そういう空間のうちには、無際限に延長せる物体的実体が含まれていることをさえ認識するのだからである。（『哲学の原理』第二部第二十一節、井上庄七ほか訳『世界の名著22 デカルト』中央公論社、一九六七年、三八一頁）

かつて哲学者・科学史家のアレクサンドル・コイレは、こうして閉じたコスモスとしての宇宙像が崩壊し、無限の宇宙という観念が自然をめぐる研究と考察を支配するようになったことが、近代科学を成立させたと説いた。その指摘によれば、この転換は「科学的思考が完全性とか調和とか意味とかいった価値概念にもとづく一切の考慮を捨てたこと、究極的には存在がまったく没価値的なものとされ、価値の世界と事実の世界とが断絶したことを意味する」(『コスモスの崩壊――閉ざされた世界から無限の宇宙へ』原著一九五七年、野沢協訳、白水社、新装版一九九九年、一五頁)。

志筑忠雄、そしてそれを受けた山片蟠桃は、地動説の理解は得たものの、こうした宇宙観の転換を理解するまでには至らなかった。ほかの蘭学者・洋学者たちも、おそらく同様だったことだろう。彼らの天文学への関心は、暦法の制定と、そのために天体の運動法則を正確に知ることにあった。宇宙の全体像が閉じられたものか、無限の空間かといった議論は「不測」のままにすませておく。その上で、従来どおり、完結したコスモスを前提として、人間社会の秩序についてもその形を反映した小宇宙としてとらえ、自然の「理」に根ざしたものとして、人が生きる「道」を大事にしていけばそれでよい。そう考えていたのであろう。

ルネ・デカルト

これに対して宣長と中庸は、宇宙の始まりや、その空間に限界があるか否かという問題に、あえてふみこんだ。もちろん日本の蘭学者の著作を通じて天文学を学んだのであり、地動説の理解も遅かったのだから、西洋の無限宇宙論そのものについては知らなかっただろう。キリスト教の超越神のあり方としての「無限」(infinitum)と、被造物である空間の「無際限」(indefinitum)とを区別しなくてはいけなかった、デカルトの苦心ともおよそ無縁である。

だがこの国学者たちは、「天地の初判《はじめ》、一つの物、虚中《おほそら》に在り」(訓読は『三大考』による)という『日本書紀』冒頭の記述から、限りない「虚」の空間に「一物」が生まれるというヴィジョンを描きだした。その宇宙観において、原初の「一物」から分離してできた太陽・地球・月の三つの天体は、「神の産霊《むすび》」すなわち生成のエネルギーがもっとも充実して働いている、特権的な存在にほかならない。西洋の無限宇宙観は、無限の空間に対する人間の微小さの自覚と、宇宙の運動を慎重かつ着実に観測しようとする態度をもたらした。これに対して国学者の宇宙観は、三つの選ばれた天体、とりわけ天照大神の子孫である天皇が統治し、人々が暮らしている地球を、無限に広がる空間の中心として特権化するのである。

「皇国」の特権化と「勢」

現在、本居宣長記念館にある宣長の旧蔵資料のうちには、天明三(一七八三)年に京都・大坂で刊行された『地球一覧図』がある。西洋の世界地図を模刻したものであった。したがってたとえば、上田秋成が、世界地図で見れば小国の日本が、最初に生まれた万国の中心だと説くのはお

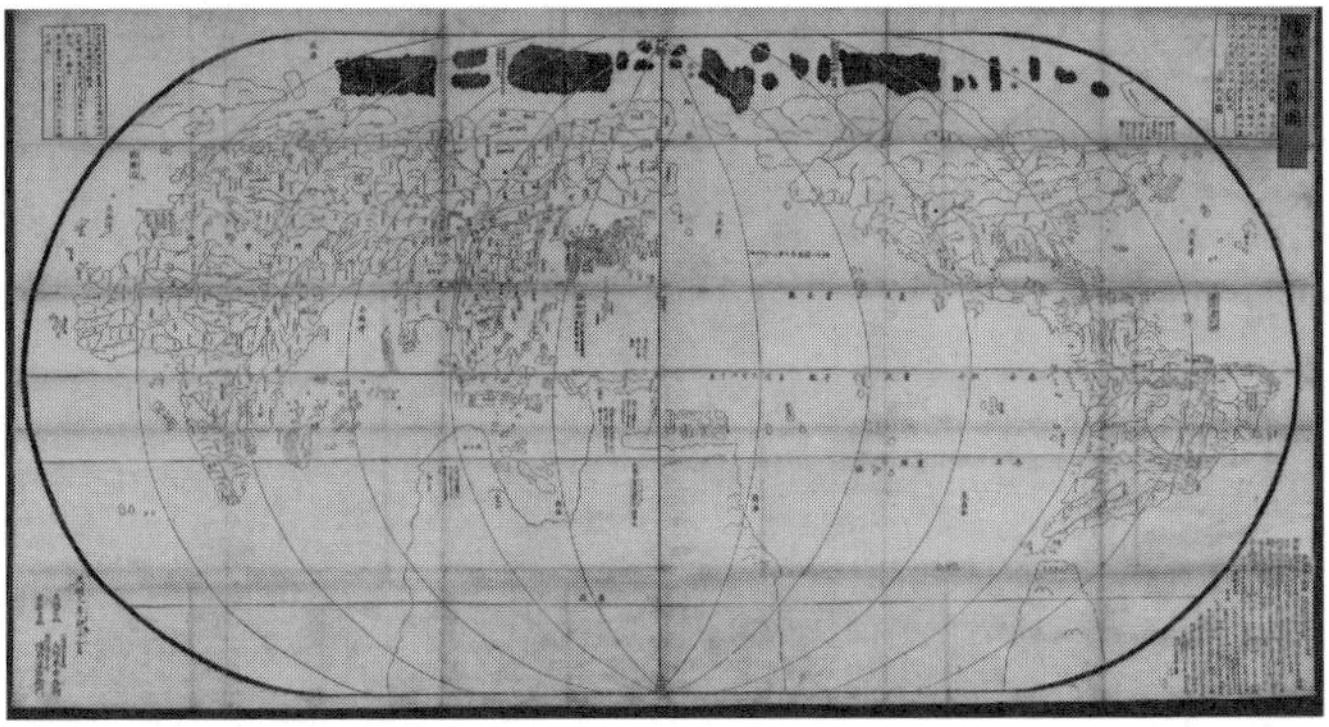

本居宣長が所蔵していた『地球一覧図』

かしいと批判したさいも、宣長はこう答えた。「さて万国の図を見たることを、めつらしげにこと〳〵しくいへるもをかし」。面積から言えば日本が小さい国であることなど、すでにわかっている。重要なのは、皇統が正しく続いていて、稲が豊かに実り、人口密度も高い、国としての充実ぶりにほかならない（『呵《か》刈葭《がいか》』下篇、前掲『本居宣長全集』第八巻、四〇五～四〇六頁）。すでに宣長の頭のなかには、西洋由来の新しい世界地図があった。その上で、『古事記』の「道」こそが、「四海万国にゆきわたりたる、まことの道」であり、それが日本でのみ書き遺されていると説いたのである（『うひ山ぶみ』）。

　実は『古事記』や『日本書紀』には、日本以外の国々の生成について語った箇所はない。そもそも外国の存在について、関心がないまま書き記されたテクストなのである。ところが宣長と中庸はそこまでふみこんで、世界生成の物語を再構成した。『三大考』の第五図の説明では、外国の大陸・島々は、伊弉諾尊《いざなぎのみこと》・伊弉冉尊《いざなみのみこと》の二神の国生みによってではなく、「産巣日神の産霊《むすび》」によっておのずから形成されたと説く。この二神が天と葦原中国《あしはらのなかつくに》のあいだを往来したことに現われているように、「皇国」は天（太陽）との直接の結びつきをもった「大地《オホツチ》の頂上《イタダキ》」に位置する——地球の球面を構成する点のうちにも上下の価値序列があると考えている——のであり、外国との「尊卑美悪」の区別は、初めからはっきりしている。それが『三大考』における解釈であった。

『古事記』に記され、この日本にのみ伝えられた「道」は、本来は世界中の国々、すべての人類が信奉し、実践すべきものなのである。——この一種の普遍主義は、やがて徳川末期の国学者に至ると、近代西洋で概念化された国際法もまた、日本古来の「道」に即したものだという理解に発展することになる。宣長からは平田篤胤《あつたね》をはさんで孫弟子にあたる、津和野の国学者、大国隆正は、『新真公法論』（慶應三・一八六七年）のなかで、フーゴー・グロティウスの名を挙げて西洋の「万国公法」についてふれ、それは「わが大日本よりおこす真の公法学」の「さきばしり」、つまり未熟な先行形態だと説明している。「真の公法学」とはこの場合、世界中の国々が「日本国の天皇を世界の総王として」仰ぐことを意味する（田原嗣郎ほか校注『日本思想大系50　平田篤胤・伴信友・大国隆正』岩波書店、一九七三年、四九七〜五〇〇頁）。

もちろん、西洋の地理書・天文書についての簡単な知識しかもっていなかった宣長や中庸と、徳川末期の「開国」の情勢のなかで、国際貿易や国際法——典拠にしているのは慶應元（一八六五）年に開成所で翻刻出版された、丁韙良（ウィリアム・マーティン）による漢訳洋書『万国公法』である——についても具体的に知っていた隆正とでは、世界認識の精度が異なるだろう。だが他面で、太陽と直結した「皇国」の視点から、全世界を幅広く見わたす、もしくは見下ろす宣長の発想が、国際法をもとりこむような包容力を備えていたからこそ、大国隆正に見えるような思想の飛躍も可能になったのだろう。そしてこうした視座を裏づけていたのが、無限の空間のなかに浮かぶ地球の最上点に日本が位置するという、国学思想が切り開いた宇宙像であった。

このように無限の宇宙空間を背景に置きながら、地球全体を視野に収めるような宣長の発想は、社会情勢を見る視点についても独自の性格をもたらした。前章でみた『秘本玉くしげ』における奢侈の流行に関する議論は、それを示すものでもある（前掲『本居宣長全集』第八巻、三四九頁）。宣長は経済が発展を見るなか、身分を問わず人々のあいだに奢侈の風俗が広がってゆくことを、宣長は「治平の久しくつゞける世は、一同に段々華美の長ずるならひにして」と、必然の運動だと見なしている。だが、「然れ共物はかぎり有て、のぼりきはまる時は、又おのづから降ることなれば、いつぞは又本へかへる時節も有べき也」。こうした循環法則の認識が、儒学と共有する伝統的な経済思想に由来することは、すでに指摘した。そうした見かたに従えば、「華美」な時代はいずれ終わり、「質素」の風に「おのづから」移行するはずである。

しかし、宣長の議論はそこにとどまらない。「時世の勢は、中々防きがたく、人力の及びがたきところある物」である。現在は「今の世ほど下が下まで華美なることは、古今の間になきこと」というほどに、奢侈の肥大ぶりが過去のあらゆる時代の前例を超えている。その「勢」が奢侈から「自然と質素の方へかへる」という事態は、大災害などよほどの「変なる事」が突発しないかぎり、期待できないだろう。だから「上にたつ人」は人としてできるかぎりの努力をし、慎重に人々を「質素」へと誘導すべきだ。そう論じるのである。

未曾有の経済発展期という同時代認識が、循環法則で世の動きを理解する伝統的な見かたに、大きなひびを入れた。経済発展と奢侈の肥大は、「自然」に放置しておけばやがて収まるものではなく、累積的に進行する時代になっている。したがって統治者は、その「時世の勢」を見すえながら、「勢」の現在での発展段階に応じた政策を考えなくてはいけない。――ここで「時世の勢」は、独自に成長を続ける生物のようなものとして想像されている。この「勢」はまた、宇宙の始まりから永遠に働き続ける「産霊」のエネルギーとも重ねて考えられたことだろう。社会が全体として「勢」という生命力をもち、それが一つの方向にそって発展しつつある。そのようすを遠い天空から俯瞰するような視点が、ここには現われている。

第九章　「勢」が動かす歴史

十九世紀になって日本に訪れた歴史ブーム。そのなかで、郡県制と封建制との交替による歴史観から、しだいに一つの「勢」が世の移り変わりを支えているという思想が生まれてくる。それはやがて、西洋の進歩史観との出会いへ――。

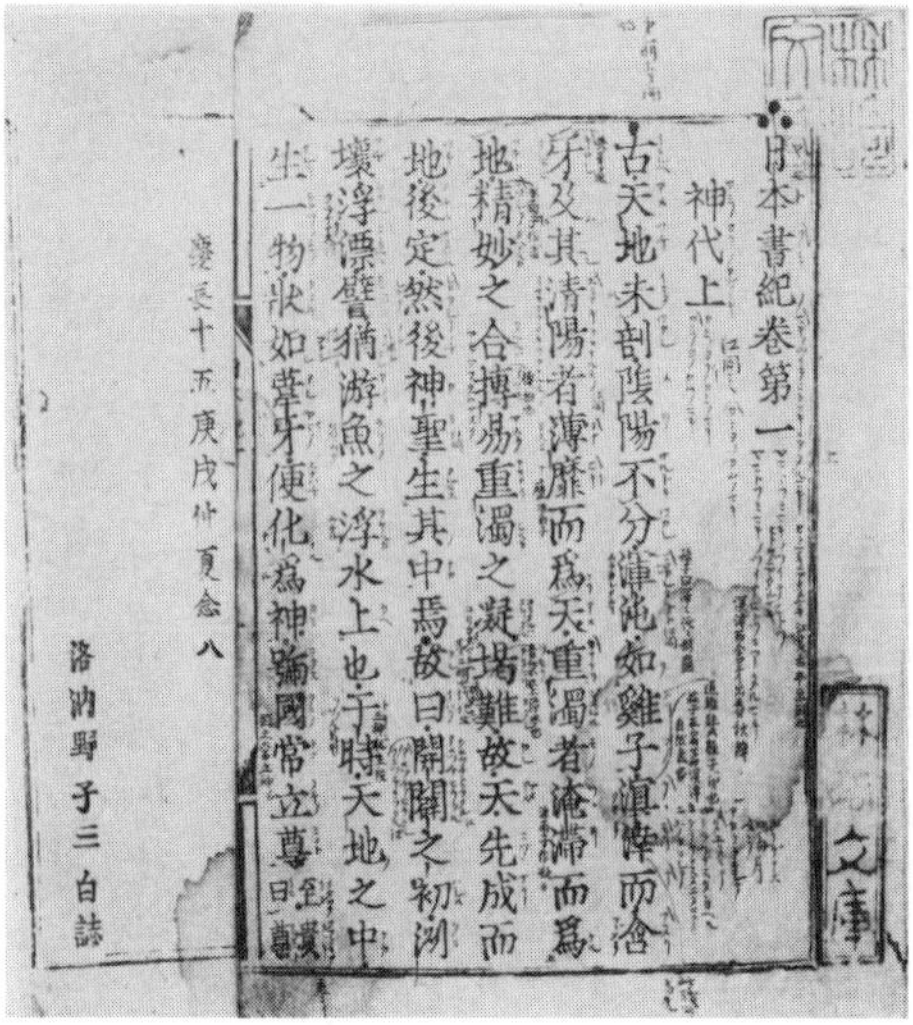

日本書紀巻第一
神代上
古天地未剖陰陽不分渾沌如雞子溟涬而含
牙及其清陽者薄靡而為天重濁者淹滞而為
地精妙之合搏易重濁之凝竭難故天先成而
地後定然後神聖生其中焉故曰開闢之初洲
壌浮漂譬猶游魚之浮水上也于時天地之中
生一物状如葦牙便化為神號國常立尊

慶長十五庚戌仲夏念八
洛汭野子三白誌

『日本書紀編纂千二百年記念展観会目録』より

「古層」論をこえて

人間社会の歴史は、社会の運動のなかに潜む「勢」によって、一つの方向へと進みつつあり、その変化が逆転することはない。前章の末尾では、こうした認識を本居宣長が示したことには、歴史を治乱の循環ととらえる従来の見かたからの離脱が見られることを指摘した。日本の前近代の歴史思想における、こうした「勢」の言葉の重要性を指摘した仕事として、丸山眞男（大正三・一九一四年〜平成八・一九九六年）の有名な論文「歴史意識の「古層」」（一九七二年発表。『丸山眞男集』第十巻、岩波書店、一九九六年、所収）がある。

「近代にいたる歴史意識の展開の諸様相の基底に執拗に流れつづけた、思考の枠組」が、「日本神話」以来、日本の思想史には「持続低音（basso ostinato）」として潜在している。表面上、主流となる思想は時代によって変わっても、その根柢には共通した「発想様式」あるいは「思考の枠組」が、日本の歴史を通じて一貫して存続しているのだ。――丸山はそう考え、それを「古層」と名づけた。戦前の「国民道徳」論や「日本精神」論が、天皇に対する絶対忠誠や「和」の尊重を、日本の思想の歴史を貫く主旋律だと高唱したのに対し、むしろそうした表面上の思想潮流ではなく、その背後に潜んでいる「思考の枠組」にこそ、いわば日本的なものが持続している。そう説いたのである。

この論文は、大学紛争をきっかけにして丸山が病に倒れ、昭和四十六（一九七一）年、東京大学を停年前に退職した翌年に発表されたため、学生反乱に対する幻滅と敗北感の産物と解されることもあった。だがこれは筑摩書房から刊行された『日本の思想』全二十巻の第六巻『歴史思想集』の解説として書かれたものであり、叢書自体は昭和四十三（一九六八）年十二月から刊行が始まっている。丸山の論文の構想も、大学紛争の勃発前には形をとりつつあったと考えるのが妥当であろう。

また、東大法学部における「日本（東洋）政治思想史」の講義では、すでに昭和三十一（一九五六）年度から日本人の「原初的思考様式」を論じはじめ、さらに昭和三十八年度からそれを「原型」と呼びなおしていた（『丸山眞男講義録』第六冊、東京大学出版会、二〇〇〇年の平石直昭「解題」による）。これを「古層」と言いかえたのであり、のちにはさらに「執拗低音」とも命名しなおしている。いずれにせよ「古層」をめぐる議論は、大学紛争のあと、一九六〇年代末になって思いついたというものではなく、長年にわたる思考から生まれたものだった。

この論文で丸山は、「なる」「つぎ」「いきほひ」という三つのカテゴリー、つなげて表現しなおせば「つぎつぎになりゆくいきほひ」という「原基的な範疇」によって、歴史の変化をとらえるのが、『古事記』『日本書紀』に記されている「日本神話」の発想であり、同じ「思惟様式」が後世の思想にまで連続していると論じた。

つまり、天地の始まりの時代において、神々が「なる」という表現に表れているように、「いきほひ」すなわち生命のエネルギーによって、物事が「つぎつぎ」に生み出されてゆく。この生成運動は、それ自体が価値をもつものとしてとらえられるため、それぞれの時代における生成の結果を、動かしがたい現実として肯定し、無責任に追随してゆく意識につながる。――こうした発想が日本の思想史においては、近代における社会進化論やマルクス主義に至るまで、綿々と受け継がれている。そう丸山は指摘し、歴史の現実をこえた価値をいま・ここで追求するような姿勢が、日本では根づきにくいと説いた。乱暴に整理すれば、それが「古層」論である。

この説明は「日本神話」の特徴の理解として妥当なのか。あるいは丸山自身が論文のなかで言及する紀平正美《きひらただよし》『なるほどの哲学』（一九四一年）や、山田孝雄《よしお》『国学の本義』（一九三九年）、同『平田篤胤』（一九四〇年）――丸山自身は山田の著書の名をあげていないが、東京女子大学図書館の丸山眞男文庫に収められた旧蔵書に入っている――といった、昭和戦前・戦中期の「日本精神」論の著作が説いた「日本的思惟」の内容を継承しているのにすぎないのではないか。従来、そういった批判が丸山の「古層」論には加えられている。そうした批判をどう評価するかは、丸山の思想をめぐる解釈の問題として、また別に検討すべきことがらだろう。

丸山眞男

ここで興味ぶかいのは、丸山がこの論文で「古層」の存在を指摘するとき、何を素材としてとりあげているかである。日本思想史の始まりを示す神話を素材としてとりあげるのは、古代からずっと持続している傾向をとりだそうとする方法論からして当然だろう。

「古層」の言葉が依拠しているのは、歴史のなかで先に存在した「思惟様式」の上に、時代があとになるに従ってさまざまな外来思想が積み重ねられてゆくという、地層の空間的な比喩である。それならば、もっとも古い時代に属する「日本神話」の分析を行なうのは、問題設定からして自明である。

だが、後世の時代についても「古層」の持続を指摘するさい、いかなる史料を根拠に用いるのか。この「歴史意識の「古層」」の論文においては、『万葉集』や『大鏡』や慈圓『愚管抄』についての言及も見えるが、大半を占めるのは徳川時代の儒者・国学者の著作なのである。近代の諸思想についてふれないのは、前近代の日本思想史に関する史料集である『日本の思想』の一巻の解説として執筆したという事情にもよるだろう。だが前近代のうちでも、なぜ徳川時代なのか。

そもそも前章で指摘したように、無限の「虚空」のなかに「産霊《むすび》」のエネルギーが噴出し、この地球を作りだすという世界生成の過程を『古事記』の神話から読み取ったのは、本居宣長であった。丸山の「古層」論文も宣長の『古事記伝』に依拠しながら神話を解釈しているので、「いきほひ」への着目が宣長の世界観と大きく重なることは、ある意味で当然とも言える。その点だけを見ても、その「古層」のとらえ方に徳川時代の思想が色濃く影を及ぼしていることがわかる。

だが、それよりもさらに明確なのは、歴史書『日本外史』（文政九・一八二六年完成）で有名な徳川時代の儒者・漢詩人、頼山陽（安永九・一七八〇年〜天保三・一八三二年）の存在の大きさである。丸山は「いきほひ」のカテゴリーを論じた第三章で、「歴史の不可逆性の認識が定着するのは、江戸時代になってからであるが、その際に不可逆性の認識と結びついて、「天下の大勢一変す」という命題が、さまざまの歴史叙述を通じて集中的に適用されるのは、やはり王政から武家政への転換期を扱う場合であった」（傍点は原文による）と述べ、それを説いた思想家として頼山陽を紹介する。

ここで「歴史の不可逆性」を指摘した例として丸山がとりあげているのは、頼山陽が『日本外史』の完成ののち、編年体の日本通史として手がけた著作、『日本政記』（刊行は山陽の没後、弘化二・一八四五年）であった。その第十巻、後鳥羽天皇の条で、東国における支配権を確立した源頼朝が、文治元（一一八五）年十一月、諸国に守護を置き、諸国の国衙・荘園に地頭を置く人事権を朝廷（後白河院）から認められた、いわゆる「文治の勅許」――その内容に関して山陽は『源平盛衰記』が載せる当時の通説に依拠しているため、現在の歴史学者の理解とは異なる――に関する山陽の論評を、丸山は引用する。

頼山陽

山陽の論じるところによれば、守護・地頭の設置を頼朝が奏請したのは「時を済《すく》ふの急務にして、朝廷これを許すも、亦た時勢の然らしむるなり」。本来の律令制度によれば、地方の統治は朝廷が派遣する国司によって行なわれるはずのものであった。しかし、朝廷において私利私欲による人事が横行するようになった結果として、上位者に賄賂を贈って国司の位を得て、しかも自分は現地に赴かず、代理人である目代に任せたまま、徴収した「租税」によって私腹を肥やすような風俗が、公家たちのあいだで蔓延するようになった。それに対して地方統治の立て直しという名目のもとで、源頼朝は事実上の地方長官である守護を全国に任命する権限を得た。

それ以後の時代でも、室町幕府の守護大名、さらに戦国の諸大名の例において、同じ体制が引き継がれたと山陽は理解する。朝廷が官吏を地方へ派遣して統治させる体制が、事実上終わりを迎え、強力な武士が地方を分割統治し、その地位を世襲する体制ができあがったのである。この歴史の転換を山陽は「[朝廷は] その天下の実を失ひて、天下の勢、終に大いに変じて、復す可からざるを知らず。慨《なげ》く可きかな」と評した(植手通有校注『日本思想大系49 頼山陽』岩波書店、一九七七年、二八〇～二八二頁)。「慨」という字は、「物事に深く感じてため息をつく」(戸川芳郎監修『全訳漢辞海』三省堂による)という意味である。朝廷の権力が奪われてそののち戻らなかったことを山陽が憤っているというわけではない。「簡捷」な処置で「天下を簒《うば》ふ」ことに成功した頼朝の手腕と、朝廷の無能さとの好対照ぶりを見て、歴史の主役が交代する瞬間にであったような感動を覚えたのであろう。

頼山陽と封建・郡県問題

山陽から見れば、文治の勅許でできあがった武士による支配体制は、同時代における徳川時代においても、公儀と諸大名による世襲統治の形で継続している。「天下の勢、終に大いに変じて、復す可からざる」という表現に「歴史の不可逆性の認識」を見る丸山の理解は、その点からすれば当たっている。しかし、天下の「勢」という表現に注目して、歴史の変化を一つの方向へ動かしてゆくエネルギーの存在を、山陽が洞察しているかのように位置づける――丸山が明確に書いているわけではないが、「古層」論の構図から見ればそういった評価になるだろう――点については、再検討する必要があるだろう。

丸山もこの論文で引いているように、山陽が『日本政記』と並行して執筆していた政治論の著作『通議』（没後の天保十一・一八四〇年に刊行）の第一巻には「勢を論ず」と題した一篇がある。その文章はこう始まる（以下、引用は安藤英男編『頼山陽選集5　通議』近藤出版社、一九八二年、三〇九～三一七頁に掲載された原文を読み下したもの）。

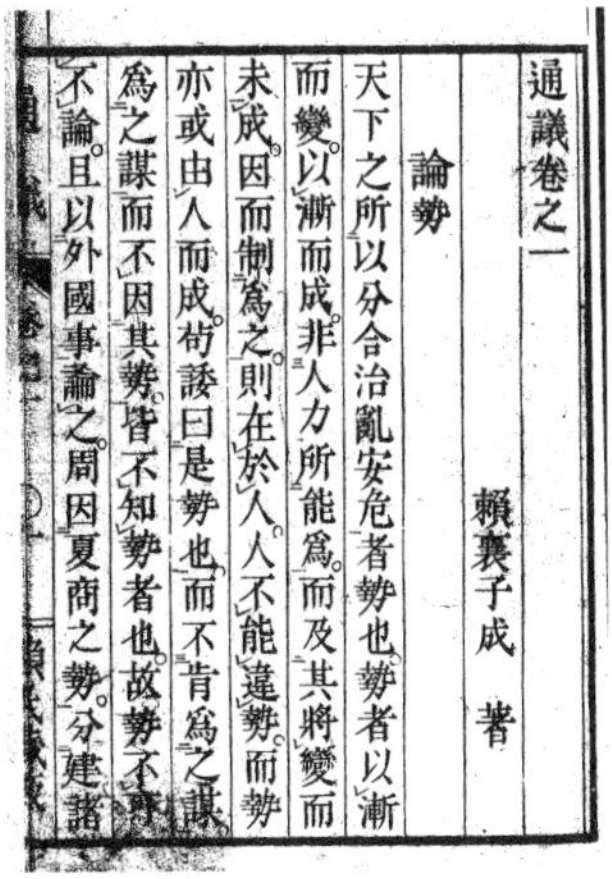
通議巻之一
論勢
頼襄子成　著
天下之所以分合治亂安危者勢也勢者以漸而變以漸而成非人力所能爲而及其將變而未成因而制爲之則在於人人不能違勢而勢亦或由人而成苟誘曰是勢也而不肯爲之謀爲之謀而不因其勢皆不知勢者也故勢不可不論且以外國事論之周因夏商之勢分建諸

頼山陽『通議』

> 天下の分合、治乱、安危する所以のものは勢なり。勢は漸を以て変じ、漸を以て成る。人力の能く為す所に非ず。而るに其の将に変ぜんとして、未だ成らざるに及びて、因りて之を制為するは則ち人に在り。人は勢に違ふこと能はざるも、勢も亦た或ひは人に由りて成る。

天下の「勢」はゆっくりと変わってゆくものであ

り、究極的には人間が左右することはできない。しかし、統治者がその変化をうまく見極めて、「勢」の現状に合わせながら適切な処置を施してゆくなら、人の側が「勢」の変化に影響を与えることが可能だろう。――この統治者の側の努力について、「勢を論ず」の後半では、川の水の流れの「勢」に乗りながら、帆船を航行させる作業にたとえて説明している。「勢」の動きのままに任せて努力を怠っていれば、やがて水流の変化にであって、船は転覆してしまうだろう。統治者は「勢」の変化をみきわめ、これに対して実行すべきさまざまな処置の「軽重」を判断しながら順序を追って実行し、「偏重無からしむ」という態度が必要なのである。変化の「勢」の方向と速度を見きわめながら、施すべき対策をバランスよく調整する知恵である。

「勢を論ず」で山陽は、中国古代の周王朝について「周は夏・商の勢に因りて諸侯を分建し、新旧相制す。而して周以て治まる」と語っている。まず国全体の制度のありさまのことを「勢」と言うのである。周王朝は、殷（商）王朝に代わって天下を統治するようになったとき、王が諸侯に地方の統治を任せ、その地位を世襲させる封建制を、前代の王朝から継承した。しかし同時に、殷の時代の諸侯をすべてそのまま存置したわけではなく、新たに諸侯として封じた者も含めて、前王朝の遺臣である旧来の諸侯とのあいだの勢力均衡によって、全体秩序の安定を図った。しかし王室はやがて衰退してしまい、新たに領地を得て強大になった諸侯が分立し、抗争する状態に陥ったのである。

「勢」の変化に関する山陽の見解が、この周の例からよくわかる。周王朝は旧来の「勢」を前提としながら、新たな王家を中心とする秩序を立てるため、諸侯の新旧並存という制度を作りだした。しかしこの制度から生じる効果を適切に「制為」する努力を怠ったので、新しく封じられた諸侯たちの権勢が強くなりすぎて、国家秩序の解体を招いてしまった。――このように、国全体のありさまとしての「勢」の変化を見きわめ、その変化が秩序の解体をもたらさないように、「制為」するための判断力を、山陽は政治の要諦として説いたのであった。

山陽の議論に見える「勢」は、このように第一には統治者が同時代に直面している国の全体のありさまという意味である。さらに川の水の比喩が用いられることからわかるように、長い時間がたつと、その全体のありさまが個々の統治者によっては左右できないほどに大きく変化するものであるという認識もまた、「勢」の語には重ねられている。だが、山陽が力点を置いているのは、人間がその「勢」の変化を見極めながら、「制為」によって安定した統治を実現しようとする努力の必要性にほかならない。

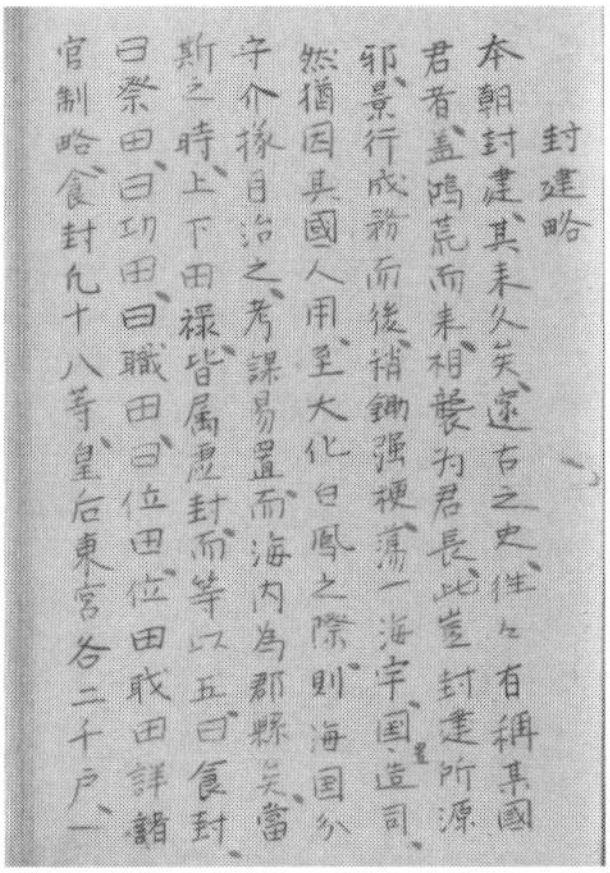
封建略
本朝封建其来久矣邃古之史往々有稱某國
君者蓋鴻荒而来相襲為君長此豈封建所源
邪景行成務而後補鋤強梗蕩一海宇國造司
然循因其國人用至大化白鳳之際則海国分
守介掾目治之考課易置而海内為郡縣矣當
斯之時上下田祿皆屬焉封而等以五曰食封
曰祭田曰功田曰職田曰位田位田戒田詳諸
官制略食封凡十八等皇后東宮各二千戸一

頼山陽『新策』

山陽が『通議』のいわば準備稿として書いていた統治論の著作に『新策』があり、その第一巻には「封建略」と題する文章が収められている（以下、木崎愛吉・頼成一編『頼山陽全書』中巻、頼山陽先生遺蹟顕彰会、一九三二年の収録本文を読み下して引用する）。古代の律令制度から、源頼朝による守護・地頭の設置への変化を、山陽は中国思想の伝統的な政体分類を借りて、郡県制から封建制への転換としてとらえていた。「封建略」の末尾においては、この両体制の交替を軸に、中国史と日本史との比較を試みている。「和は守よりして侯、漢は侯よりして守」。中国においては、聖人王の堯・舜や夏・殷・周の三王朝の時代には、諸侯に地方の統治を世襲させる封建制が採用されていたが、秦王朝からのちには主として、皇帝が官吏を地方長官（「守」）として派遣する郡県制に代わった。これに対して日本では、山陽の理解によれば天智天皇によって郡県制が確立をみたが、やがて文治の勅許によって「封建之勢」への変化が始まり（「漸」）、それは室町幕府の時代に至って完成し（「成」）、織田信長・豊臣秀吉の治世で確定（「定」）して徳川時代に至る。

そして、封建制・郡県制の得失を論じた有名な文章、唐代の柳宗元による「封建論」を山陽は批判する。柳宗元によれば、封建制においては、諸侯が支配する領地に対して天子による監督がゆきとどかず、現地の民が暴政に苦しむことになる。この封建制は、堯・舜や三王朝の時代の前にできあがっていた「勢」であって、「聖人の意に非ず」と柳宗元は説き、天下の人々が安らかに生活できる「公」なる状態を作りあげるためには、郡県制の方がすぐれているとした。しかし山陽は、日本の歴史においては事情が異なると説く。「然れども我の勢は、大江生、実に之が端を成す也。余曰く、封建は勢也、勢を制するは人也。人謀の如何を顧みるのみ」。「大江生」とあるのは、鎌倉の政所別当として文治の守護・地頭設置を源頼朝に進言した大江広元のことである。重要なのは所与の条件としての「勢」ではなく、人間の側から「勢を制する」ための「謀」の巧みさにほかならない。

したがって『日本政記』で山陽が「天下の勢、終に大いに変じて、復す可からざる」と説いたのは、大江広元の建議によって始まった日本の封建制が、時代による変化を経ながら続いた結果として、現在の公儀の体制があるという確認の言葉であり、歴史の不可逆性を説くことに重点を置いたわけではない。「武家の天下」からかつての「公家の天下」には「中〱かへるまじく候」（熊澤蕃山『集義和書』巻第八、寛文十二・一六七二年刊）とか、「朝家の勢、万牛を以て之を挽くとも古にかへりがたし」（山鹿素行『謫居童問』巻五、寛文八・一六六八年稿）と、徳川氏による支配体制から天皇中心の律令制度へと、国制が復帰することなどありえないと考えるのが、当時の知識人にとっては常識であった。封建制が六百年以上も続きながら、公儀のもとでの安定した治世を支えていることは、山陽にとっては日本の歴史の美点ですらあった。

　しかも頼山陽の場合に明らかに窺えるのは、中国古代に理想の世が実現していると考え、その時代の制度・風俗への復帰をめざす、儒者本来の姿勢からの離脱である。柳宗元の場合は、人類史の初めの時代の「勢」として封建制が残っていたので、聖人たちもやむなくそれに従ったという、苦しい説明をしなくてはいけなかった。それだけ、堯舜三代の世に黄金時代があったとする歴史観による束縛が強いのである。

　これに対して山陽は、日本の国初、神武天皇の時代が郡県制・封建制のどちらであったかという問題について、天皇自身は郡県制に「志」を向けてはいたが、制度の確立はできなかったという理解を示している（『日本政記』

浅井清『明治維新と郡県思想』

神武天皇条）。そもそも中国と日本との歴史の経過が違うのだから、古代中国を模範とする必要はない。さらに日本についても、必ずしも最古の時代に理想の制度が確立していたわけではない。現行の公儀による封建制が高い価値をもつことは、山陽にとって当然の前提ではあったが、同時に歴史理解としては、応仁の乱を論じるさい、「上たる者」が「権」を失えば、たちまち諸侯どうしが争乱を始めるという「封建の通患」にふれている（同、後土御門天皇条）。また、柳宗元と同様に、民にとって優しい制度という郡県制の美点も指摘する（同、孝徳天皇条）。

徳川時代の思想において、古代への復帰をめざす歴史観からの転換が徐々に進みつつあったことは、前にもふれた。頼山陽もまた、そうした変化のなかで歴史を考察し論じていたのである。したがってその著作からは、山陽自身の意図をこえて、今後日本が採用すべき国制として、郡県制と封建制の両者の長所・短所を比較し、どちらを選ぶかを論じるような発想もまた、引き出すことが可能になるだろう。

日本思想史における郡県制・封建制の問題を扱った古典的な研究書、浅井清『明治維新と郡県思想』（一九三九年初刊、改訂版六八年）には、この点で興味ぶかいエピソードが紹介されている。伊藤博文は晩年に、廃藩置県によって郡県制を採用すべきだと考えたときのことを回想して、こう語ったという。「予は少時より山陽の日本政記を愛読し、彼の勤王論に感激すると共に、我が王朝の盛時は今日の所謂郡県の制が行はれ、この制度は即ち王朝の生命であつたことを深く心に感じ、その後留学のため英国に赴き、欧洲諸国亦郡県の制を実施して国家の隆盛を来たしてゐるのを目撃し、益々封建を廃止しなければならぬ必要を確信した」（小松緑編『伊藤公直話』千倉書房、一九三六年、二〇八〜二〇九頁)。後年の回想であるから、山陽が「勤王論」を説くのに感激したといった記述は、割り引いて読む必要があるだろう。しかし『日本政記』による歴史叙述が、ありうる体制選択として、封建制ではなく、ヨーロッパ流の「郡県の制」を選ばせるような発想を準備していったのは、たしかなことと思われる。

歴史ブームと祖先顕彰

頼山陽の著した歴史書として一番有名なのは、『日本外史』の方である。編年体の天皇の歴代記という形をとる『日本政記』とは対照的に、平氏・源氏・足利氏・織田氏・豊臣氏・徳川氏と、武家の興亡の歴史を人物中心に語ったものであった。公刊されたのは『日本政記』と同じく山陽の没後、天保七、八(一八三六、三七)年のころであるが、すでにその前から写本によって流布し、評判になっていたのである。徳富蘇峰による評伝『頼山陽』(一九二六年)は、その流行のようすをこう語る。

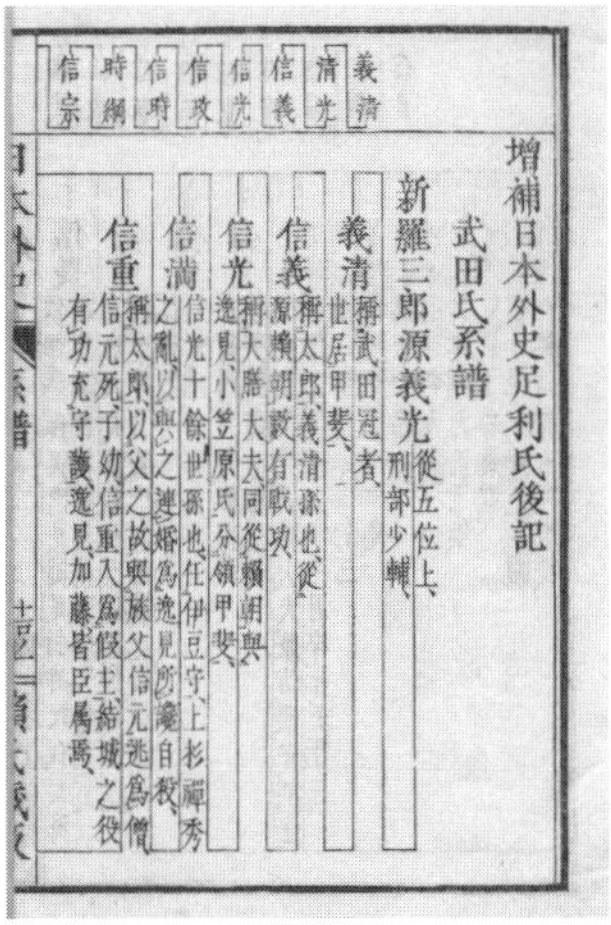
義清 清光 信義 信光 信政 信時 時綱 信宗

増補日本外史足利氏後記
武田氏系譜
新羅三郎源義光従五位上、刑部少輔、
義清称武田冠者、世居甲斐、
信義称太郎、義清孫也、従源頼朝数有戦功、
信光称大膳大夫、同従頼朝、与逸見小笠原氏分領甲斐、
信満信光十餘世孫也、任伊豆守、上杉禅秀之乱、以与之連婚、為逸見所讒、自殺、
信重称太郎、以父之故、与族父信元逃為僧、信元死、子幼、信重入為假主、結城之役有功、充守護、逸見加藤皆臣属焉、

頼山陽『日本外史』

偖《さ》て日本外史は未だ出版せられざる前、殆ど

天下の識者の間には大評判となり、又それが追々と諸方に持囃されて居る。〔篠崎〕小竹は勿論備中長尾の小野氏〔櫟翁〕、その他の諸家、若しくば大塩平八郎などに彼〔山陽〕が贈つたことは、彼の書中にも明かである。而も亦た姫路の酒井家、彦根の井伊家、米沢の上杉家、又彼の本藩たる藝州浅野家などにも、それが分配されてゐる。現に山陽と同時と云ふよりも、寧ろ其前に生れ、其後に死したる曲亭馬琴の如きも、態〻《わざわざ》之を写して居る。されば如何に之が出版以前に、広く天下に行はれたる乎は言ふを待たぬ。（徳富蘇峰『頼山陽』民友社、一九二六年、二一七頁）

『日本外史』は、なぜこんなに人気を得たのか。当時、読みやすい日本通史の書物が少なかったという事情もあるだろう。だがそれよりも、島田英明による論文「経世の夢、文士の遊戯――頼山陽における政治思想と史学」（『国家学会雑誌』百二十七巻七・八号、二〇一四年八月）の指摘する特徴が、多くの読者を惹きつけたのだと思われる。

島田によれば、『日本外史』における歴史に対する論評は「正論」を記す「史賛」、『日本政記』のそれは新奇な見解を打ち出す「史論」と、山陽は歴史論の二つのスタイルを両書で使い分けていた。そして、従来の儒者による歴史書が、善悪をきびしく論断し、勧善懲悪の教えを読者に施すものであったのに対して、叙述の重点を大きく変えるものであった。

山陽の歴史書、とりわけ『日本外史』は、そうした道徳理論にとらわれず、歴史のある時点での「勢」に立ち向かった人物たちの心理と人格を生き生きと描きあげながら、政策の得失を論じる。読者はそれを読んで、過去の時代の英雄たちの姿に、みずからもまた統治に関わって天下に活躍する夢を托したのである。そもそもそれは、山陽自身が示す姿勢でもあった。先にふれた「封建略」は以下のような文章で終わっている。

吾れ封建略を作る。柳生〔宗元〕をして我が今日を目せしめざるを恨み、又、大江生〔広元〕を起こして与に其の謀を論ずることを得ざるを恨む。

封建制による安定した秩序を実現した十九世紀の日本に、柳宗元を連れてきて見せてやりたいし、大江広元を復活させて、封建制の巧みな運用策について一緒に議論してみたい。――こういう具合に、想像のなかで過去の英雄たちとともに生き、ともに偉業に携わっているような気分に浸ること。それが山陽にとって、またその読者たちにとっての歴史書の魅力であった。この時代には山陽の著書の流行を受けて、さまざまな文人たちが歴史論を展開し、その「議論文」が世に溢れたことを、島田は指摘している。

また、こうした歴史へのまなざしは、当時の日本社会に広く見られた現象とも共通の意識から発している。羽賀祥二『史蹟論――十九世紀日本の地域社会と歴史意識』(名古屋大学出版会、一九九八年)は、十九世紀になって、大名や旗本でも、また農村の名望家でも、家の祖先や地域の歴史において業績をあげた人物を顕彰する営みが盛んになったことを分析している。たとえば文政初年に、鯖江間部家の家老、里見権七郎義豪が、祖先のかつての領地であった安房国の延命寺に記念碑を建てた。そして祖先の忠義と、そのイエが連綿と続いていることを讃えたのである。

このような祖先の顕彰事業は、みずからと祖先を重ね合わせ、家業の継承を通じてその偉業を再現しようとする点で、英雄との同一化に憧れる歴史ブームと同じ意識のうちにあったと言えるだろう。徳川の統治のもと、安定した治世が続いて二百年にもわたったことは、みずからのイエの長期にわたる連続へと、人々の関心を向けるようになったと思われる。もちろん現実には、『大江戸商い白書――数量分析が解き明かす商人の真実』(講談社選書メチエ、二〇一五年)で山室恭子が指摘するように、百年以上にもわたって同一の家業を担ったイエが存続するのは、身分の高い武士や大商人に限られたことかもしれない。だがそれだけに、みずからのイエの永続を願い、先祖を顕彰する意識はなおさら強まったことだろう。イエが長く続く機会に恵まれない階層の人々にも、その価値観はある程度波及したのではないか。

興味ぶかいのは、このようにイエの祖先の顕彰事業が盛んになり、人々が歴史論を通じて過去の英雄たちとの同一化を夢みるようになるのと同時に、日本人のすべてのイエが、長い歴史をたどれば一つの血族に属するという言説が登場する点である。前田勉『近世神道と国学』(ぺりかん社、二〇〇二年)が紹介する、神道家、松本鹿々の著書『長寿養生論』(寛政七・一七九五年成立、文政十三・一八三〇年跋)は、浄土真宗の門徒を批判する文脈で、次のように言う。

日本ニ生レ此国中ハ皆先祖カラツヾイタ一家ジヤトモ気ヅカズ、銘々ノ先祖ナル神々様ヲ敬ハズ、現在国王ノ禁裡様ヤ将軍様ハ銘々我先祖ヨリ血脈ノ明白ニツヾイタル本家ジヤトモ思ハ

ズ
「日本」の遠い始まりにまで遡るなら、日本人のイエはみな、「禁裡様」や「将軍様」と同一の「血脈」に属する。もちろんこうした認識は、この当時は神道家のみに限られたことだったと思われるが、みずからのイエの永続を再認識し、祖先との同一化を図ろうとする意識は、こうした一種の家族国家観にも行き着くのである。このように日本人が一体の血統に属する「神胤」であるという考え方は、平田篤胤によって継承され、さらに平田派の国学者たちに受け継がれるようになってゆく。

変転してゆく「大勢」

紀州徳川家で要職を務める武士でもあった国学者、伊達千廣《だてちひろ》（享和二・一八〇二年〜明治十・一八七七年）が執筆した『大勢三転考』（嘉永元・一八四八年執筆）は、独特の歴史書として有名であり、丸山が編んだ『歴史思想集』にも、注と現代語訳つきで全文が収録されている。「つぎつぎになりゆくいきほひ」という「古層」が明瞭に表われているテクストとして選ばれたのであろう。

伊達千廣は、本居宣長の養子、大平に入門し、和歌や有職学の学識で知られた人物であった。しかし同時に紀州藩の大名である徳川治宝《はるとみ》の庇護を受けて、家中では異例の出世を遂げる。特に財政改革の担当者として腕をふるい、『大勢三転考』は大番頭格の地位にあったときに自分用の覚え書きとして執筆したものである。明治の王政復古をへたのち、養嗣子（女婿）の伊達宗興、実子の陸奥宗光の二人が公刊をすすめ、明治六（一八七三）年に出版されて世に知られるようになった（以下、引用は松本三之介ほか校注『日本思想大系48　近世史論集』岩波書店、一九七四年による）。

公刊のさいに津和野派（大国隆正の門弟）の国学者、福羽美静が寄せた序文には「まづ其時事をつとむるには、天下の大勢をしらずんばあるべからず。其大勢をしらんには、古来の沿革をしらずんばあるべからず」とある。伊達千廣自身による本文で、この天下の「大勢」を論じるさいに注目しているのは「制度」、すなわち統治者がどのような形で臣下たちを組織し、人民の支配にあたったかにほかならない。そして日本の歴史は、この「制度」――千廣は「大制度」という名称も用いる――に即して、三つの時代に区分できると説く。

かれ上つ代《よ》は、かばねもて世を知《しろ》しめし、中つ代は、つかさもて世を政《まつりご》ち、下つ代は、名《な》もて世を治め賜ひけり。

すなわち神武天皇以来、国の初期の「制度」は「骨《かばね》」と呼ぶべきものであった。それは天皇が支配下の豪族たちに「居地と行事」を与えて世襲させ、たとえば「鳥取造《とどりのみやつこ》」のように、支配地の名と官職の名を、ファミリーネームとしてその一族の長に継承させるものである。しかし、聖徳太子から天武天皇に至る時期に、「職《つかさ》」の「制度」への大転換が行なわれる。それは律令制に基づいた官職組織を作り、個人の才能に応じてその「官職《つかさ》」を定め、地方には国司・郡司を派遣して治めさせるものであった。やがて世の変化を受けて、文治の守護・地頭設置をきっかけに「名」の時代に交替する。それは、「兵家」すなわち武士の「大名小名」が世襲制によって地方を治める体制であり、これが同時代の「太平無事の御代」まで続いていると千廣は説いた。

この「職」の時代と「名」の時代の二つが、頼山陽が『新策』『日本政記』で、郡県制の時代から封建制への転換を論じたのと、ちょうど重なることは明らかだろう。また、神武天皇から始まり、律令制導入の前に至るまでの時代を封建制ととらえることは、たとえば山片蟠桃の『夢ノ代』第五巻「制度」に見えるように、徳川時代によく見られる見解であった。千廣は国学に志す前には漢学、おそらく朱子学を学んでいた。「骨」「職」「名」という時代区分は一面で、同時代の儒者たちが日本史を論じるさいに用いた、封建制・郡県制・封建制という時代の順序を、国学流に呼び替えたものだったのである。

伊達千廣『大勢三転考』

さらに「骨」から「職」への転換については、蘇我氏の権勢が強大になった「時世の勢」を見て、聖徳太子らが改革を断行した「大英断」を千廣は賞賛するが、そうした論法もまた、頼山陽とまったく同じである。そこには、紀州藩の財政改革を進めつつあった自身の経験も反映しているだろう。

しかしここで、「職」から「名」への転換を、それ以前にあった「骨」の「制度」への復帰と見なしてはいないことが重要である。それはもちろん、「名」の時代において地方の統治を担当するのは「兵家」であり、また支配地・官職に対応したファミリーネームを天皇から与えられるわけではないという違いによるものでもあるだろう。だがそれよりも重要なのは、歴史が一つの方向で不可逆的に変化するものであり、それは究極的には、個々の人間によっては予測し統御することのできない、大きな力を動因とすると考える点である。「職」の「制度」を朝廷が導入することになった背景を、千廣はこう説いた。

つら〳〵考るに時勢の遷変《うつり》る事は、天地の自《おのずから》なる理なるか、または神の御はからひなるか、凡慮の測《はかり》しるべきならねど、畢竟、人の智にも人の力にも及ぶべき事ならず。然して五百年ばかりの世をふる時は、自《おのずか》ら遷変るべき運数来りて、其時に当りて世にすぐれたる人出来て、此気運に乗じて大事を成就するものと見えたり。

前章でふれた「時世の勢」に関する宣長の認識を、ここで思い起こしてもいいだろう。千廣の考えでは、社会全体のエネルギーの表われとしての「時勢」の変化を、人間が完全に予測したり統御したりすることはできない。だが、その変化のようすを認識し、新しい社会状況に即応した「制度」をしつらえることは、「骨」の時代を導いた天皇・皇族たちに見えるように可能なのである。そしてここでも「時勢」の変化は、経済の発展と重ねてとらえられている。

神武天皇より御世継々《みよつぎつぎ》に、国大《おおい》に開け、民益《うまわ》蕃りて、今は金銀乏しくては叶はぬ勢なりけむ。豈たゞ金銀のみならめや、教導の道もなくては、御政《みおさめ》の便あしかりけむ。かゝれば此外貢《みつぎたてまつること》起るやいなや、やがて儒仏の道も参来《まいりき》て、そを深く用ひ賜へるも、みな止事《やむこと》をえぬ理にて、是はた神の御はからひとこそは仰ぐべけれ。

経済が発展し、文化もまた洗練されてゆく社会の運動を見すえたがゆえに、「職」の「制度」への転換は実行されたのである。「職」から「名」への変化については、こうした社会の動きに関する具体的な記述はない。だが、「職」の「制度」の採用が朝廷の主導によるものであったのに対し、「職の名と変れるは、下より起りて次第に強大にして、止事《やむこと》をえぬ勢《ヒ》なり」と語る。これは直接には、武士の自然成長的な勃興のことを指しているのだろうが、経済の成長、すなわち「開け」の運動が時代の違いを超えて働いていることも、その根柢に見通していたのではないか。

渡辺浩の論文「「進歩」と「中華」——日本の場合」（『東アジアの王権と思想』東京大学出版会、増補新装版二〇一六年、所収）は、世が「開ける」という言い回しが、徳川時代の学者・文人の著作にはしばしば見られることを指摘している。それは本居宣長や海保青陵が指摘したように、さまざまな新しい物があふれ、豊かになってゆく動きであり、文化が洗練され、学問が精緻になる変化であり、いずれにせよ肯定的な言葉づかいで論じられることも多かった。同じような意識を、古代から連綿と続く歴史の背後に一貫して動いている「勢」の像へと、伊達千廣は発展させたのである。

したがって徳川末期の知識人の歴史に対するまなざしが、『大勢三転考』に見られるようなものであったとすれば、以下のような認識に近づくまで、あと一歩であろう。

天地荒荒にして人類を肇めて生むに、造物之に賦すに精神を以てす。其の発して智識を為すに、初めは猶《な》ほ一点の萌蘗《ほうげつ》のみにして、既にして乃ち歳月《としつき》に磨蕩するがごとし。其の智随つて長じ、発明すること随つて博く、機に触れ物に遇ひ、端倪《たんげい》乃ち露はる。黽勉《びんべん》苦心し、拮据して事に従ひ、百年の力・千歳の功、以て彫琢し以て淬厲《さいれい》す。以て今日に至りては、天下は丕変《ひへん》し大化して、文明世界と為る。（小沢栄一『近代日本史学史の研究　幕末編』吉川弘文館、一九六六年、四七七頁に引く漢文自筆稿を読み下して引用した）

これは、公儀の蕃書和解方に出仕していた洋学者、箕作阮甫《みつくりげんぽ》が洋書を翻訳してまとめた西洋史の通史『泰西大事策』に付した漢文の序文の一節である。「天地」が人類を生んだとき、「造物」の働きによって「精神」が与えられた。その「精神」の生み出す「智識」も当初はかすかなものにすぎなかったが、さまざまな物事に触れることを通じて成長し、みずからの来歴とむかうべき方向を知るようになる。そして努力と苦心を重ねること百年・千年をへて、今日に至り「天下」は大いに変貌して「文明世界」になった。――そんな大意である。この本の起稿は、奇しくも『大勢三転考』と同じ嘉永元年であった。

阮甫が展開しているのはもちろん、西洋の文明史の書物から学んだ見解である。だがそれは、伊達千廣のように洋学を学んでいない知識人にとって、奇異な説だったわけではない。むしろ「文明」へむかう進歩というイメージは、彼らが実感していた世の変化と、それに基づいて抱くようになった歴史観に、はっきりした言葉を与え、未来への展望を指し示すものだったのである。

第十章　「封建」よさらば

新しい国家の制度は封建か郡県か。身分制の解体をめざす声が、「廃藩置県」の選択を導いてゆく。その背景となった水戸学の「王土王臣」思想が、実は西洋の政治制度に対する憧れにもつながっていた。

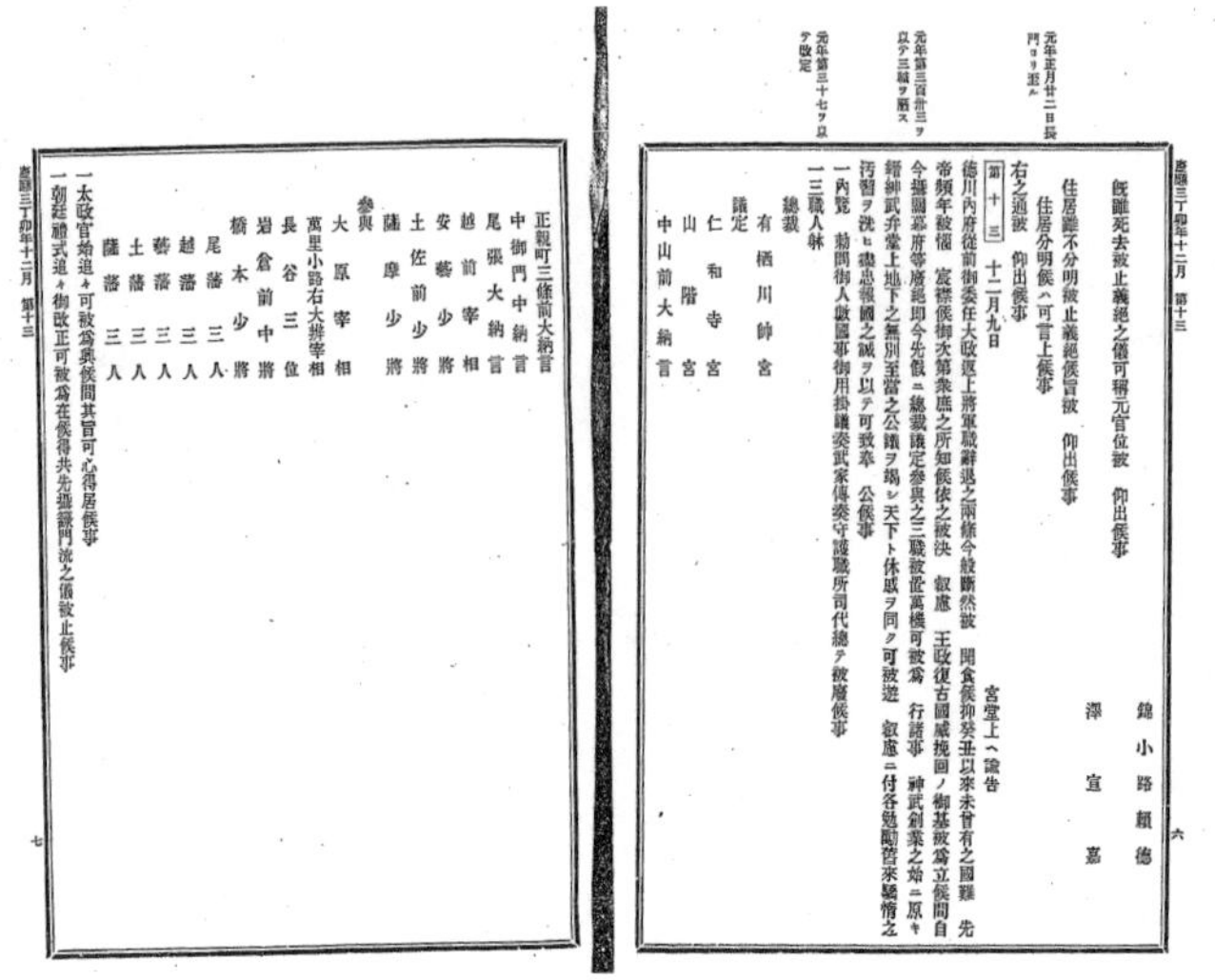

王政復古の「大令」(『法令全書』)

「封建」と「廃藩置県」

現在に至るまで、日本の地方制度の枠組をなす都道府県の単位は、明治四（一八七一）年の廃藩置県によってその原型ができあがっている。慶應三年十二月（一八六八年一月）、「王政復古」の「大令」によって「幕府」が廃止され、天皇を頂点に置く政府組織が新たに定められた。地方の統治体制については、「府」「藩」「県」の三類型となる。かつての「幕府」徳川家や、戊辰戦争で「朝敵」となった大名家から没収し、新政府の直轄地とした地域に関しては、府・県を設置し、知事などの地方官を派遣して治めさせる。だが、「藩」については従来の大名にその統治を委ねる――大名家を「藩」と呼ぶのは徳川時代の後期に始まった漢学風の俗称であり、「王政復古」を経て初めて公式名称になった――こととした。その限りで旧来の封建制を温存して、天皇に大名が直接仕える体制とし、直轄地の「府」「県」については郡県制を新たに導入したのである。封建・郡県の混合型の国制に変わったと言ってもよいだろう。

したがって新政府の直轄地を除けば、各地方の統治を大名に委ねる制度はしばらく続く。明治二年六月（一八六九年七月）には版籍奉還が行なわれ、大名は改めて新政府の官員としての、非世襲の知藩事に任命された。そういう形で実質的には「藩」における大名の統治権と、大名と家臣とのあいだの君臣関係を維持したのである。したがって明治四年七月十四日（一八七一年八月二十九日）の廃藩置県によって、従来の大名家とそれに仕える家臣たちの世襲の枠組が廃止されるまでは、封建制による統治が続いていた。

府藩県三治体制の実施、版籍奉還、廃藩置県と続く制度改革を全体として評価するなら、中央集権化を急速に進め、軍事上・財政上の基盤を確かなものにしようとした、新政府の意図がその背後に一貫しているとは言えるだろう。したがって、現代人の目から「維新革命」の過程を見るとき、それが必然的ななりゆきに思え、「王政復古」と「廃藩置県」とが一体の変革のような印象を帯びるのも無理はない。都道府県の制度がしばしば明治以来のものであることが強調され、近代日本の出発点から定まった枠組のように論じられる原因もそこにある。

これに対して全国で二百七十一もの大名家の多くは、自分たちの統治権と世襲制度を維持したまま、新政府における政策決定の合議に加わるような体制を、本音では望んでいたことだろう。しかし新政府は、薩摩・長州の軍事力を背景にして廃藩置県を断行し、郡県制への改革を一気に推し進めた。勝田政治『廃藩置県——近代国家誕生の舞台裏』（角川ソフィア文庫、二〇一四年）によれば、廃藩論が政府内で公然と議論されるようになったのは、ようやく明治四年七月初旬のことであった。その中心を担った、山縣有朋、井上馨、西郷隆盛といった若手官僚たちの意志がもしも一致していなかったら、封建制と郡県制の並存はしばらく続いていたのではないか。同時代の人々にとっては、「王政復古」は必ずしも「廃藩置県」に結びつくものではなく、国家制度の今後のありようは、議論すべき対象としてさまざまな選択肢に開かれていたのである。

そのことをよく示すのが、第二章でも紹介した、「門閥を厭ふの心」に関する福澤諭吉の議論である。『文明論之概略』第五章では、人民の「智徳」の発達の度合いが「文明」の進歩を決めることについて、このように表現している。

近く我日本の事を以て其一証を示さん。前年政府を一新して次《つい》で廃藩置県の挙あり。華士族〔大名と武士〕はこれがために権力も利禄も共に失《うしない》たれども、敢て不平を唱ること能はざるは何ぞや。人或は云く、王制一新は王室の威光に由り、廃藩置県は執政の英断に由《より》て成りしものなりと。是れ時勢を知らざる者の臆断なり。（前掲『福澤諭吉全集』第四巻、七〇頁）

廃藩置県（小堀鞆音画、聖徳記念絵画館壁画）

前章でとりあげた、「時勢」の不可逆的な変化をめぐる認識が、福澤諭吉にも見られることに注意しよう。福澤の考えでは社会を変化させるのは、少数の権力者によって左右することのできない、「時勢」の大きな力である。だがその「時勢」は超越的な運命のようなものではなく、社会全体としての人々の「智徳」の状態が、その内実をなしている。一人一人の個人に即して見れば、同じ時代に生きる人の「智徳」の程度はさまざまであろう。だが、社会に生きる全員を総和した「智徳」の総量は、時に緩急の違いがあるとはいえ、進歩し続ける。その変化こそが時代を動かす「勢」の正体なのである。

ここで福澤は「王制一新」と「廃藩置県」とを変革の異なる段階として分けることで、「王室の威光」と「執政の英断」とが二つの改革をもたらしたという俗論を批判している。また同時に「攘夷論」が「幕府」を倒したという理解に対しても異論を唱える。もしも人々が「王室の威光」を慕い、「尊王」の感情にあふれていたのなら、公儀による支配体制が二百年以上も続いたはずはない。「幕府」を倒した新政府が直ちに開国の方針をとったことを見れば、「攘夷論」が倒幕をもたらしたのではないことがわかる。そして、「尊王」や「攘夷」が原因だったのなら、改革が「王制一新」にとどまらず、「廃藩置県」を通じた大名・武士の世襲身分制の解体にまで突き進むことはありえなかっただろう。

徳川時代の社会においては、「門閥」を基盤とした「専制の暴政」が続いていた。そこでは「門閥」に恵まれていないかぎり、いくら「才智」があってもそれを発揮する機会がない。しかし「人智発生の力は留めんとして留む可らず」。時代がたつにしたがって、人々は世襲制に不満をもち、「門閥を厭ふの心」をふくらませてゆく。それが徳川末期には「西洋文明の説」によって助長され、「攘夷論」の流行をきっかけにして爆発したのが、「王制一新」の実相である。それは世襲身分制に対する不満を内実にしているから、単に政権が江戸から京都へ交替するだけではなく、武士身分の解体としての「廃藩置県」にまでまっすぐに到達するのである。福澤はそう説いた。

人々一般の「智徳」の進歩が歴史を動かすとする福澤の発想は、直接には第三章でふれたように、フランソワ・ギゾー『ヨーロッパ文明史』、ヘンリー・トマス・バックル『イングランド文明史』といったヨーロッパの文明史の著作から学んだものである。そうした著作は、物質的な生活条件の向上を、人類における「文明（civilization）」の一貫した進歩として描きだすが、その中心をなすのは外的な諸条件だけではなく、「精神の発達」（ギゾー、英訳では moral development）や、知恵と道徳（バックル）も並んで重要であると説明していた。おそらくそれは、経済発展の現実を実感しながら、身分制による束縛を窮屈に思っていた徳川時代の知識人にとっても、歴史をめぐる思考の指針として、しっくりと身に合うように感じられる発想だっただろう。

だがもちろん、「王制一新」と「廃藩置県」とのあいだに三年半の月日が必要だったことに見られるように、誰もが封建制から郡県制への移行を構想し、すんなりと受け入れていたわけではない。「王制一新」をもたらした人心の「勢」の中核に、「門閥」を支える封建制への不満を見た福澤自身にとっても、「廃藩置県」の急速な実現は、予想をこえた出来事だったはずである。

ヘンリー・トマス・バックル

ではなぜ、大名たちは郡県制への完全移行に反抗しなかったのか。たとえば徳川末期の尊王攘夷派の志士ですら、倒幕ののちも「封建」を維持することが必要だと説いていた例がある。長州藩の志士とともに禁門の変（元治元・一八六四年）を起こすことになる、久留米藩に仕える神職であった真木保臣（和泉守）は、攘夷派の公卿、野宮定功《ののみやさだいさ》に上呈した政治論『経緯愚説』（文久元・一八六一年）のなかで、「封建の名を正す事」を論じている。

上古は封建、中古郡県となり、今又自然と封建になりたるも千年近き事なり。吾邦は海中屹立にて四面賊衝なれば、諸侯を建て各々其土を守らしむる事、制の宜しき万世易ふべからず。方今自然にケ様なりたるも天意にやあらん。然れど天朝より人情世態を察して更革し給へるものにあらざれば、朝廷のみは矢張郡県の御見通しなり。されど其縉紳家の家の例《ためし》を以て官職を得らる丶などは、又おのづから封建の遺風なり。兎にも角にも天下の大形・人情の好悪、封建は当り前なれば、其名を正して五等の爵を授くるぞよろしき。（小川常人・徳永春夫編『真木和泉守全集』下巻、久留米市・水天宮、一九九八年、二九頁）

ここでも、日本の歴史は封建・郡県・封建と三つの時代をへてきたという歴史観がうかがえる。周囲が海に囲まれているからこそ、諸大名に土地の支配を委ねる形に「自然に」定まったという説明は、徳川末期の海防に関する危機感を反映したものでもあるだろう。日本は地形からして「封建」を採用するのが「自然」なので、「天朝」による律令体制も、郡県制を採用しながら、公家たちに「家の例」として官職を世襲させる制度を「封建の遺風」としてまじえざるをえなかった。したがって、長く続く武家政権の時代において「封建」が「当り前」になっている以上、幕府を排して「天朝」を中心とする政権もまた、諸大名を「封建」する体制を継続することが必要になる。ただし、新たに序列を定める必要から、五段階の爵位を諸大名に授けよう。それが真木保臣の構想であった。

このように、「封建」による太平の世を生きている人々にとっては、「王制一新」をへたとしても、今度は天皇が諸大名に地方の統治を委任し、その支配権を世襲させる制度にすればいいという考え方も、自然なものだった。それにもかかわらず、明治四年に大名たちが「廃藩」に抵抗しなかったことには、薩摩・長州の軍事力に対する畏怖や、大名家みずからが財政難にあえいでいたといった事情も働いていたことだろう。だがそれ以前に、この国の統治体制に関する意識もまた、大きく変容しつつあったことが、重要な役割を果したように思われる。

真木保臣

「王土王臣」と水戸学

戊辰戦争もほぼ決着がつき、旧「幕府」側に残った軍勢は、蝦夷地を占拠した榎本武揚らの一団のみとなった明治元年十月（一八六八年十一月）、新政府は「京都府下人民告諭大意」を発布して一般の人々むけに「王制一新」の体制の正当性を説明した。この文書はさらに翌年には全国の府・藩・県に普及が図られることとなる。そのなかには以下のような説明が見える。

御国恩ハ広大ニシテ極リナシ。能々《よくよく》考へ見ヨ。天孫闢《ひら》キ給フ国ナレバ、此国ニアルトアラユル物、悉ク天子様ノ物ニアラザルハナシ。(『法令全書』)

日本国の土地をはじめ、国中にあるすべての物が本来は「天子様」のものであり、そこに生きる者すべては、「天子様ノ水」を飲み、「天子様ノ御土地」から生じた食物を口にしているのだから、先祖代々いただいているその「御恩沢」に応えて、「天子様」の定める掟を守り、その「御為ニ成ベキ儀」を務めなくてはいけない。つまり、制度は封建制にせよ郡県制にせよ、そもそも日本国の土地はすべて「天子様」のものであり、人民はみなその「恩沢」によって生きる存在だというのである。

こうした発想は、真木保臣や吉田松陰といった尊王攘夷派の志士たちが熱心に読んだ書物、會澤正志斎(天明二・一七八二年〜文久三・一八六三年)による『新論』(文政八・一八二五年執筆)が強調したものであった。水戸藩の財政窮乏、武士・庶民の風俗の頽廃といった国内の弊風と、ロシアや英国の船が日本に接近するようになった対外的危機の両方を打開するための総合的政策論を、藩主、さらには公儀にむけて提言した書物である。正式に公刊されたのは安政四(一八五七)年であるが、それ以前にも写本の形で広まって全国で読まれた(以下、『新論』「時務策」の引用は今井宇三郎ほか校注『日本思想大系53　水戸学』岩波書店、一九七三年による。原漢文の読み下しも同書による)。

『新論』の最初の三篇は「國體」と題されている。「天祖」つまり天照大神が、その子孫である「天胤」すなわち歴代の天皇に、「天工に代り天職を治めしめ」、すなわち人民を養い育てる仕事を命じた。したがって「帝王」の位が「天胤」以外の家系に移ることはなく、「君臣の分《ぶん》定りて、大義以て明らかなり」。もともと「國體」の語は一般に国のあり方や体面を指すが、ここではそうした日本の独自の国のあり方に限ってそう呼んでいる。この「國體」観が、正志斎や藤田東湖ら水戸学の論者が説いた「忠孝一致」といった言葉とともに、やがて明治時代の道徳教育や国民道徳論に引き継がれてゆくのである。ただしあくまでも水戸学の議論では、全国を統治する最高権力は天皇から委任を受けた「幕府」にほかならない。その意味で、公儀を中心とする統治体制を改めて権威づけようとする議論であった。

會澤正志斎

この「國體」上篇で、正志斎はやはり、日本の歴史は神武天皇の時代の「封建」に始まり、天智天皇による律令制導入で「郡県の制」に転じ、鎌倉時代以降は再び「封建」に戻ったという理解を示している。「郡県の制」の特徴を正志斎は「天下、一として王土と王臣とにあらざるものなくして、天下また大いに治まれり」と表現する。この「王土」「王臣」の観念が、やがて「京都府下人民告諭大意」にも継承されるのである。

ところが、神武天皇のころの「封建」もまた、各地に「国造を封建」することを通じて「土地人民、ことごとく朝廷に帰し、天下大いに治まれり」と説く。さらに、武家政権による「封建」の体制も「天下の土地人民、その治は一に帰し、海内一塗、皆天朝の仁を仰ぎて、幕府の義に服す」というものだとされる。つまり、すべての土地・人民が本来は天皇に属する「王土」「王臣」だという事実が「國體」を特徴づけるのであり、その上で制度としての封建・郡県の選択が生じる。この論理に従うならば、「京都府下人民告諭大意」において「王土」「王臣」の発想が強調されていても、それは必ずしも郡県制に直接つながるものではないということになるだろう。

正志斎の「王土」「王臣」の論理は、「京都府下人民告諭大意」にいう「御国恩」の重要性と関連している。先の引用に見たように「天工に代り」人民を大切に養い育てるのが、天皇の義務すなわち「天職」であり、それに対する感謝の念を人々のあいだにしっかり養成しなくてはいけないという論理である。蔣建偉による論文「會澤正志斎の「國體」思想における「民命」」(『日本中国学会報』第六十七集、二〇一五年十月)は、「國體」下篇で「民命」を正志斎が論じていることに注意をうながしている。

日本全体の土地も人民も、本来は天皇が統治するものであり、封建か郡県かといった制度は、その上で選択すべきものである。それが正志斎の論理であったが、それは君主が恣意のままに人民を酷使し、王家の利益になるように働かせるというものではない。むしろ「民命」すなわち民の生命を重んじ、その生活が成り立つように配慮する重い義務を、統治者は負っているのである。

「國體」下篇は、「天祖、丕《おお》いに民命を重んじ、肇《はじ》めて蒼生の衣食の原《もと》を開きたまひ、御田《みた》の稲、機殿《はたどの》の繭、遂に天下に遍満して、民今に至るまでその賜《たまもの》を受く」という一文から始まる。『日本書紀』神代巻には、天照大神が二つの「御田《みた》」をもって稲作を行い、みずから神衣を織っていたという記述がある。これを根拠にして、人々に衣食が行き渡るよう配慮することが、「天祖」が歴代の天皇に与えた命令の重要な部分だと正志斎は説いた。

　蒋建偉の研究によれば、ここに言う「民命を重んじ」とは、単に人々の生活の面倒をみるという意味に尽きるものではない。別の著作『読書日札』（嘉永四・一八五一年）には、「天と民と相因る」と述べたあと、「民の従ふ所は、則ち命の帰する所なり。其の背く所は、則ち命の廃《や》む所なり」（原漢文を私見により読み下した）と説明した箇所があるという。「天祖」から下る「天命」は、民の意向のなかに表われる。統治者に民が従順に従っていれば、それは「天命」がその統治者に降ったままで、その地位を認めていることの表われであり、反対に民が背いたならば、「天命」がすでに離れてしまった証拠なのだ。これは典型的な、儒学のいわゆる民本主義の発想である。

　もちろん正志斎の場合は、孟子のようにこの発想に基づいて易姓革命を正当化することはない。日本については、天皇

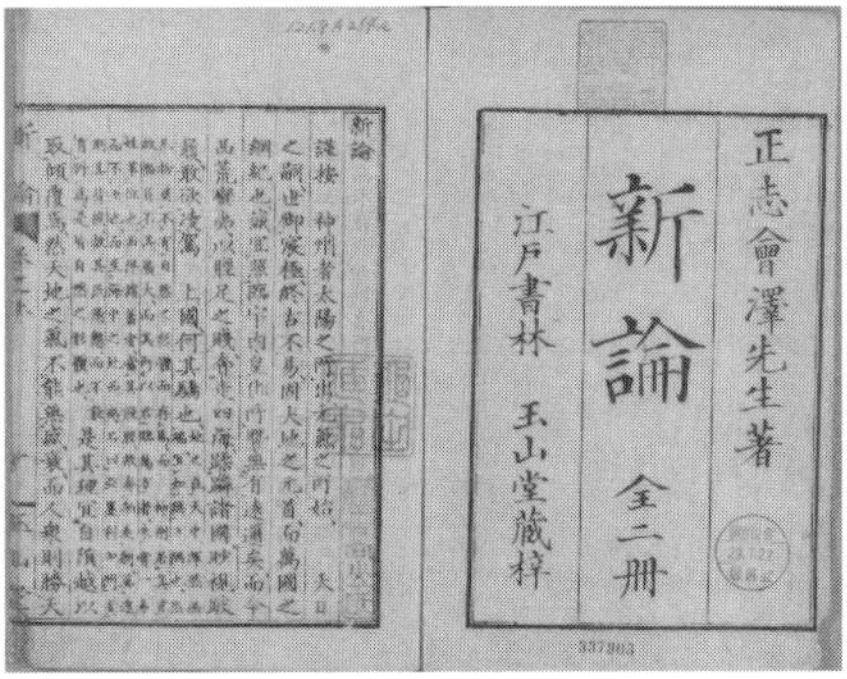

會澤正志斎『新論』

の位が別の家系に移ることは、「天祖」の神勅からするとありえないことだからである。しかし、そうだからといって、何も努力しなくても「天祖」の意にかなった統治が実現できるということではない。日本の天皇と、臣下としてそれに仕える統治者たちにとって、民意の向かうところを敏感によみとり、その心情に配慮しながら人々の生活を支えることは重大な義務なのである。「民命」を重んじよと正志斎が説くとき、それは民の意向の尊重までを含むものであった。封建制か郡県制かという制度選択の前に、統治の目的としてこの義務の遂行がある。それが、すべての土地と人民が「王土」「王臣」であるという言葉の、統治者の側にとっての実践上の含意だったのである。

そこで、同時代の状況において「民命」を大事にするための手段として述べる政策は、やはり徳川時代における市場経済の発展という現実を見すえたものである。同じ「國體」下篇で正志斎は言う。「有邦・有土といへども、また給を富民に仰がざるはなし。豪姦大猾《ごうかんたいかつ》、貨財の権を操り、王公を股掌の上に愚弄す。ここにおいてか、天下の富は遂に市人に帰せり」。経済発展のもとでさまざまな物価が上がるのに、大名や武士が年貢米を市場へ大量に売りに出して財政を賄うので、米だけは低価格のままである。したがって「有邦・有土」すなわち大名と武士は窮乏し、「富民」すなわち大商人から借金をして生きるようになる。百姓もまた米価の下落に苦しみ、都市の町人(「市人」)のみが豊かになっていると正志斎は見ていた。

水戸藩では、財政難に苦しむ藩が年貢の増徴を行ない、また饑饉も重なって、しばしば百姓の一揆も起きたと言われている。ただ他面では、薪炭などの商品生産もその領地の農村では行なわれているから、「市人」だけが繁栄を謳歌しているという現実像は、荻生徂徠と同様の儒学の古典的な価値観によって社会を眺めたせいで、百姓の困窮を極度に強調しているのかもしれない。いずれにせよ正志斎が「民命」のための政策として「國體」下篇で提唱したのは、なるべく米を市場に放出せず、大名家・武士・百姓のもとで蓄えさせるという反動的な政策であった。

だがその構想においては、このようにして百姓の生活状況を改善すれば、彼らも落ち着いて調和した心性（『孟子』に見える「恒心」）を培うことができる。そして「天命を畏れ、地力を尽し、天地の富に因りて、同じく天祖の賜《たまもの》を受けしむ」。すなわち、「天祖」をモデルとする統治者からの恩義に感謝して、「天命」に尊崇の念をもちながら、それぞれの職分を尽くして生産活動に励むようになるというのである。

人々が「天命を畏れ」るように導く手段として正志斎が重視するのは、古来「天子」が代々に執り行なってきた大嘗祭である。儒学の理念に即した「制度」の確立によって社会の流動化を押しとどめようとするために、中国古典による「礼」、すなわち広範な儀式や作法の体系を設計し、それを人々に履修させることを重視するのが、荻生徂徠の政策論の特徴であった。そうした礼制を、正志斎は大嘗祭を中心として、人々の祖先の祭を整理・統合することによって確立しようとしたのである。第九章でふれた、当時の祖先顕彰ブームと呼応する構想でもあっただろう。

大嘗祭は、天皇が収穫を「天神」（天照大神をはじめとする天つ神たち）に感謝し、「新穀」を神々に捧げ、「然る後に天下と与にこれを嘗《な》む」ことを象徴的に演じる儀式であると正志斎は説く。もちろん大嘗祭の儀式に直接に奉仕するのは人民の一部のみであるが、衣装や道具を作る職人や、神に供える米を育てる百姓など、あらゆる身分が参加して支える祭典である。これに人民がふれることで、「天命を畏れ、地力を尽」す心構えができあがって、日本全体の人心の統合が果たされる。

そして同時に、水戸学を論じる場合にしばしば注目されるように、大嘗祭は同時に人々の忠誠心を「天胤」たる「天子」に集中させる装置でもあると正志斎は説いた。「國體」上篇では先にふれたように、人々が大嘗祭に参加し、またみずからの氏族の祖先を祭ることを通じて、「君臣の分」が定まり、「忠孝一致」の秩序がしっかりと維持されると説いている。ここで前提となっているのは、日本人の「氏」はみな先祖をたどれば、古代の天皇に直接仕えた臣下たちに行き着くのだから、公儀による指導のもとで祖先の志を継いで現代の天皇に仕え、それぞれの「氏」の「職」をまっとうするのが、忠と孝を兼ねた徳の実践であるという考えである。

こうして、大嘗祭の儀式、さらにそれぞれの「氏」の祖先の祭を通じて、あらゆる身分の人々が「ただ天祖を敬し、天胤を奉ずるを知るのみにて、郷《むか》ふところ一定して、異物を見ず」という心情を培うこと。それは「國體」上篇に述べられた論理では、西洋諸国による侵略に対して、日本全国の統合と独立を守る手段であった。すなわち、そのようにして民心の「主」となるものを定めていないのを見すかした西洋の「夷虜」は、まずキリスト教を日本人に広めようとねらうだろう。そうなれば「利を好みて鬼を畏るる」、すなわち神秘的なものを畏れ、来世での至福という教説に利己心をくすぐられる民は、たちまちキリスト教に入信し、やがて西洋諸国の君主へと忠誠心を移してしまいかねない。——正志斎は、近代の西洋諸国が強国となったのは、キリスト教によって民心を統合していたからだと考えていた。その間接侵略に対抗するために、日本でも政・教が一致した体制を、古来の儀礼を通じて確立しようとしたのである。

正志斎自身は、「國體」上篇で蘭学者たちについて「西夷誇張の説」に憧れ、民を西洋への忠誠へと導いてしまう存在として批判し、「攘夷」の立場を貫ぬいている。だが、「民命」を論じた「國體」下篇の二篇あとの「虜情」の篇では、キリスト教を通じてアジアの国々の人心を惹きつけようとする狡猾さを批判するなかで、こう述べている。「時に小恵を行ひて、以て仁聞を市《う》り、因りてその説を誇張して、舌を鼓し世を眩《まど》はし、誕妄迂怪《たんぼううかい》にして、以て耳を濫《みだ》るに足る」。あくまでもでたらめ（「誕妄迂怪」）な邪教を信じさせる手段としてではあるが、生活を助ける慈善活動を通じ「小恵」を人々に施すことで、仁愛に満ちた教説という外観を売りにしているというのである。

昭和天皇の大礼記念切手に描かれた、祭礼が行われた大嘗宮

西洋諸国は、単に勢力拡大の欲望のままに、世界にむけて貿易活動を行ない、軍事侵略を進めているだけではない。それは、人々に「仁」を施すという外見を備えているからこそ、忠誠心に関して無色な一般人民に対して魅力を放つのだ。――「民命」の保障を統治規範として重視する正志斎は、西洋諸国もまた「民命」を大事にする姿勢を示しているからこそ警戒する。

徳川の公儀が西洋諸国と通商条約を結び、「攘夷」の姿勢を事実上棄てたのち、文久二（一八六二）年に正志斎は「時務策」を著して従来の姿勢を変え、開国を支持したために、志士たちの憤激を買った。しかしその文書のなかで大きな理由として挙げているのは、やはり「民命ハ聖天子ノ尤《もっとも》重《おもん》ジ給フ所ナリ」という一言である。すでに西洋諸国の軍事力を実際に目のあたりにした以上、一部の攘夷派の激情に同調して、公儀が「必勝ノ成算モナク」彼らと戦ったなら、民に犠牲を強いて、かえって天皇を「不仁ノ道ニ陥レ」ることになってしまうと判断すべきだ。そう正志斎は説く。ここで鎖国か開国かという選択は、「民命」の保障という基準をすえた上で、状況に応じて決めるべきものとされている。「民命」は政治の重要目的であるが、まさにその一点において、むしろ西洋諸国が日本や中国よりも熱心なパフォーマンスを示しているかもしれない。そんな認識が『新論』にはほの見えている。

西洋の「仁政」と「公論」

実は會澤正志斎の生きた同時代の日本では、西洋に関する知識の普及に伴い、儒学の価値観から照らして、西洋諸国においてまさしく「仁政」が実現しているという認識が広がりはじめていた。渡辺浩による論文「西洋の「近代」と儒学」（『東アジアの王権と思想』東京大学出版会、増補新装版二〇一六年、所収）が詳しく明らかにしたように、十八世紀末以降、蘭学者をはじめとする日本の知識人たちがヨーロッパの風俗を紹介するさいにまず注目したのは、病院・孤児院・救貧院が整備されていることであった。孤児や障碍者、あるいは孤独な老人も安楽に生きてゆけるように配慮するのは、「仁政」の典型として論じられたところである。それがむしろ、西洋でこそ実現している。そうした評価が蘭学者をこえて、儒学を基礎にしてものを考える知識人に広く共有されていった。

さらに中国や朝鮮と異なって日本では、もう一つ重大な評価点が加わる。中国や朝鮮では、どんな生まれの者でも朱子学の学問修業を積んで科挙に合格すれば、官僚となって統治に携わり、自分の才能を発揮できるという建前が貫ぬかれている。だが日本では、徳川時代後期になって儒学が広く普及するようになっても、公開試験で官僚を登用する制度はついに導入されない。公儀でも大名家でも、統治にあたるのは、それぞれの「家職」を世襲する武士であり、身分による「家格」の序列を飛び越えて上位の役職に就くのは難しい。福澤諭吉が指摘したように、徳川時代の後半になると、そうした拘束がしだいに重い束縛として感じられるようになっていった。

これに対して西洋諸国はどうか。熊本出身の朱子学者、横井小楠（文化六・一八〇九年〜明治二・一八六九年）は、中国で刊行された世界地理書『海国図志』（魏源著、嘉永七・一八五四年に和刻本刊行）によって西洋諸国の政治・社会についての知識を得て、攘夷論――小楠もまた『新論』の熱心な読者であった――から開国論へと立場を転じたが、その著書『国是三論』（万延元・一八六〇年）では、西洋に対する評価をこう言い表わしている。

墨利堅《メリケン》に於ては華盛頓《ワシントン》以来三大規模を立て、一は天地間の惨毒殺戮に超たるはなき故天意に則て宇内の戦争を息《やむ》るを以て務《つとめ》とし、一は智識を世界万国に取て治教を裨益《ひえき》するを以て務とし、一は全国の大統領の権柄賢に譲て子に伝へず、君臣の義を廃して一向公共和平を以て務とし、政法治術其他百般の技藝器械等に至るまで凡地球上善美と称する者は悉く取りて吾有となし、大に好生の仁風を揚げ、英吉利《イギリス》に有つては政体一に民情に本づき、官の行ふ処は大小となく必悉民に議《はか》り、其便とする処に随て其好まざる処を強ひず。〔中略〕其他俄羅斯《オロシヤ》を初め各国多くは、文武の学校は勿論、病院・幼院・唖聾院等を設け、政教悉く倫理によつて生民の為にするに急ならざるはなし。殆《ほとんど》三代の治教に符合するに至る。（山口宗之ほか校注『日本思想大系55 渡辺崋山・高野長英・佐久間象山・横井小楠・橋本左内』岩波書店、一九七一年、四四八〜四四九頁）

「三代の治教に符合する」。横井小楠はしばしば「堯舜三代」という表現を用いて、朱子学の理想の治世を言い表わすが、それに匹敵するほどの善き政治が、いままさに西洋諸国で実現しているというのである。最後に挙がっている「病院・幼院・唖聾院」は先にふれたように、「仁政」の典型にほかならない。西洋諸国の「学校」——大学もしくはアカデミーを指していると思われる——を、身分にかかわらず人々がみずからの才能を伸ばし、統治に参与してゆく機関として、当時の日本の知識人たちはとらえていた。

そしてこれは、西洋の選挙による議会制度、また大統領制に対する高い評価にも結びつく。小楠は大統領制について、徳の高い人物を人々の意見によって選び出す制度と考えた。つまりは君主の位まで「賢に譲て子に伝へず」、世襲制に基づく「君臣」関係を廃止したものである。さらに、「民情に本づ」く政治は正志斎の『新論』も唱えたところであったが、それよりも全体的に民の意見を統治に反映させる制度として、英国の議会制を評価している。別の書簡のなかでは、身分による差別を排した対等な討論、「公論」による政治として、これを言い表わした。

政治は、政権中枢にいる少数の集団が専決するのではなく、より広い範囲の人々が参加する討論、すなわち「公論」「公議」「輿論」によって行なわれなくてはいけない。先にふれた真木保臣『経緯愚説』にも、「言路を開て、公卿大夫は勿論、田夫野人に至るまで、思所《おもう》を十分に打開《うちひら》き、少しも忌諱の恐《おそれ》なく云はせて聞せたまふより外の術なし」という提言が見える。真木のような尊攘派の志士から、公武合体派の大名たち、また勝海舟に代表される開明派の幕臣たちに至るまで、「公論」による政治の実現は、徳川末期の政治過程で多くの勢力が共有するスローガンとなっていた。

横井小楠

そして、この「公論」の尊重という理念に基づいて、小楠は西洋諸国の議会制度を高く評価し、その日本への導入をいち早く提唱した。この構想が明治新政府にも引き継がれてゆく。慶應四年三月（一八六八年四月）、新政府が「国是」を示すものとして発布した「御誓文」（五箇条の御誓文）の冒頭に掲げられたのは「広ク会議ヲ興シ万機公論ニ決スベシ」。これは、小楠とともに福井藩の藩政改革にあたった由利公正が起草に関わっている。

「公論」による政治を可能にする制度の確立という課題は、紆余曲折をへながら、やがて大日本帝国憲法の制定と帝国議会、とりわけ選挙による衆議院の開設へとつながってゆく。

同時に、近代の西洋諸国の政治制度は封建制・郡県制の二分法にあてはめるなら、当然に郡県制である。先にふれた浅井清『明治維新と郡県思想』と前田勉『江戸後期の思想空間』（ぺりかん社、二〇〇九年）の二つの著作が、徳川末期から蘭学者などがそれに言及した例を紹介している。そのなかでは浅井が引く、和歌山藩の武士で徂徠学と洋学を学んだ、津田出《いずる》（天保三・一八三二年〜明治三十八・一九〇五年）の例が興味ぶかい。津田は、「王政復古」ののち、藩の執政、さらに大参事に任ぜられ、藩政改革にあたったが、それは全国に先がけて領内を郡県制へと転換するものであった。

しかも単に地方の統治方式を変えるだけではなく、身分制を解体した西洋諸国と同じになることにその意義を見いだしていたのである。没後に刊行された自伝『壺碑《つぼのいしぶみ》』（大正六・一九一七年刊）によれば、すでに明治元年十二月、伊達千廣の息子、陸奥宗光が日本全体の今後の「組立」をどう改革すべきか質問したのに対して、こう答えていたという。

先づ古昔王代の時分は郡県の制度であつたのじや。鎌倉以来は王室の式微に乗じ王権を窃《ぬす》んで自然に封建の武断政治となつた。此の封建政治は先づ古昔の話しは暫く措て、日本にも支那にも欧米各国にも、凡そ世が開けて後は何所にもない。依て封建武断の政治を廃して欧米各国と併立することの出来る様な郡県制度を組立て其行政をだに甘《うま》くやりさへすれば、其組立ては

何んでもないことじや（『壺碑』二四〜二五頁）

これは明治時代の後半になってからの回想であるから、本当にこのとき、ここまで明確に考えていたかどうかは、厳密には定かでない。だが、やはり浅井の研究が指摘するように、明治初年に盛んに読まれた福澤諭吉の著作、『西洋事情』外編（慶應四・一八六八年）は巻之二で「国法及び風俗」を扱っている。その叙述によれば、ヨーロッパの「中古」の世における「封建世禄の法」は「風俗野鄙」な時代の制度であったが、やがて諸国が「文明」へと向かうに従って「封建の遺法」は廃され、国民の「保護」と「自由」が確立するようになった。ここで「封建」は、「野鄙」から「文明」へとむかう歴史の進歩の過程で、投げ捨てられるべき古来の弊習として、まったく否定されているのである。

全国の土地・人民を「王土」「王臣（王民）」として一元化することを通じて、「封建世禄の法」による束縛を廃し、人々の生活の保護を確実なものとする。そして個人が「自由」に議論し、政治に参与する制度へと道を切り開いてゆくこと。版籍奉還・廃藩置県を通じての郡県制への転換もまた、そうした期待につながるものと考えられたのだろう。もちろんそれはあくまでも政府が示す建前であり、理想論にすぎないとも言える。しかしこれが「王政復古」「廃藩置県」という、もはやあと戻りのできない現実の変革と併行して唱えられたことを通じて、人々の歴史意識は「封建」の時代から「文明」へと向かう直線上のものへと、たしかに変わっていった。

第十一章　「文明開化」のおとずれ

無限の宇宙と無限の進歩、空間と時間の観念がともに大きく変わる地点で、西洋の「文明」の受容は始まった。しかし欲望の解放としての「開化」は、はたして理想の「文明」と重なるのか。——新たな問いもまた、めばえてゆく。

明治15（1882）年に描かれた「東京名所之内　銀座通煉瓦造鉄道馬車往復図」
（歌川広重［三代］画）

無限の宇宙と無限の進歩

福澤諭吉は、晩年に近い明治三十一（一八九八）年、『福澤全集』全五巻（時事新報社）の発刊にあたって、その第一巻の冒頭に「福澤全集緒言」を寄稿した。みずからの生涯をふりかえりながら、収録作品について簡単な解説を加えた文章である。たとえば、「王制一新」の前後に刊行され、ベストセラーとなった『西洋事情』（初編は慶應二・一八六六年、外編は同四・一八六八年、二編は明治三・一八七〇年）については、こんな具合であった。

福澤は「維新」の政治運動を進めた「諸藩の有志者」たちが、武士の気象に富んではいても、学問には暗く、「儒学の極意より之を視れば概して無学と云はざるを得ず」と指摘した上で次のように語る。

此無学の一流が維新の大事業を成して、扨《さて》善後の一段に至り鎖国攘夷の愚は既に之を看破して開国と決断したれども、国を開いて文明に入らんとするには何か拠る所のものなきを得ず。流石の有志輩も当惑の折柄、目に触れたるものは近著の西洋事情にして、一見是れは面白し、是れこそ文明の計画に好材料なれと、一人これを語れば万人これに応じ、朝に野に苟《いやし》も西洋の文明を談じて開国の必要を説く者は一部の西洋事情を座右に置かざるはなし。西洋事情は恰《あたか》も無鳥里《とりなきさと》の蝙蝠《へんぷく》、無学社会の指南にして、維新政府の新政令も或は此小冊子より生じたるものあ

る可し。（『福澤諭吉全集』第一巻、岩波書店、一九五八年、二九頁）

まるで『西洋事情』が日本全体の人心を方向づけ、新政府の政策もこの本が主導したと言わんばかりの口調である。同じ文章によれば、初編は偽版も含めると二十万から二十五万冊が流布したという。明治三（一八七〇）年の日本の人口は三千二百万から三千五百万人という数字が残っているから、二十五万冊として現在の人口、一億二千七百三十万人（二〇一三年十月現在）にひきあてれば、百万部ほど売れたことになる。当時の識字率がまだ低いことと、本の刊行点数が少ないことを考えれば、読書できる階層の人々に与えた影響は、やはり大きかったのだろう。

マルクス主義の哲学者、永田廣志が昭和十一（一九三六）年に刊行した『日本唯物論史』は、明六社に集まった一群の洋学系知識人たちを「明治啓蒙」と呼び、とりわけ福澤をその代表に位置づけながら、その思想を概観している。永田が福澤らを「啓蒙」思想と名づけるのは、十八世紀の西欧諸国と同じ「ブルジョア社会の確立期」として明治初年をとらえ、十八世紀の英独仏の「啓蒙家」と同様に「封建的イデオロギーの打破」に努めたと位置づけるからであった。

「啓蒙」の原語であるenlightenmentは、「いっさいを理性の光に照らして見ることで、旧弊を打破し、公正な社会を作ろうとした」（廣松渉ほか編『岩波哲学・思想事典』岩波書店、一九九八年、阪上孝による項目説明）というニュアンスをもつ。永田廣志もまた福澤らの思想に関し「ブルジョア自由主義」として限界があると批判しながらも、そうした美点を見た上で「明治啓蒙」と名づけたのであろう。しかし、訳語として使われた漢語「啓蒙」は、賢者が愚民を教え諭すという意味の言葉である。戦後になると主に左派の研究者が、庶民の生活や心情に冷淡な「明治啓蒙思想」として福澤を批判するようになり、いまでもそうした声は少なくない。それはおそらく、「啓蒙思想」の呼び名が原語でなく訳語の意味あいで定着したことに加えて、先の引用に見えるような福澤の自画自賛ぶりが、〝上から目線〟のエリート改革者という印象をもたらすせいではないか（なお、この「明治啓蒙」という言葉に引っかけて、福澤らを高く評価した丸山眞男を「戦後啓蒙」と呼んで批判する人もいるが、以上のような誤解の重なりを考慮すると、二次災害のようなものと言える）。

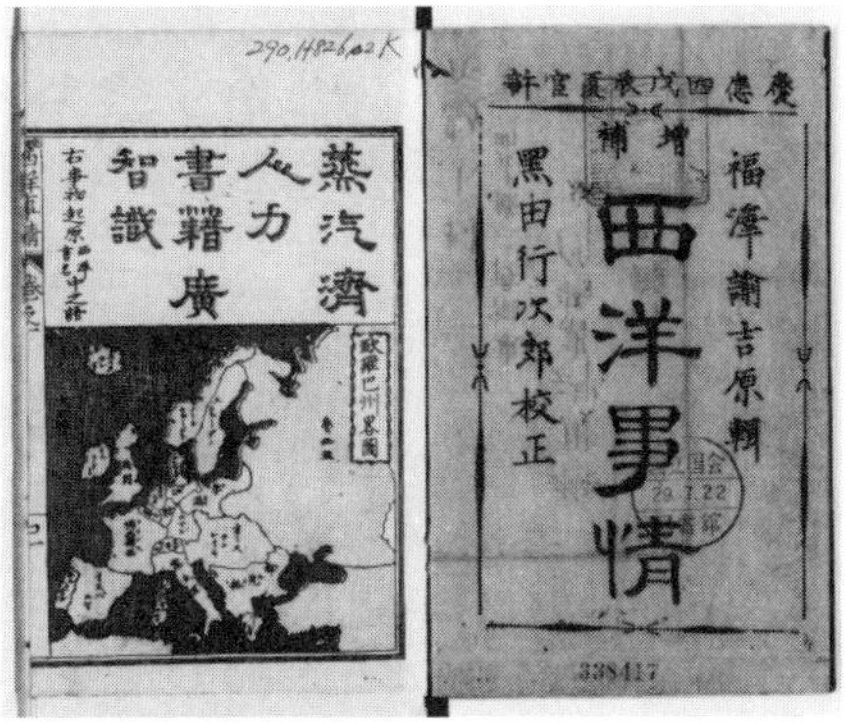

福澤諭吉『西洋事情』

いずれにせよ明治初年の福澤は、「文明」の先進国である西洋の思想・学問・制度を日本に受容し、それを日本社会に定着させようと奮闘していた。「福澤全集緒言」で『訓蒙窮理図解』の三つあとにとりあげている著書は『西洋事情』（明治元年の九月〜十二月の間に刊行されたと推測されている）であった。「緒言」ではその執筆意図をこう語っている。

開国の初《はじめ》に当り吾々洋学者流の本願は、兎も角も国中多数の人民を真実の開国主義に引入れんとするの一事にして、恰《あたか》も西洋文明の為めに東道の主人と為り、一面には漢学の固陋を排斥すると同時に、一面には洋学の実利益を明《あきらか》にせんことを謀り、あらん限りの方便を運《めぐ》らす其中にも、凡《およ》そ人に語るに物理の原則を以てして自《みず》から悟らしむるより有力なるはなし。（前掲書、三三～三四頁）

「東道の主人」とは、西から来る客を東方で案内する人物を意味する、『春秋左氏伝』に由来する表現である。一般の人々を「西洋文明」に案内するのには、まず「物理の原則」から始めるのがいいと徳川末期の福澤は考えた。「物理」の語は、旧来の朱子学では物理現象と人事の双方に関する理のことであったが、この場合はすでに、人間社会と区別された「物」の「理」、すなわち近代西洋の自然科学が明らかにした、自然現象に内在する法則を意味している。『訓蒙窮理図解』は、身近な自然現象を題材にしながら、物理学・気象学・天文学の基礎を、図入りで簡明に説明した入門書になっている。

「序」に記された表現によれば、「窮理の学」を学ぶことを通じ、「知識《ちえ》」をみがくこと。それがこの本が読者に勧める目標であった。「仁義道徳」に加えて「知識」をも発達させることで、本当に「人間の職分を尽したり」と呼ぶことができると福澤は説く。

そして興味ぶかいのは、近代西洋に確立した無限宇宙観が、ここで初めて紹介されたことである。すでに第八章で紹介したように、西洋の天文学については徳川時代、公儀の天文方を中心とする蘭学者たちによって受容が進んでいた。しかし彼らによる天文学の紹介は、地球説・地動説と天体の運動法則を説くまでにとどまる。むしろ西洋の無限宇宙観に近い議論を展開したのは、無数の天体を「虚空」がとりまいていると説明した国学者たちであったが、『日本書紀』の冒頭の記述を敷衍した色彩が強い。

これに対して福澤の『訓蒙窮理図解』は、徳川時代の天文書を参考にせず、英・米の自然学(natural philosophy)・地理学の教科書を多数参考にしながら、独自にまとめたものであった。第七章は「引力の事」と題されている。そこでは万有引力の理論を紹介しながら、引力による惑星の公転の運動について語り、続いて宇宙の広大さを説明するのである。次の引用で「日輪」「月輪」は太陽と月をそれぞれ意味する。

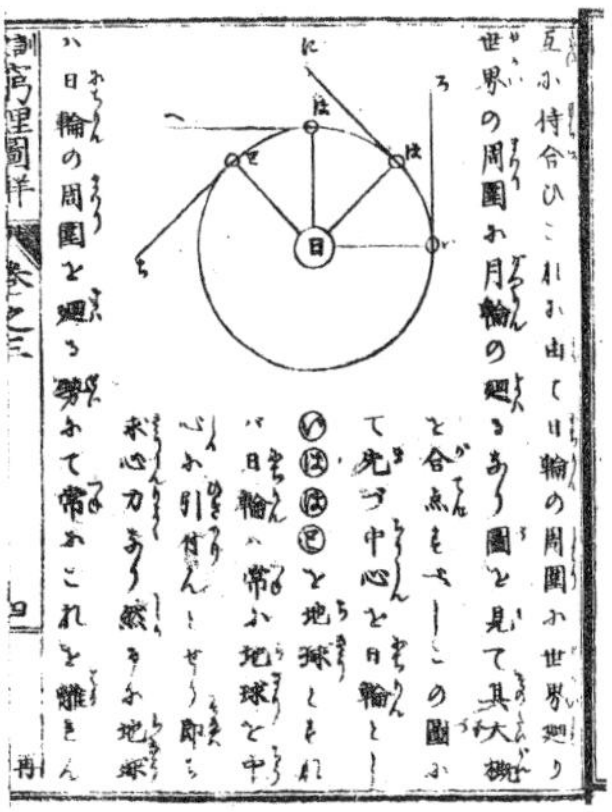
福澤諭吉『訓蒙窮理図解』

> 抑《そもそも》造化天工の大《おおい》なること人力を以て測るべからず。一通り考《かんがう》れば、日輪は高し、月輪は遠しなど、思ふなれども、前にもいへる如く日輪の外《ほか》に又日輪ありて、其数幾百万なるを知らず。其遠きことも亦譬《たとえ》んかたなし。恒星の内にて最も近きもの、里数を測りしに、百万、千万、一億と計《かぞ》へ其一億を七千八百五十合せたる数なり。十露盤《そろばん》の桁にすれば、一の数より十五桁上《かみ》の数に当る。銀河《あまのかわ》の高さなどに至りては億兆の数にて、とても測るべからず。洪大とやいはん、無辺とやいはん、これを考へても気の遠くなるほどのことなり。(『福澤諭吉全集』第二巻、岩波書店、一九五九年、二七二頁)

宇宙には限界がないと明言しているわけではないが、地球から天の川を構成する星々までは「億兆」里の距離に及ぶと指摘したあとで、「洪大とやいはん、無辺とやいはん、これを考へても気の遠くなるほどのことなり」と述べるところには、人間が無限という事実を正面から考えるとき、精神を襲ってくる深い畏怖が表われているだろう。

そして、この地球をとりまく宇宙空間が無限の広がりをもっているという認識とともに、地球上に生きる人間の社会が、一直線に進歩し続けるという歴史感覚がはっきりと登場することが興味ぶかい。『訓蒙窮理図解』の直前、慶應四（一八六八）年の五月から八月までの間に刊行されたと考えられている『西洋事情』外編にそれが見える。

同書は英国で刊行された政治・経済の教科書、ジョン・ヒル・バートンによる『政治経済学――学校教育および家庭教育のために』(John Hill Burton, *Political Economy : for Use in Schools and for Private Instruction*, London / Edinburgh, 1852) を翻訳し、それに「諸書」の「鈔訳」も加えて補う形で、福澤が著わした書物である。ただし原書の版元であるエディンバラの出版社、ウィリアム・アンド・ロバート・チェンバーズの名前を福澤は著者名と誤解して「英人チャンブル氏所撰の経済書」と説明していた。――「経済」はここではまだ経世済民の意味である。――その第一巻の第四章は「世の文明開化」（バートンの原書の章題は“Civilisation”）と題されている。

その冒頭で福澤は、人間が「蛮野」「莽昧」から「文明」「文明開化」へと進歩するのが普遍的な法則だと述べ、その歴史の概略をこう語る。

歴史を察するに、人生の始は莽昧にして、次第に文明開化に赴くものなり。莽昧不文の世に在ては、礼義の道未だ行はれずして、人々自《みず》から血気を制し情欲を抑ゆること能はず。大は小を犯し強は弱を虐し、配偶の婦人を視《み》ること奴婢の如く、父の子を御するに無道を以てするも之を制する者なし。且《かつ》世間相信ずるの意薄くして、交際の道甚だ狭きが故に、制度を設《もうけ》て一般のために利益を謀ること能はず。世の文明に赴くに従て此風俗次第に止み、礼義を重んじて情欲を制し、小は大に助けられ弱は強に護られ、人々相信じて独《ひとり》其私《わたくし》を顧みず、世間一般の為めに便利を謀る者多し。（前掲『福澤諭吉全集』第一巻、三九五頁）

これは第三章でとりあげた西周、第九章でとりあげた箕作阮甫と同様に、過去から現在、さらに遠い未来へとむかって、人類の社会は進歩してゆくという新たな歴史観が、はっきりと打ち出された瞬間にほかならない。原始にあった「莽昧」な世（バートンの原文では"barbarous"）から、「文明開化」をへた（"civilised"）状態への移行について、同じ章の後半では、農業・牧畜・工業の発展によって人口が増えること、また「文明の教盛《さかん》なれば世間富饒《ふにょう》を致し」という動向についてもふれている。経済が豊かになり、学問が発展し、おたがいの「人情」を穏やかに思いやる余裕も生まれてくる。——富永仲基・海保青陵・本居宣長らがその著作でかいま見せていた時代の変化の認識は、ここでそれを明確に定式化する理論をえたのだった。

しかもここで福澤は、「文明」について西洋文化の産物に限定してとらえているわけではない。第三章でもふれたとおり、福澤にとって、ある国が「野蛮」か「文明」かという命名は、進歩の度合いを尺度にして判断した結果、そう名づけられる「相対《あい》したる」ものにすぎない。文化の違いをこえて人類一般に通用する基準であり、十九世紀の同時代においては西洋諸国がたしかにもっとも進んでいるとしても、西洋もまだ進歩の極致へと到達してはいない。したがって、現時点において「西洋の文明」を目標にすることを福澤は掲げたが、「智恵」と「徳」の双方の向上としての「文明」をめざす努力は、原理としては西洋化と同じことではないのである。

実際、civilisation の訳語に「文明」もしくは「文明開化」を採用したこと自体、それが東アジアの伝統的な価値観からして望ましいものであるという理解に基づくものであった。佐藤亨『現代に生きる幕末・明治初期漢語辞典』（明治書院、二〇〇七年）の指摘によれば、慶應元（一八六五）年十月十五日の『日本新聞』（別本）十七号に「開化文明」という表現が見えるが、「文明開化」の四字熟語が世に広まったのは、やはり『西洋事情』外編が起源なのであろう。

もともと「文明」の語は、室町時代、後土御門天皇の治世において年号（一四六九年～一四八七年）に用いられた例に見えるように、儒学の経書に由来する言葉であった。『書経』舜典では、古代中国の理想の聖人王、舜の深遠な徳を讃える形容詞として「文明」が用いられる。また、『易経』乾卦文言伝では、徳の高い統治者による感化を蒙って、世の中が安定しているようすを「天下文明」と形容している。「文明」はもともと、儒学の理想である古代中国の堯舜三代の治世について用いられる、きわめて高い道徳性を帯びた言葉であった。

さらに朱子学の理論に基づいた蔡沈《さいしん》『書経集伝』の解釈では、「文明」が「文理にして光明」と解されている。人々がみずからの暗い情欲を適切に統御し、心に本来備えている天地全体と共通の「理」を十全に発揮して、万人・万物との調和を実現する。そうした理想状態が達成されたとき、人々の目に入ってゆくまばゆい輝き。その美しさとまぶしさを形容する言葉が「文明」なのである。これを福澤が訳語に用いたのは、バートンが説くcivilisationの内容に対する高い評価と共感を示している。

もちろん『西洋事情』外編「世の文明開化」に見える、個人の不可侵の権利を出発点として社会を考え、親も子も、男性も女性も権利の主体としては平等だと説く議論は、徳川時代の学者にはなじみの薄い発想だっただろう。だが、バートンの言うcivilisationは、人間が野蛮な状態を離れ、「礼義を重んじて情欲を制し」、調和した社会を作りあげることを中心としている。「礼義」は原文の"the moral feelings"という言葉に対応し、外面的な礼儀作法のことではなく、人間なら本来は誰しもが備えている、他者へのうやうやしさと正しさへの志向を指す。その十全な実現を可能にするのが望ましい社会のあり方だという議論は、朱子学の人間論とも見あうのである。徳川時代に生きる人々にとって、変化しつつある社会に生きる実感からしても、知識の基盤となっていた朱子学の価値観からしても、civilisationすなわち「文明」への進歩という歴史像・未来像は納得でき、また望ましいものでもあった。

「郡県」と「開化」

「文明」とともに「開化」もまた、「文明開化」と同様にcivilisationの訳語として多く用いられた。もともとは中国古典に由来する言葉であり、統治者が制度を作りあげて人々の教化を始める（「化を開く」）ことを意味する。『日本書紀』における第九代の天皇、稚日本根子《わかやまとねこ》彦大日日《ひこおおひひ》尊《のみこと》は、のちに「開化天皇」という漢風諡号を上られているが、その治世に関する記述は簡略なものにすぎず、人柄や業績との関連が見えない。おそらくは王朝初期の天皇の一人という位置づけを示す諡号なのだろう。日本の仏教語としては「かいけ」と発音し、「人を教えて道理をわからせ、善に導くこと。迷いをときほぐして教え導くこと」という意味で使われた（石田瑞麿『例文仏教語大辞典』小学館、一九九七年による）。

人々の教化という意味は、「天下文明」と言う場合の「文明」という形容にも関連する。だがそうした特徴よりも、先に指摘した、世が「開ける」という徳川時代の言い回しの漢語による表現として用いられたのだろう。さまざまな学問が発達し、情報の流通も人の交通も盛んになり、経済が発展して新しい物がつぎつぎに登場する動き。それを示すものとして、「開化」もまた civilisation の訳語にふさわしいものだった。

さらに明治初期には「文明」と「開化」とを区別した上で、「開化」よりも「文明」の方が価値が高いと位置づける言説が登場する。明治元（一八六八）年九月に大阪府によって発刊された西洋の知識を紹介する雑誌、『明治月刊』の第二号（「巻之二」、おそらく同年十月の刊行）には、「人運開化の高下」と題した短い記事が載っている（『明治文化全集』復刻版第十七巻「外国文化篇」、日本評論社、一九九二年、一三四〜一三五頁）。そこでは、人類の社会の進歩は、「風俗制度の良醜」に応じて五段階に分けられると説いている。最下等は「野蛮」で、その上は「夷俗」。三番目に来るのが「半開の国」であり、この特質は、農業・技術・学問はそれなりに発達を見るが、「上下の別」が厳しく、「万国に交はり、有無を通じて富強を謀る事」を知らない。その結果、技術も学問も「新発明」「日新の教」に乏しく停滞している。同時代では中国（「漢土」）とインドの「諸部」、ペルシア、トルコ、北アフリカの諸国がこれにあたるという。

そして『明治月刊』の筆者は、「開化」が最高度に進んだ欧米諸国についても、「開化の国」と「文明の国」の二段階に分ける。最上位の「文明の国」の姿は、第三章で紹介した福澤諭吉『文明論之概略』や『西洋事情』外編が示すものと同様であり、英国、フランス、スイス、ドイツ、ベルギー、オランダ、アメリカ合衆国がその例に挙がっている。これに対して「開化の国」は一段低い存在であり、「古来の陋習未た《ママ》掃尽せずして教育全く備はらず、下民盲昧にして上下隔絶す」という状態。教育制度が完備しておらず、議会も開かれないため政府と人民との距離が遠いというのである。ロシア、イタリア、スペイン、ポルトガル、南米諸国がそれにあたる。

「文明」に対して「開化」が低い位置づけになるのは、世が「開ける」風潮が、人間のありのままの欲望の解放として歓迎された、明治初年の空気によるところが大きいだろう。社会学者、見田宗介は当時に「文明開化」を論じた多くの冊子を分析した論文、「文明開化の社会心理学」（一九六五年初出）でこう指摘している。

官版
明治月刊
戊辰九月
大阪府

大阪府『明治月刊』第１号

「ひらける」というイメージはいうまでもなく、とざされていた状態から明るい所へ解放されるということである。このような解放感の実体的な内容は、第一に鎖国による文化的自閉性からの解放であり、第二に幕藩体制下の地域的閉塞性からの解放であり、第三に蒙昧ないし非合理の因習からの解放であり、そして第四に封建的身分関係による、人生の固定した宿命からの解放であった。それは、あるいは西欧文化への新鮮かつ素朴な好奇心を生み、あるいは地方在住のアンビシャスな青年層の上京衝動をそそり、あるいは文明の細片への性急かつ強迫的な模倣への欲望を生み、あるいは社会各層の無限の上昇への幻想を生んだ。(『定本　見田宗介著作集Ⅲ　近代化日本の精神構造』岩波書店、二〇一二年、九四頁)

これに対して徳川時代にあった、交通のきびしい制限や、厳重な身分制度のもとでの商業の統制。それについては、徳川末期の「開国」ののち、英国の駐日総領事兼外交代表として江戸で三年間をすごした、ラザフォード・オールコック(一八〇九年〜一八九七年)が的確にその性格を指摘している。

ブルボン王朝の君主やイタリアの小君主たちは、国内外の貿易を抑え、普通の農耕以外のあらゆる産業を抑えようとする政策を採ったといわれているが、まさにこの政策が日本の支配層の政策になっている。貿易、とくに外国貿易のなかに、もはやそう長くは奴隷状態のうちに抑えつけておくことのできぬ中産階級の富殖と成長の種子があると支配者たちは見ている。ヨーロッパでは、商人階級の富と知恵が発達して、その結果、フューダリズムによる土地保有のくさりが断ち切られ、抵抗の中心としての自由都市が形成されていったのだが、これと同じことがここでも起こるであろう。こういう東洋の諸国にとっては、外国との通商は必然的に社会革命の萌芽をはらんでいる。（『大君の都――幕末日本滞在記』第三十三章、山口光朔訳・下巻、岩波文庫、一九六二年、八八頁。訳文は一部改めた）

オールコックがこの本を書きあげたのは一八六三年のことであり、まだ「王制一新」も「文明開化」礼賛の風潮も起こってはいない。当時は公儀による交通・商業・貿易のきびしい統制が、「中産階級」の成長と「自由都市」の形成を通じた「社会革命」の発生を、防いでいるとオールコックは見た。だがその後に展開する現実の歴史においては、「開国」と公儀の統治体制の「瓦解」をへたあとに「抵抗の中心としての自由都市」の形成が実現したわけではない。そこにやってきたのは、人々が欲望の充足を求めて活発に競いあう混乱状況だったのである。

ラザフォード・オールコック

たとえば画家、鏑木清方はのちに随筆「兎と万年青《おもと》」（一九三九年初出、山田肇編『随筆集　明治の東京』岩波文庫、一九八九年、所収）でこんなエピソードを伝えている。

明治の初年、「御維新の世替り代がわり」のころに、兎の売買が流行した。多くの人々が兎の優良種を飼い、大量に生まれた子供を売りに出すとたちまちに売れ、値段は「天井知らず」になる。ところがその流行もすぐに終わり、今度は万年青の鉢植えを栽培するのがはやりだし、投機の対象となった。——そうした投機やギャンブル、さらに売買春が盛んになり、人々が欲望を赤裸々に発揮し、その充足を追い求めたのが「文明開化」の時代の実状であった。

序章でふれたように現代の歴史学者の書いた著作では、明治初年の「文明開化」の風潮が、政府が上から強引に文物の西洋化を進めようとした動きであり、庶民にとっては迷惑なものであったというような評価が、しばしば加えられている。だがそれは事態の一部をしかとらえていないと言うべきだろう。公儀の「瓦解」と新政府の発足は、人々にとって、まずは生活全体に及ぶ束縛からの解放と感じられた。西洋の制度や文物の受容も、その動きの一環として歓迎されたのである。

『東京経済雑誌』を主宰していた政論家、田口卯吉（安政二・一八五五年～明治三十八・一九〇五年）は、のちに著書『日本開化之性質』（一八八五年）でこう述べている。

諸君よ、蓋し人性は一也。故に欧米人をして今日の開化を発せしめたるの原素は又た必ず我国人に存せざるべからざる也。思ふに唯々其発達せざるのみ。余実に之を我労力社会に於て発見すと云ふ。いま試みに我労力社会の衣服の有様を見よ、其股引、腹掛け、手ツコ、袢纏及び常衣の類何ぞ善く西洋今日の「ヅボン」「チヨツキ」「マンテル」外套に似たるや。故に若し此衣服をして正当に発達せしめば、必ず西洋今日の衣服となりしならん、（『鼎軒田口卯吉全集』第二巻、吉川弘文館、一九二七年、一二七頁）

「てっこ」は三重県や栃木県の方言で、筒袖の着物もしくは袖なしの仕事着を意味するという。田口によれば、自分の身体を動かして働く庶民なら、働きやすい衣服を工夫するのであり、やがて洋服が伝来すればそちらに移行するだろう。開国と「文明開化」を迎えるまで、従来の股引や袢纏のままにとどまって、それ以上に便利な衣服へと発展しなかったのは、徳川時代の身分制度のもとでは、「労力社会」の住人たちが、裕福になると豊かな「上等社会」のまねをしたり、「貴族的の家屋」に使用人として入るようになってしまい、労働用の服を捨ててしまったからなのである。

田口卯吉

そうした身分制による束縛がなければ、やがては洋服に等しいものを考え出すのが、普遍的な「人性」だと田口は考えている。その名前を一躍有名にした著書、『日本開化小史』（一八七七年〜一八八二年）では、人間には「生を保ち死を避くる」性質があり、そのために便利な工夫をめぐらす「智力」が発達し、さまざまな「貨財」が「進歩」してゆくと説いていた。この「進歩」は「社会の性」なのであり、身分制度の束縛のもとでその発達が遅れることはあっても、とどまることはない。日本でも「文明開化」の時代をへて洋服がしだいに普及するのが「進歩」の順当な筋道だということになる。

さらに封建制から郡県制への転換もまた、それを推進しようとする者にとっては、「文明開化」を進めるのに好都合な改革と考えられていた。やがて福澤諭吉と同じく明六社に加わる津田真道《まみち》（文政十二・一八二九年～明治三十六・一九〇三年）は、版籍奉還の三か月前の明治二（一八六九）年

津田真道

三月、『中外新聞』第六号に「郡県議」を発表し、同じ新聞で封建制・郡県制の得失をめぐる論争が始まるきっかけをなした（大久保利謙ほか編『津田真道全集』上巻、みすず書房、二〇〇一年、所収）。その文章で津田は、日本では「太古」は「封建郡県混合したる制」、天智天皇以後は「郡県の政」、「保平」（保元・平治の乱）以後「武門」が政権を握ってからは「封建の姿」と、頼山陽に似た歴史観を表明する。そして現在、日本全国が「一和」の状態となって「愈〻《いよいよ》滋〻《ますます》富強開化を増殖し、上天子諸侯より下陪臣陪々臣庶人に至る迄、各其所を得せしむる」ためには郡県制の導入が必要だと説いたのである。

新たな郡県制の時代は、統一された秩序のもとで人々が「富強開化」を求めるのに最適なものとなるだろう。こうした津田の見通しが、直接に版籍奉還や廃藩置県を導いたわけではない。だが、封建制が世襲制・身分制と一体のものとして考えられていた当時にあっては、郡県制への転

換もまた、欲望の放埒な解放としての「開化」をさらに進めるものと理解されていたことだろう。

しかし、西欧では近代に至って civilisation が進歩したというが、それは単に経済活動が活発になり、人々の欲望を誘う贅沢品が世にあふれ、堕落へと導いているだけではないか。外見上豊かな都市生活のなかで、人々は虚栄心に駆られ、他人の目ばかりを気にするようになり、かつてあった個々人の旺盛な独立心を失なっているのではないか。——第三章で紹介した、十八世紀のフランスでジャン゠ジャック・ルソーが展開していた、civilisation に対する批判である。

同じように明治初年の日本でも、欲望の解放としての「開化」の風潮は、他面で知識人による鋭い批判を呼び起こした。「開化」の暴走は、福澤が『西洋事情』外編で期待したような、「礼義」すなわち moral feelings の成長とは逆行するものである。河野有理『明六雑誌の政治思想——阪谷素と「道理」の挑戦』(東京大学出版会、二〇一一年)が指摘した史料であるが、『文明論之概略』が刊行されたのと同じ明治八(一八七五)年に、旧「幕臣」出身のジャーナリスト、成島柳北が発表した論説「文辞ノ弊ヲ論ズ」には、以下のような議論が見える。


世は開化に進みしか、曰く然り。世は文明に至りしか、曰く否《いな》。もし我輩は何故にかかる奇怪なる答をなすと問ふ者あらば将にその問に対《こた》へて言はん。汽車走り、汽船走せ、電信達し、瓦斯耀《かがや》く。人民の智見もまた漸く蠢愚の幾分をか脱し去れり。我輩これを目して開化に進みしと云へるのみ。然り而して今日の天下、文学の凋零し文辞の卑汙《ひお》甚しきを見れば、知らず何れの処に文明の二字を下すことを得んや。それ文明とは、その邦の文運隆盛にして士君子おのお

成島柳北

のその品行を整粛にし、その言辞を高雅にし、所謂郁々乎たるの景況を称して謂へるものに非ずや。（成島復三郎編『柳北遺稿』第一巻、私家版、一八九〇年、一一～一二頁。原文の片仮名を平仮名に改めた）

テクノロジーが発展し、生活は安楽できらびやかになった。そのおかげで国も豊かで強くなるかもしれない。しかし、「文運」や「品行」はそれに比例して進歩しているると言えるのか。「開化」にすぎないこの状態を「文明」と呼んで誇っていいのだろうか。——そうした問いを柳北は投げかけている。福澤諭吉もまた『文明論之概略』で、「智恵」だけでなく「徳」もまた向上を続けるのが、「文明」へと向かう進歩だと説いた。さらにこの本では、かつてみずからが流行させた「文明開化」の四字熟語を使わずに「文明」と呼び、「開化」の語の使用は十一か所にとどまる。その措置の奥には、日本の現状で進みつつある「開化」に対する、福澤の深い疑念が働いているのではないだろうか。

「自由」と「進歩」のゆくえ

ラザフォード・オールコックの『大君の都』は、英国から派遣された外交官の日本見聞記でありながら、西洋中心の価値観に必ずしもとらわれず、日本の風俗・文化について、時に賞賛も加えながら公平な記述を志した本である。さらに同じ本のなかでジェレミー・ベンサムの最大幸福主義（功利主義）の哲学に対して異論を唱え、ジョン・ステュアート・ミルやアレクシ・ド・トクヴィルの著書にもふれている。同時代の西洋社会が抱える問題性にも敏感な知識人だったことが、そうした視点をもたらしたのだろう。

この本の第三十五章でオールコックは「日本の文明（Japanese civilisation）」を論じ、徳川の治世における「制度の持続力」を説明している。その見るところによれば、日本の社会制度は西洋中世のフューダリズムに相当する。それは現在のところ社会に安定と豊かさをもたらしている制度であるが、早晩、「ヨーロッパの侵攻と文明の潮の前に、姿を消さねばならぬ」のではないか。そうした疑念を表明しながらも、制度の長い持続と効果の大きさについて、次のように評価する。

このようにさし迫った未来を予期するならば、これほど長くみごとに中世的な形態を維持してきて十分に発達したフューダリズムをもった国民［people］とその制度の現状は、注意深い研究にあたいする。このフューダリズムによってこの国［nation］は、われわれの考えている意味では自由でないにしても、多くのしあわせを享受することができた。西洋諸国の誇るいっさいの自由と文明をもってしても、同じくらい長年月にわたってこのしあわせを確保することはできなかったのである。国の［national］繁栄・独立・戦争からの自由・生活の技術における物質的な進歩――これらはすべて、日本人が国民として所有し、そして何世代にもわたってう

けついできたものである。（前掲訳書、下巻、一七三頁。訳文は一部改めた）

オールコックは、徳川時代の身分制による秩序が、ヨーロッパに見られないような平和の持続と、技術の進歩、人々の豊かさをもたらしたと指摘する。だが同時に「われわれの考えている意味では自由でないにしても（if not free in our estimate of freedom）」とも語っている。豊かで幸福だがfreedomのない社会。それがオールコックの見立てである。先の章で、海保青陵や本居宣長が、物質生活が豊かになり、欲求が満たされる状態を「自由」と呼んで、徳川時代の日本にはそうした「自由」の増進という変化が見られると説いていたことにふれた。もしもオールコックに言わせるなら、その「自由」は西洋諸国に言うfreedomとは異なるものだということになるだろう。

徳川時代における意味での「自由」があっても、freedomはない。そのことをオールコックと同じころに、日本で洞察していたのは福澤諭吉である。『西洋事情』初編の冒頭には、ヨーロッパにおける「文明の政治」について「六ヶ条の要訣」を掲げた有名な箇所がある。その第一条が、まさしくfreedomに言及するものであった。

第一条　自主任意」国法寛《ゆるやか》にして人を束縛せず、人々《にんにん》自《みず》から其所好《このむところ》を為し、士を好むものは士となり、農を好むものは農となり、士農工商の間に少しも区別を立てず、固《もと》より門閥を論ずることなく、朝廷の位を以て人を軽蔑せず、上下貴賤各〻其所を得て、毫も他人の自由を妨げずして、天稟《てんぴん》の才力を伸べしむるを趣旨とす。但し貴賤の別は、公務に当《あた》て朝廷の位を尊ぶのみ。其他は四民の別なく、字を知り理を弁じ心を労するものを君子として之を重んじ、文字を知らずして力役《りきえき》するものを小人《しょうじん》とするのみ。（前掲『福澤諭吉全集』第一巻、二九〇頁）

オールコック『大君の都』で描かれた挨拶する日本人

世襲の身分や「門閥」にとらわれず、みずからの「才力」を発揮できる社会。それが福澤が西洋に見た「文明」の理想であり、その中核をなすのが「自主任意」すなわちfreedomの価値であった。厳密に見るならば、むしろ平等という価値にかかわる問題もこの文章には含まれている。自由と平等、二つの価値のあいだに生じる矛盾に、福澤が無頓着だったというよりも、むしろ「自主任意」を「文明」的な社会を支える根本の価値とし、そこから直接に要請されるものとして「平等」の規範を位置づけていたのだろう。

そして福澤は、freedomを「自主任意」と訳したことについて、割注で説明をつけ加えている。「本文、自主任意、自由の字は、我儘放盪にて国法をも恐れずとの義に非らず。総て其国に居り人と交て気兼ね遠慮なく自力丈け存分のことをなすべしとの趣意なり。英語に之を「フリードム」又は「リベルチ」と云ふ。未だ的当の訳字あらず」。freedom に「自主任意」や「自由」の訳語をあてることで、かえって「我儘放盪」の意味に誤解されてしまう事態を、福澤は警戒している。それは単なる自己の欲求の充足ではなく、「毫も他人の自由を妨げずして」すなわち他人の自由を害さないという範囲で、「気兼ね遠慮なく」自分の意志に基づいてふるまうことなのである。

津田左右吉の随筆「自由といふ語の用例」（一九五五年）や、柳田國男の自伝『故郷七十年』（一九五九年）は、前近代の日本において「自由」という語は「我儘」という否定的な意味でしか使われなかったと説いている。日本人の「自由」観を論じるさいにしばしば注目される史料であるが、福澤の割注の記述を不注意に読んだための誤解だろう。「手が不自由」というような場合の「自由」の用例は前近代から日常語にあるし、先にふれた海保青陵や本居宣長の場合にも「自由」が肯定的な意味で用いられているのは明らかである。

福澤の意図は、そうした前近代日本の「自由」の語は、freedom の価値がもつ行為規範としての重さと、政治原理の中心をなす位置を、表現しきれないと示すことにあったのだろう。freedom は、人が自分の思うとおりに行動する手段であるだけではなく、「其国に居り人と交わる空間、すなわち秩序そのものを規律する中心原理なのである。西洋の政治原理において freedom がもっている中心性・規範性を表現するには、漢語「自由」では物足りない。福澤はそう痛感したがゆえに、割注で説明を補足したのだろう。それだけ福澤は、西洋思想の研究と洋行体験から、freedom が占める位置の重さを皮膚感覚のように体得していたのであった。

しかし、日本の伝統では freedom に「的当の訳字」も見あたらないのならば、日本人がその価値を理解し学びとることは不可能なのではないか。これまでたどってきた歴史が西洋とはまったく異なる日本は、「文明」へのコースを上昇することなどできないのではないか。松沢弘陽の論文「文明論における「始造」と「独立」――『文明論之概略』とその前後」（一九八一年〜一九八二年初出、『近代日本の形成と西洋経験』岩波書店、一九九三年、所収）が指摘したように、『文明論之概略』はそうした疑念に答え、日本もまた西洋とは異なる形で、「文明」への進歩のコースをすでにたどっていると示す著作だった。

たとえば『文明論之概略』第二章「西洋の文明を目的とする事」では、おそらく徳川時代を念頭において、「中古武家の代」には宗教的権威をもつ「至尊」の皇室と、政治権力をもつ「至強」の公儀とが分立した結果、人々の思想の多様性が保たれたと評価している。その結果、日本人は「心事繁多」となり、「自由の気風」がそこに生じていたというのである。また第十章「自国の独立を論ず」では、「昔し封建の時代」における武士の大名家への忠誠心を保存し拡大して、日本全体のために活動する「報国心」へと成長させることを唱えた。もちろん歴史の全体像としては、徳川時代の「封建門閥」の世襲制による支配は、平等化へと向かう進歩の趨勢のなかで廃棄されるべきものにほかならない。だがその「封建」の時代のなかにも「文明」への進歩につながる要素が、しっかりと内在していたことを読みとったのである。

ここで福澤は、廃藩置県によって郡県制に転じた世の変化に逆らうようにして、「封建の時代」にあった思想の多様性や、武士の忠誠心をむしろ評価する。伝統のうちのそうした部分を活用して、「文明」へ向上してゆくための、日本独自の道筋を示そうと試みたのであった。のちの著書『分権論』（一八七七年）では「封建」の語は用いないものの、みずから進んで地方の統治にあたった、徳川時代の武士たちの「自治の精神」を現代に生かすよう提唱している。そうした「封建」時代にあった「自由」や「自治の精神」の萌芽を、福澤はつかみとり、それを新しい時代に活用することを提唱したのである。おそらくそれは、「一身にして二生を経るが如く」（『文明論之概略』緒言）と述懐するように、徳川時代と明治時代の双方を大人として経験したことを基盤として生まれた発想であった。

したがって、物心ついたころはすでに「御一新」のあとで、最初から福澤の著作などの「文明」論を読みながら知的に成長した世代には、こうした「封建」再評価の問題意識は忘れ去られてゆく。明治二十年代から、第二章で紹介した竹越與三郎とともに民友社で活躍した徳富蘇峰（文久三・一八六三年〜昭和三十二・一九五七年）は、ベストセラーとなったデビュー作『将来之日本』（一八八六年）で、徳川時代の「封建社会」を次のように描きだす。ここで「封建」は伝統的な封建制・郡県制の分類概念ではなく、すでにフューダリズムの訳語として——おそらくトクヴィルの『アメリカのデモクラシー』に学びながら——用いられているのである。

之ヲ要スレハ封建社会ニ於テハ。上ミ征夷大将軍ヨリ下モ庄屋ニ到ル迄。皆一様ニ上ニ向テハ無限ノ奴隷ニシテ下ニ向テハ皆無限ノ主人ナリ。然ルカ故ニ社会ノ位置ナルモノハ唯一ノ鉛直線ニシテ何人ト雖トモ。何時ト雖トモ。決シテ同地位ニ立ツコトヲ許サス。如何ナル場合ニ於テモ其関係ハ皆上下ノ関係ナリ。是豈《あに》軍制ノ組織ニ於テ止ム可ラサルモノニアラスヤ。（植手通有編『明治文学全集34　徳富蘇峰集』筑摩書房、一九七四年、一〇二頁）

福澤が「封建の時代」の功罪を論じたのは、廃藩置県による郡県制への転換から、わずか四年後のことである。これに対して数え二十四歳の蘇峰が『将来之日本』でめざしたのは、憲法制定・国会開設をにらみながら、藩閥による政治支配を打破し、生産活動・商業活動に従事する「平民」を主体とするデモクラシーを確立することであった。したがって、「新日本」が訪れる前に存在した「封建社会」は、上下の身分秩序によって人々が厳格に統制された社会として、まったくの否定対象となる。そうした暗黒の「過去ノ日本」の残存物を振り払い、国民の自由と繁栄と幸福が約束された、輝かしい「将来ノ日本」へ。――それが蘇峰にとっては、「社会進化」の法則に基づく「必然ノ理」の見通しであった。

徳富蘇峰

青年蘇峰による勇ましい主張を、より年長の世代の知識人はどう読んだか。その反応を示すものとして、中江兆民（弘化四・一八四七年～明治三十四・一九〇一年）の例が興味ぶかい。明治二十一（一八八八）年二月に、蘇峰はみずから主宰する雑誌『国民之友』に「士族の最後」（「隠密なる政治上の変遷」第一回）という論説を執筆し、自由民権運動にも残る粗暴な「士族根性」は、「平民社会」へとむかう「時勢」の変化に逆行するものであり、一国の「進歩」のためには「分解消散」させる必要があると論じた。これに対して兆民は、「国民之友第十五号」(『東雲新聞』一八八八年二月八日)という論説(「南海生」の筆名による)で激しい憤りをつきつける。

中江兆民

而して其筆尖《ひっせん》より発する所は、人を怡《よろこ》ばしむる者有り、人をして泣かしむる者無きは何ぞや。有名無形の進化神に一任して、己は唯静恬なる傍観者の地に立つの故に非ずや。進化神は吾人の脳中に宿するに非ずや。記者の感情に富む、才気に優なる、華藻に艶なる、何ぞ憤《いきど》ふらざるや泣かざるや。世の中に憤ふると泣くと程、進歩に益するものは有らずかし。(『中江兆民全集』第十四巻、岩波書店、一九八五年、一六八頁)

過ぎ去った「封建社会」の残存物としての「士族」を「廃物」と罵倒し、その価値を認めない蘇峰のことを、兆民は「静恬なる傍観者」と批判する。そのように「進化神」の法則をただ適用するだけですませる態度が、兆民には許せない。過ぎ去った歴史をふりかえり、現在の世の中を眺めながら、登場人物としての他人たちとともに憤り、泣く。そうした心情の活発な動きを通じてこそ、社会を本当に「進歩」させる構想が、われわれの精神(「吾人の脳中」)に生まれてくるのではないか。兆民はそう批判した。

蘇峰による社会進化の法則の唱道は、歴史が一つの方向にむかって進むという、徳川時代以来生まれてきた歴史意識と、西洋の進歩史観とが結びついて生まれた、新種の純粋形態だろう。しかし、その法則を金科玉条とし、過去と現在をそれで整理してすませることで、本当に十分なのだろうか。兆民はそう問いかけている。むしろ、ややもすれば葬り去られてしまう過去の思想にも、今後の「進歩」の手がかりになる要素があるかもしれない。本当の「進歩」とは、過ぎ去った時代との対話を通じて、停止と再開を繰り返しながら向上してゆくものではないか。――この兆民の批判は、現代人がみずからの歴史と、より洗練された「文明」へとむかう道を考えるさいにも、重要な示唆を与えてくれるように思われる。

あとがき

徳川時代の後半と明治時代とを通観した、日本の「十九世紀」の思想史というものが考えられるのではないか。そう考え始めたのはいつごろのことだったろうか。ほかの方々が同じ問題提起をしている仕事もすでにあるから、そうした業績に触発されたのかもしれない。自分自身の書いたものとしては、大学院時代の修士論文にすでにそんな気配があるが、当時はまだ漠然としていたような気もする。いずれにせよ長いあいだの懸案ではあった。

古代から現代にまで至る日本の政治思想史のうち、特にどこかの時代を専門として看板に掲げるつもりはなく、漫然と勉強を続けてきた。これはひとえに、一つの時代に関して知見を掘りさげ、その全体について詳細に知り尽くそうとする根気がないことに、早くから気づいたせいである。ただ、しいて専門と言えるような時代を指定するならば、この十九世紀ということになると思う。自分が受講し、また教えてきた大学院の演習や、学会・研究会での耳学問の機会は、この時期に関するものが多かった。いまでもそれなりに注意して文献を読むことにしている分野である。

そういう意味で、久々に自分のホームグラウンドと呼べる領域について、本を書くことができた。遺漏や誤謬は多々あるだろうが、研究の中間報告として読者の方々にさしだしたい。これまでの論文や著書と同じように、渡辺浩先生をはじめとする──『東アジアの王権と思想』（英語の表題は *Confucianism and After*）による問いかけを受けながら本書ができあがっていることは、一目瞭然だろう──多くの先生方、研究仲間、大学院生・学部学生と交流するなかで、構想ができあがった。いただいた示唆を自覚のないまま用いている箇所もあるかもしれないが、品質に関する責任はすべて著者にある。

新潮社の長井和博さんに執筆の約束をしたのは、いま記録をたどると何と二〇〇九年の一月である。ずるずると着手をのばしていた自分に呆れるが、辛抱づよく企画を継続していた長井さんと新潮社には頭がさがる。やがて長井さんは定年をむかえて退職され、担当は三辺直太さんに代わって、河野通和さんを編集長とする雑誌『考える人』への連載という形で、執筆が始まった。ただ時間をかけたおかげで、新しい研究をいくつも参照することができたのは幸運だったと思う。もちろん、新潮選書の五十周年という栄えある機会に刊行していただけたことも。

編集者のお三方のなかでも、ぎりぎりの入稿で神経をすり減らすような作業速度を押しつけてしまったにもかかわらず、いつも寛容な態度で鋭い指摘をくださった三辺さんには、特にお礼を申しあげたい。また、「書誌データベースを過信するな」「ルビの呉音・漢音の使い分けを知らないとは何事だ」といった当方の強硬な要求に耐え、的確で有益な改訂意見を数多くくださった、新潮社校閲部の方々にも感謝する。多くの人の支えがあってはじめて、一冊の本ができあがることを、改めて深く感じながら。

二〇一七年四月

参考文献

序章

マイケル・イグナティエフ　Michael Ignatieff『民族はなぜ殺し合うのか――新ナショナリズム6つの旅』（幸田敦子訳、河出書房新社、一九九六年）
Michael Ignatieff "Fault Lines," *New York Times*, Dec.1, 1996
マイケル・イグナティエフ　Michael Ignatieff『仁義なき戦場――民族紛争と現代人の倫理』（真野明裕訳、毎日新聞社、一九九九年）
マイケル・ウォルツァー　Michael Walzer『道徳の厚みと広がり――われわれはどこまで他者の声を聴き取ることができるか』（芦川晋・大川正彦訳、風行社、二〇〇四年）
ノルベルト・エリアス　Norbert Elias『文明化の過程』上・下巻（赤井慧爾・中村元保・吉田正勝ほか訳、法政大学出版局、改装版二〇一〇年）
桂島宣弘『思想史の十九世紀――「他者」としての徳川日本』（ぺりかん社、一九九九年）
柴田隆行「文化と文明」（石塚正英・柴田隆行監修『哲学・思想翻訳語事典』増補版、論創社、二〇一三年、所収）
ディーター・ゼンクハース　Dieter Senghaas『諸文明の内なる衝突』（宮田光雄・星野修・本田逸夫訳、岩波書店、二〇〇六年）
遠山茂樹「水戸学の性格」（中村孝也ほか『国民生活史研究　生活と思想』小学館、一九四四年、所収）
遠山茂樹「幕末政治過程における皇室」（『歴史評論』一九四六年十月号）

遠山茂樹「尊王攘夷思想とナショナリズム」（遠山茂樹・服部之総・丸山眞男『尊攘思想と絶対主義〈東京大学東洋文化研究所　東洋文化講座2〉』白日書院、一九四八年、所収）
遠山茂樹『明治維新』（岩波全書、一九五一年）
サミュエル・ハンチントン　Samuel P. Huntington「文明の衝突」（竹下興喜監訳、『中央公論』一九九三年八月号）
サミュエル・ハンチントン　Samuel P. Huntington『文明の衝突』（鈴木主税訳、集英社、一九九八年）
サミュエル・ハンチントン　Samuel P. Huntington『文明の衝突と21世紀の日本』（鈴木主税訳、集英社新書、二〇〇〇年）
ニーアル・ファーガソン　Niall Ferguson『文明――西洋が覇権をとれた6つの真因』（仙名紀訳、勁草書房、二〇一二年）
フェルナン・ブローデル　Fernand Braudel『文明の文法――世界史講義』Ⅰ・Ⅱ（松本雅弘訳、みすず書房、一九九五年～一九九六年）
三谷博・山口輝臣『19世紀日本の歴史――明治維新を考える』（放送大学教育振興会、二〇〇〇年）
山崎正和『近代の擁護』（PHP研究所、一九九四年）

第一章

伊藤武雄『復古の碩師　玉松操』上・下巻（金雞学院、第二版一九三四年）
『岩倉公実記』上・中・下巻（岩倉公旧蹟保存会、一九二七年）
『岩倉具視関係文書』全八巻（日本史籍協会、一九二七年～一九三五年）
大久保利謙『岩倉具視〈維新前夜の群像7〉』（中公新書、一九七三年）
大濱徹也『天皇と日本の近代』（同成社、二〇一〇年）
坂本多加雄『日本の近代2　明治国家の建設』（中央公論社、一九九九年）

佐々木克『幕末維新の個性5　岩倉具視』（吉川弘文館、二〇〇六年）
高橋秀直『幕末維新の政治と天皇』（吉川弘文館、二〇〇七年）
遠山茂樹（校注）『日本近代思想大系2　天皇と華族』（岩波書店、一九八八年）
牧健二『近代における西洋人の日本歴史観』（弘文堂、一九五〇年）
宮地正人『幕末維新変革史』上・下巻（岩波書店、二〇一二年）
Francis Ottiwell Adams, *The History of Japan*, 2 vols. (London, Henry S. King & Co., 1874-1875)
William Elliot Griffis, *The Micado's Empire:A History of Japan from the Age of Gods to the Meiji Era (660BC-AD1872)* (Berkeley, Stone Bridge Press, 2006)

第二章

伊藤彌彦『維新革命社会と徳富蘇峰』（萌書房、二〇一三年）
レイモンド・ウィリアムズ　Raymond Williams『長い革命』（若松繁信ほか訳、ミネルヴァ書房、一九八三年）
高坂盛彦『ある明治リベラリストの記録——孤高の戦闘者　竹越與三郎伝』（中央公論新社、二〇〇二年）
河野有理『偽史の政治学——新日本政治思想史』（白水社、二〇一七年）
竹越与三郎『新日本史』上・下巻（岩波文庫、二〇〇五年）
野呂栄太郎『初版　日本資本主義発達史』上・下巻（岩波文庫、一九八三年）
福澤諭吉『西洋事情』外編（『福澤諭吉全集』第一巻、岩波書店、一九五八年、所収）
福澤諭吉『文明論之概略』（『福澤諭吉全集』第四巻、岩波書店、一九五九年、所収）
渡辺浩「「明治維新」論と福沢諭吉」（慶應義塾福澤研究センター『近代日本研究』第二四巻、二〇〇八年）
渡辺浩「アンシャン・レジームと明治革命——トクヴィルをてがかりに」（松本礼二・三浦信孝・宇野重規編『トクヴィルとデモクラシーの現在』東京大学出版会、二〇〇九年、所収）

第三章

大久保健晴『近代日本の政治構想とオランダ』（東京大学出版会、二〇一〇年）
大久保利謙（編）『明治文学全集3　明治啓蒙思想集』（筑摩書房、一九六七年）
小林昇『中国・日本における歴史観と隠逸思想』（早稲田大学出版部、一九八三年）
菅原光『西周の政治思想――規律・功利・信』（ぺりかん社、二〇〇九年）
平石直昭『荻生徂徠年譜考』（平凡社、一九八四年）
増淵龍夫『歴史家の同時代史的考察について』（岩波書店、一九八三年）
吉川幸次郎ほか（校注）『日本思想大系36　荻生徂徠』（岩波書店、一九七三年）
吉見俊哉『万博と戦後日本』（講談社学術文庫、二〇一一年）
渡辺浩『近世日本社会と宋学』（東京大学出版会、増補新装版二〇一〇年）

第四章

石濱純太郎ほか（校注）『日本古典文学大系97　近世思想家文集』（岩波書店、一九六六年）
加藤周一「江戸思想の可能性と現実――享保の二家について」（同編『日本の名著18　富永仲基・石田梅岩』中央公論社、一九七二年、所収）
小堀一正『近世大坂と知識人社会』（清文堂出版、一九九六年）
斎藤修『江戸と大阪――近代日本の都市起源』（ＮＴＴ出版、二〇〇二年）
申維翰『海游録――朝鮮通信使の日本紀行』（姜在彦訳注、平凡社・東洋文庫、一九七四年）
速水融・宮本又郎（編）『日本経済史1　経済社会の成立　17―18世紀』（岩波書店、一九八八年）
水田紀久・有坂隆道（校注）『日本思想大系43　富永仲基・山片蟠桃』（岩波書店、一九七三年）
源了圓『徳川合理思想の系譜』（中央公論社、一九七二年）
宮川康子『富永仲基と懐徳堂――思想史の前哨』（ぺりかん社、一九九八年）

宮川康子『自由学問都市大坂――懐徳堂と日本的理性の誕生』（講談社選書メチエ、二〇〇二年）
宮本又郎『近世日本の市場経済――大坂米市場分析』（有斐閣、一九八八年）
吉川幸次郎ほか（校注）『日本思想大系40　本居宣長』（岩波書店、一九七八年）

第五章

川口浩ほか『日本経済思想史――江戸から昭和』（勁草書房、二〇一五年）
後藤陽一ほか（校注）『日本思想大系30　熊澤蕃山』（岩波書店、一九七一年）
佐藤常雄・大石慎三郎『貧農史観を見直す（新書・江戸時代3）』（講談社現代新書、一九九五年）
武井弘一『江戸日本の転換点――水田の激増は何をもたらしたか』（NHK出版・NHKブックス、二〇一五年）
中村幸彦（校注）『日本思想大系59　近世町人思想』（岩波書店、一九七五年）
野村兼太郎『徳川時代の経済思想』（日本評論社、一九三九年）
野村真紀「近世日本における「神の見えざる手」――堂島米相場の町人思想」（小川浩三編『北海道大学法学部ライブラリー6　複数の近代』北海道大学図書刊行会、二〇〇〇年、所収）
平石直昭（校注）『政談　服部本』（平凡社・東洋文庫、二〇一一年）
水谷三公『江戸は夢か』（ちくま学芸文庫、二〇〇四年）
ダヴィッド・メルヴァルト　David Mervart「経済の思想」（『岩波講座日本の思想　第六巻　秩序と規範――「国家」のなりたち』岩波書店、二〇一三年、所収）
頼惟勤（校注）『日本思想大系37　徂徠学派』（岩波書店、一九七二年）

第六章

嘉数次人『天文学者たちの江戸時代――暦・宇宙観の大転換』（ちくま新書、二〇一六年）
加藤秀俊『メディアの展開――情報社会学からみた「近代」』（中央公論新社、二〇一五年）

蔵並省自・塚谷晃弘（校注）『日本思想大系44　本多利明・海保青陵』（岩波書店、一九七〇年）
蔵並省自（編）『海保青陵全集』（八千代出版、一九七六年）
レオ・シュトラウス　Leo Strauss『古典的政治的合理主義の再生』（石崎嘉彦監訳、ナカニシヤ出版、一九九六年）
徳盛誠『海保青陵――江戸の自由を生きた儒者』（朝日新聞出版、二〇一三年）
宮内徳雄『山片蟠桃――『夢之代』と生涯』（創元社、一九八四年）
脇田修・岸田知子『懐徳堂とその人びと』（大阪大学出版会、一九九七年）

第七章

石川淳（編）『日本の名著21　本居宣長』（中央公論社、一九七〇年）
高山大毅『近世日本の「礼楽」と「修辞」――荻生徂徠以後の「接人」の制度構想』（東京大学出版会、二〇一六年）
高山大毅「「物のあはれを知る」説と「通」談義――初期宣長の位置」（京都大学『國語國文』八十四巻十一号、二〇一五年十一月）
長谷川郁夫『吉田健一』（新潮社、二〇一四年）
久松潜一ほか（編）『日本の古典21　新井白石・本居宣長』（河出書房新社、一九七二年）
本居宣長『排蘆小船・石上私淑言』（子安宣邦校注、岩波文庫、二〇〇三年）
本居宣長『紫文要領』（子安宣邦校注、岩波文庫、二〇一〇年）
吉田健一『ヨオロツパの世紀末』（『吉田健一著作集』第十七巻、集英社、一九八〇年、所収）

第八章

荒川紘『日本人の宇宙観――飛鳥から現代まで』（紀伊國屋書店、二〇〇一年）

金沢英之『宣長と『三大考』――近世日本の神話的世界像』（笠間書院、二〇〇五年）
アレクサンドル・コイレ Alexandre Koyré『コスモスの崩壊――閉ざされた世界から無限の宇宙へ』（野沢協訳、白水社、新装版一九九九年）
西村玲「須弥山と地球説」（『岩波講座日本の思想　第四巻　自然と人為――「自然」観の変容』岩波書店、二〇一三年、所収）
藤田雄二『アジアにおける文明の対抗――攘夷論と守旧論に関する日本、朝鮮、中国の比較研究』（御茶の水書房、二〇〇一年）
三ツ松誠「『万国公法』と「皇国」の「公法」」（井上泰至編『近世日本の歴史叙述と対外意識』勉誠出版、二〇一六年、所収）
渡辺敏夫『近世日本天文学史』上・下巻（恒星社厚生閣、一九八六年～一九八七年）

第九章

浅井清『明治維新と郡県思想』（巌南堂書店、改訂版一九六八年）
安藤英男（編）『頼山陽選集5　通議』（近藤出版社、一九八二年）
伊東貴之（編）『治乱のヒストリア――華夷・正統・勢』（法政大学出版局、二〇一七年）
植手通有『日本近代思想の形成』（岩波書店、一九七四年）
植手通有（校注）『日本思想大系49　頼山陽』（岩波書店、一九七七年）
木崎愛吉・頼成一（編）『頼山陽全書』中巻（頼山陽先生遺蹟顕彰会、一九三二年）
島田英明「経世の夢、文士の遊戯――頼山陽における政治思想と史学」（『国家学会雑誌』百二十七巻七・八号、二〇一四年八月）
張翔・園田英弘（編）『「封建」・「郡県」再考――東アジア社会体制論の深層』（思文閣出版、二〇〇六年）
徳富蘇峰『頼山陽』（民友社、一九二六年）

野口武彦『江戸の歴史家――歴史という名の毒』（筑摩書房、一九七九年）
濱野靖一郎『頼山陽の思想――日本における政治学の誕生』（東京大学出版会、二〇一四年）
廣瀬豊（編）『山鹿素行全集　思想篇』第十二巻（岩波書店、一九四〇年）
前田勉『近世神道と国学』（ぺりかん社、二〇〇二年）
山室恭子『大江戸商い白書――数量分析が解き明かす商人の真実』（講談社選書メチエ、二〇一五年）
渡辺浩『東アジアの王権と思想』（東京大学出版会、増補新装版二〇一六年）

第十章

今井宇三郎ほか（校注）『日本思想大系53　水戸学』（岩波書店、一九七三年）
小川常人・徳永春夫（編）『真木和泉守全集』下巻（久留米市・水天宮、一九九八年）
桐原健真「『新論』的世界観の構造とその思想史的背景」（『茨城県史研究』九一号、二〇〇七年三月）
蔣建偉「會澤正志斎の「國體」思想における「民命」」（『日本中国学会報』第六十七集、二〇一五年十月）
高山大毅「制度――荻生徂徠と會澤正志斎」（河野有理編『近代日本政治思想史――荻生徂徠から網野善彦まで』ナカニシヤ出版、二〇一四年、所収）
名越時正『水戸学の道統』（水戸市・鶴屋書店、一九七一年）
前田勉『江戸後期の思想空間』（ぺりかん社、二〇〇九年）
松田宏一郎『江戸の知識から明治の政治へ』（ぺりかん社、二〇〇八年）
山口宗之ほか（校注）『日本思想大系55　渡辺崋山・高野長英・佐久間象山・横井小楠・橋本左内』（岩波書店、一九七一年）
吉田俊純『水戸学と明治維新』（吉川弘文館・歴史文化ライブラリー、二〇〇三年）

第十一章

植手通有（編）『明治文学全集34　徳富蘇峰集』（筑摩書房、一九七四年）
小川原正道『福沢諭吉――「官」との闘い』（文藝春秋、二〇一一年）
尾原宏之『軍事と公論――明治元老院の政治思想』（慶應義塾大学出版会、二〇一三年）
ラザフォード・オールコック　Rutherford Alcock『大君の都――幕末日本滞在記』上・中・下巻（山口光朔訳、岩波文庫、一九六二年）
苅部直「文明開化の時代」（『岩波講座　日本歴史』第十五巻、岩波書店、二〇一四年、所収）
河野有理『田口卯吉の夢』（慶應義塾大学出版会、二〇一三年）
河野有理『明六雑誌の政治思想――阪谷素と「道理」の挑戦』（東京大学出版会、二〇一一年）
中江兆民「国民之友第十五号」（松永昌三ほか〈編〉『中江兆民全集』第十四巻、岩波書店、一九八五年、所収）
中野目徹「文明開化の時代」（松尾正人〈編〉『日本の時代史21　明治維新と文明開化』吉川弘文館、二〇〇四年、所収）
福澤諭吉『分権論』（『福澤諭吉全集』第四巻、一九五九年、所収）
松浦寿輝『明治の表象空間』（新潮社、二〇一四年）
松沢弘陽『近代日本の形成と西洋経験』（岩波書店、一九九三年）
松田宏一郎『擬制の論理　自由の不安――近代日本政治思想論』（慶應義塾大学出版会、二〇一六年）
見田宗介『定本　見田宗介著作集Ⅲ　近代化日本の精神構造』（岩波書店、二〇一二年）
宮村治雄『新訂　日本政治思想史――「自由」の観念を軸にして』（放送大学教育振興会、二〇〇五年）
明治文化研究会（編）『明治文化全集［復刻版］第十七巻　外国文化篇』（日本評論社、一九九二年）
明治文化研究会（編）『明治文化全集［復刻版］第二十一巻　文明開化篇』（日本評論社、一九九三年）
渡辺浩「ヨーロッパ、もしくは「自由弁当」の彼方」（『UP』三八七号、二〇〇五年一月）
渡辺浩『日本政治思想史［十七～十九世紀］』（東京大学出版会、二〇一〇年）

図版提供

17頁　Copyright World Economic Forum (www.weforum.org),
　　　swiss - image.ch/Photo by Peter Lauth
19頁　Kyle Cronan at the English language Wikipedia
76頁　takato marui
101頁　大阪大学懐徳堂文庫
108頁　大阪大学大学院文学研究科
155頁　新潮社写真部
161頁　本居宣長記念館
167頁　本居宣長記念館
195頁　朝日新聞社 / 時事通信フォト

他は、著作権保護期間が満了したもの、またはパブリック・ドメインのものを使用した。なお、以下の図版の提供元は下記の通り。

50・52・61・63・73・79・83・87・99・105・119・123・125・127・129・132・135・172・177・181・183・192・199・201・205・211・218・229・245・247・253・258頁／国立国会図書館、40頁／東京大学史料編纂所、103頁／玉川大学教育博物館、110・159・165・179・187頁／本居宣長記念館、114頁／西尾市岩瀬文庫、137頁／大阪大学大学院文学研究科、152頁／かめやま美術館

［初出一覧］

序　章　書き下ろし
第一章　『考える人』二〇一五年夏号
第二章　『考える人』二〇一五年秋号
第三章　『考える人』二〇一五年冬号
第四章　『考える人』二〇一六年春号
第五章　『考える人』二〇一六年夏号
第六章　『考える人』二〇一六年秋号
第七章　『考える人』二〇一六年冬号
第八章　『考える人』二〇一七年春号
第九章　書き下ろし
第十章　書き下ろし
第十一章　書き下ろし

※連載の題名「「文明」との遭遇」を、書籍化にあたって変更し、本文に加筆・修正を施した。

新潮選書

「維新革命《いしんかくめい》」への道《みち》　「文明《ぶんめい》」を求《もと》めた十九世紀《じゅうきゅうせいき》日本《にほん》

著　者………………苅部《かるべ》 直《ただし》

発　行………………2017年5月25日
5　刷………………2018年5月25日

発行者………………佐藤隆信
発行所………………株式会社新潮社
〒162-8711 東京都新宿区矢来町71
電話　編集部 03-3266-5411
読者係 03-3266-5111
http://www.shinchosha.co.jp
印刷所………………大日本印刷株式会社
製本所………………株式会社大進堂

乱丁・落丁本は、ご面倒ですが小社読者係宛お送り下さい。送料小社負担にてお取替えいたします。価格はカバーに表示してあります。

ISBN978-4-10-603803-7 C0395